O FEMININO E O SAGRADO

Dados Internacionais de Catalogação na Publicação (CIP)
(Câmara Brasileira do Livro, SP, Brasil)

Del Picchia, Beatriz
   O feminino e o sagrado: mulheres na jornada do herói / Beatriz Del Picchia e Cristina Balieiro. 3. ed. – São Paulo: Ágora, 2018.

   Bibliografia
   ISBN 978-85-7183-071-4

   1. Conduta de vida 2. Espiritualidade 3. Existencialismo 4. Mitologia 5. Mulheres - Entrevistas 6. Mulheres - Identidade 7. Mulheres e religião 8. Mulheres - Vida religiosa 9. Sagrado I. Balieiro, Cristina. II. Título.

10-00930   CDD-291

Índice para catálogo sistemático:
   1. Mulheres: Trajetórias de vida:
      Espiritualidade: Religião 291

Compre em lugar de fotocopiar.
Cada real que você dá por um livro recompensa seus autores
e os convida a produzir mais sobre o tema;
incentiva seus editores a encomendar, traduzir e publicar
outras obras sobre o assunto;
e paga aos livreiros por estocar e levar até você livros
para a sua informação e o seu entretenimento.
Cada real que você dá pela fotocópia não autorizada de um livro
financia o crime
e ajuda a matar a produção intelectual de seu país.

Beatriz Del Picchia e Cristina Balieiro

O feminino e o sagrado
Mulheres na jornada do herói

O FEMININO E O SAGRADO
Mulheres na jornada do herói
Copyright © 2010 by Beatriz Del Picchia e
Cristina Balieiro
Direitos desta edição reservados por Summus Editorial

Editora executiva: **Soraia Bini Cury**
Editoras assistentes: **Andressa Bezerra e
Bibiana Leme**
Ilustrações: **Cristina Balieiro**
Projeto gráfico e diagramação: **Casa de Ideias**
Impressão: **Sumago Gráfica Editorial**

Editora Ágora
Departamento editorial
Rua Itapicuru, 613 – 7º andar
05006-000 – São Paulo – SP
Fone: (11) 3872-3322
Fax: (11) 3872-7476
http://www.editoraagora.cõm.br e-mail:
agora@editoraagora.com.br

Atendimento ao consumidor
Summus Editorial
Fone: (11) 3865-9890

Vendas por atacado
Fone: (11) 3873-8638
Fax: (11) 3872-7476
e-mail: vendas@summus.com.br

Impresso no Brasil

Sumário

Prefácio, 7
Introdução, 11
Nossa jornada, *15*
O caminho mitológico, *21*
Quinze mulheres e um livro, *81*

 Ana Figueiredo, *82*

 Andrée Samuel, *96*

 Bettina Jespersen, *108*

 Cida (Maria Aparecida Martins), *120*

 Helô (Heloísa Paternostro), *132*

 Jerusha Chang, *138*

 Mônica Jurado, *151*

 Monika Von Koss, *162*

 Neiva Bohnenberger, *175*

 Regina Figueiredo, *186*

 Renata C. Lima Ramos, *195*

 Rosane Almeida, *206*

 Sandra Sofiati, *220*

 Solange Buonocore, *233*

 Soninha Francine, *245*

 O livro, *255*

O Jardim de Hera, *265*
Glossário, 269
Bibliografia, 275
Contatos das entrevistadas, 277

Prefácio

Certa vez perguntaram ao mitólogo Joseph Campbell, em uma de suas palestras públicas, o que ele tinha a dizer sobre a jornada da heroína. Lembro-me de que ao ler o diálogo que se seguiu me surpreendi duplamente. Primeiro com a pergunta, porque eu jamais havia deixado de me sentir incluída na descrição da jornada do herói. Para mim, ela diz respeito a qualquer ser humano, seja lá de que sexo. Segundo com a resposta de Campbell: "Todas as grandes mitologias e boa parte das narrativas míticas do mundo têm um ponto de vista masculino. Quando eu estava escrevendo *O herói de mil faces* e queria incluir heroínas, tive que recorrer aos contos de fadas"(Campbell, 2008, p. 167).

A história da humanidade e os mitos que a representam se referem a uma ordem em que prevalecem valores e formas de pensamento nos quais homens e mulheres têm papéis distintos. Nesse universo, quem parte em jornada é o homem, a ele cabe o papel de herói. Segundo o próprio Campbell, a mulher pode seguir a jornada heroica, mas ela tem um fardo natural a mais, ela tem o chamado para a maternidade.

Faço essa observação de saída para registrar uma certeza pessoal: penso que Joseph Campbell se sentiria profundamente emocionando – posso vê-lo sorrindo, com olhos brilhantes – se pudesse deparar com este livro, que é um desdobramento de seu trabalho, em campos nos quais ele jamais se aventurara.

Antes que acusem Campbell de misógino ou machista diante desta breve introdução, recomendo a leitura de seus livros para que descubram a importância que ele sempre atribuiu não apenas às mulheres como categoria, mas especialmente às mulheres de sua vida.

Ele lecionou durante 38 anos em uma escola feminina e não cansou de afirmar: "Foram minhas alunas que me ensinaram qual o valor de todas essas matérias para a vida. Atribuo a popularidade de meus escritos a esse treino com elas". Ele dizia que homens são apegados a estudos e notas de rodapé. Mas que são as mulheres que agregam os conhecimentos da mitologia à existência comum, pois sempre se perguntam: "De que modo isso pode influenciar a mim e aos meus entes queridos?"

Beatriz Del Picchia e Cristina Balieiro seguiram os passos do mestre, sabidamente um autodidata. Leram muito, refletiram, conversaram, pesquisaram, experimentaram, e o resultado de suas coletas foi para um caldeirão amplo, em fogo lento, no ritmo da vida. A exemplo de Campbell, não se prenderam a questões acadêmicas. Não recorreram ao saber oficial. Mesmo porque, no território dos temas abordados, valem mais as intuições, as deduções e os sonhos.

O objeto de estudo das autoras era o percurso, a jornada das mulheres em busca de caminhos de preenchimento e realização, espelhado no modelo da jornada do herói, conforme descrição de Joseph Campbell. Elas arregaçaram as mangas e foram conversar com mulheres que escolheram como sendo emblemáticas. Num primeiro momento, algumas leitoras podem argumentar, como eu mesma fiz, que as entrevistadas são muito atípicas, várias delas com dons especiais e, portanto, bastante diferenciadas.

Refletindo melhor, eu lhes pediria que olhassem ao redor com atenção. Porque nossa vida, quando bem observada, também é repleta de pequenas magias pelas quais passamos batido. Somos todas especiais.

Quanto ao termo "sagrado", que faz parte do título, embora o caminho de muitas das entrevistadas passe por práticas religiosas, ele não se refere especificamente ao sentido religioso. As autoras tomam a definição do escritor Phil Cousineau, que diz que "é sagrado o que é digno de nossa reverência, que evoca respeito e maravilha no coração humano e que nos transforma completamente". O sagrado na mira de Beatriz e Cristina é aquilo que dá um significado especial à existência.

Campbell chamava isso de "seguir a sua *bliss*". Se você é novata em Campbell, compreenderá melhor o significado dessa frase ao final deste livro.

Toda mulher que já se sentiu profundamente só, deprimida ou vivendo uma vida sem nenhum sentido, toda mulher que vem buscando alguma coisa difícil de nomear, que preencha seu vazio existencial, vai entender do que trata este livro. As entrevistadas são mulheres que ousaram sair daquele trilho em que foram colocadas pelas circunstâncias do entorno quando meninas; tiveram coragem de enfrentar os esquemas convencionais e saíram em busca, cada uma a seu modo, de novos caminhos que as tornassem mais inteiras, mais plenas, mais úteis, mais vivas.

Algumas foram empurradas pelos fatos ao se defrontar com dificuldades pessoais fora do *script* original e souberam transformar amargas experiências em alavancas para o crescimento. Outras partiram movidas pela insatisfação ou simplesmente por não enxergar alternativa. "Ou eu partia ou eu morria", me disse uma amiga. E nove das entrevistadas são mães que enfrentaram sua jornada apesar dos filhos ou justamente por causa deles.

Foi também o meu caso. Com vários dramas pessoais e familiares no currículo, uma enorme insatisfação profissional e buscando sempre preencher o vazio interior com diferentes práticas religiosas e filosofias, sem resultados, fui "convidada" a buscar um sentido mais profundo para a existência. Fiz minha jornada de vida ou morte, saí do outro lado trazendo minha dádiva ao mundo, um trabalho com pessoas com câncer. Um de meus principais mestres foi Joseph Campbell. É esse o profundo elo que me une às autoras.

Não são travessias fáceis, jamais, como a leitora terá oportunidade de conferir nos depoimentos. Uma jornada implica transformações profundas, com riscos e danos. Mas, quando deparamos com a nossa *bliss*, tudo vale a pena. Também é bom que se esclareça: uma existência é composta de várias jornadas, e só a morte põe um fim à nossa aventura.

Um buscador sabe quando encontra um mestre, às vezes mais de um, durante a jornada. É quando ele ouve palavras que dão forma a antigas sensações difusas. Aquela nova fala ecoa em sua alma, e ele se sente acolhido e entendido. Penso que este livro terá esse dom, que ele será um convite à reflexão – e, quem sabe, à aventura – para inúmeras mulheres. (E para homens também, por que não?) Sua matéria-prima são histórias verdadeiras, narradas com generosidade. Ficamos um pouco mais sábias com sua leitura ou, no mínimo, mais curiosas quanto a alternativas de vida que nos proporcionem alegrias e a sensação de missão cumprida.

Edith M. Elek
jornalista, terapeuta e editora

Introdução

Há alguns anos, sonhei que entrava num amplo jardim circular, rodeado por um alto muro coberto de hera. No centro do jardim, havia uma grande pedra, parecida com um minarete.

Ao longo do muro, em volta do centro, existiam pequenas grutas, também cobertas de hera. Em cada uma dessas grutas, ficava uma mulher, cercada por símbolos sagrados, diferentes de uma gruta para outra.

Então, fui me aproximando de cada uma delas e perguntando: "Quem é você? Como você chegou aqui? Me conta sua história?"

O projeto de escrever este livro baseou-se inicialmente em outro livro: *O jardim sagrado – A dimensão espiritual da vivência feminina,* de Sherry Ruth Anderson e Patricia Hopkins, publicado no Brasil em 1993 e nos Estados Unidos em 1991, com o título *The feminine face of God – The unfolding of the sacred in women.*

Foram entrevistadas mais de cem mulheres – de diferentes crenças, mas todas de alguma forma ligadas ao sagrado –, com o intuito de averiguar a existência de uma manifestação espiritual tipicamente feminina e buscar possíveis aspectos em comum.

O livro foi escrito com base nessa pesquisa. Usando metáforas ligadas ao jardim ("sementeiras do sagrado", "ferramentas do jardim" etc.), as autoras deram a esse *sagrado* um sentido amplo e vivencial. E relataram o processo de elaboração do próprio livro, colocando-se de forma bastante pessoal.

A leitura desse livro teve forte impacto sobre nós, porque veio ao encontro de buscas e estudos pessoais. Ambas vínhamos nos interessando há tempos pelas questões do feminino, da mitologia e das manifestações do sagrado na vida cotidiana.

Assim, resolvemos tentar fazer uma pesquisa semelhante. Nossa intenção era descobrir como essas questões estavam sendo vividas por mulheres brasileiras no início do século XXI. Diferentemente das autoras americanas, não dispúnhamos de patrocínio. Por isso, nosso universo de pesquisa teria de ser consideravelmente menor.

No correr de 2006, ao mesmo tempo que aprofundávamos nossos estudos, entrevistamos a maior parte das mulheres cujas histórias compõem este livro: uma budista, uma xamã, uma atriz, uma médium, uma instrutora de dança circular, quatro psicoterapeutas, uma dançarina, uma facilitadora de comunidade alternativa, uma taoista e mestra de tai chi chuan, uma vereadora budista, uma estudiosa de mediunidade, uma zeladora de candomblé...

As quinze mulheres entrevistadas nos receberam com grande abertura e, generosa e francamente, nos contaram sua história. Foram mais de cinquenta horas de gravação e cerca de quinhentas páginas transcritas.

Passamos os três anos seguintes trabalhando nesse material. No decorrer da pesquisa – e de certa forma por causa dela –, nós mesmas passamos por experiências pessoais importantes. Procuramos estar abertas para diversas fontes de inspiração, internas e externas, também estimuladas pela vivência de nossas entrevistadas nesse sentido. Nós nos envolvemos pessoal e afetivamente com elas e com a elaboração deste livro.

A principal voz deste trabalho é a das entrevistadas. Nós não partimos de hipóteses nem queremos defender nenhuma tese ou conclusão como verdadeira. O que nos moveu, e move, sempre foi a curiosidade – e nossas perguntas continuam abertas.

O livro é composto de quatro partes:

- Na primeira, "Nossa jornada", são descritos os conceitos e formas com que tratamos o material das entrevistas.

- Na segunda, "O caminho mitológico", explicamos e ilustramos as fases e etapas da *jornada do herói*, modelo mitológico descrito por Joseph Campbell, com trechos dos depoimentos de nossas entrevistadas.

- Na terceira, "Quinze mulheres e um livro", está a história de vida completa das entrevistadas, bem como a da criação desta obra. Com a finalidade de reforçar e sintetizar o diálogo mito-vida real de que tratamos no trabalho, um pequeno conto de fadas procura traduzir essa jornada para uma linguagem mitológica.

- A última parte contém a bibliografia, os contatos das entrevistadas e um pequeno glossário com definições sucintas de conceitos, pessoas e lugares citados, apenas para clarificar e melhor situar suas experiências (na primeira vez que aparecerem no texto, essas palavras serão destacadas em negrito).

O feminino e o sagrado | 13

A Cristina teve o sonho, descrito no início desta introdução, antes de as duas se conhecerem. Mas foi a Beatriz quem a convidou para fazer este trabalho – de alguma forma, ou ela adivinhou esse sonho ou ele era um pouco dela também.

E a Neiva, uma das entrevistadas, espantada ao ouvir a descrição, mostrou um desenho que fizera, anos atrás, com base nesse mesmo sonho. Havia só uma diferença: no centro do jardim, o sonho da Neiva tinha uma fonte; o da Cristina, um minarete.

Talvez esse sonho esteja rondando o universo feminino – o que sabemos nós do que nos ronda? Nele é pedido que cada habitante da gruta conte sua história. Bem, essas mulheres nos contaram – pelo que somos muito gratas –, e procuramos fazer o que o trabalho, a nossa jornada, nos pediu.

Nossas entrevistadas habitam grutas sagradas, pois tiveram a coragem de buscar o que realmente pulsava dentro delas, pagando às vezes alto preço por isso. Não são deusas, e sim mulheres que estão, de fato, *vivas*.

Que suas histórias possam ser lidas com prazer, em silêncio, na meia-luz de um abajur noturno; em sussurros, nas confidências de comadres; em voz bem alta, em círculos de mulheres; que alcancem a rua e nossos parceiros e que sua vitalidade possa servir de contraponto a estes tempos de ênfase no que é pequeno e mesquinho.

Beatriz Del Picchia
Cristina Balieiro

Nossa jornada

capítulo um

A busca

Desde o início, nosso foco foi o universo feminino e, mais especificamente, a trajetória de mulheres. Suspeitávamos existir uma gama de mulheres, não muito conhecidas publicamente, que tivessem empreendido jornadas únicas e que, no seu caminhar, houvessem defrontado a dimensão sagrada da vida. Sabíamos que o relato de suas "viagens" poderia servir de estímulo para que outras buscassem seu caminho.

Nosso trabalho começou, então, por buscar mulheres que reunissem dois requisitos básicos: ser uma pessoa original, com uma individualidade fortemente estabelecida, e ter uma trajetória na qual a busca do que transcende os limites do mundo cotidiano fizesse parte do caminho.

O que queríamos ao encontrá-las era conhecer sua história de vida. Acreditávamos que essa história ampliaria a compreensão de como elas chegaram a se tornar, de fato, únicas e a viver, ao mesmo tempo, uma experiência espiritual.

Mas por que esses interesses, o que buscávamos? Em primeiro lugar, por que escolher mulheres singulares, únicas em sua expressão?

Nós acreditamos que todos nascem únicos, singulares.

Cremos que cada pessoa nasce para se tornar quem ela mais autenticamente é. Essa é a principal "tarefa" de cada um, especialmente nos anos de maturidade.

É na especificidade de cada homem ou mulher que está contida a riqueza humana.

Segundo a visão do grande psicólogo junguiano James Hillman, o carvalho está contido em sua semente e não poderá se tornar outra árvore. Pode atrofiar-se e não virar um carvalho em todo seu esplendor, mas nunca será uma mangueira ou um jatobá.

Hillman diz que todos trazemos uma imagem primordial, que corresponde à escolha de nossa alma e deve guiar o indivíduo que cada um vai se tornando no correr da vida. Essa imagem é "portadora do fado e da fortuna da pessoa" (1996, p. 19).

Ou, como diz Caetano Veloso, na música "Dom de iludir": "Cada um sabe a dor e a delícia de ser o que é".

Mas a teoria do fruto do carvalho não é uma visão fatalista do destino imutável e previamente traçado. O fruto do carvalho é um chamado que exige uma escolha: a de dizer "sim" a ele. A pessoa tem de escolher e aceitar tornar-se cada vez mais ela mesma.

Ser fiel a si mesmo e aos seus anseios mais profundos não é uma tarefa fácil. A cultura de massa, de busca de modelos externos de perfeição, as fórmulas padronizadas e idealizadas de sucesso, a pressão para conformar-se conspiram, impiedosamente, contra isso.

Sair dessa pressão e responder ao chamado da própria alma torna-se um ato de ousadia (aliás, falar em busca da alma, hoje, já é um ato de ousadia).

E por que existem pessoas que respondem a esse chamado interno e se tornam singulares, mesmo pagando um alto preço por suas escolhas, enquanto outras sucumbem à pressão da cultura e vivem em clichês?

O que faz que alguém decida não seguir os modelos dominantes, e sim um caminho só seu?

As mulheres que entrevistamos disseram "sim" ao chamado e escolheram, mesmo com muitos percalços, seguir o próprio caminho. Como conseguiram isso?

Queríamos conhecer suas histórias, suas escolhas, hesitações, medos e conquistas. Talvez elas nos fornecessem um mapa...

Buscávamos mulheres que tivessem uma relação com a dimensão sagrada da vida, mas que também tivessem a marca da singularidade

Descobrimos que a busca da autenticidade traz, em seu bojo, um mistério. A lealdade ao mais profundo de si e a experiência pessoal da dimensão espiritual da vida se mesclam.

Quase como um paradoxo, no processo de tornar-se única, a pessoa encontra o todo, conecta-se à grande rede da vida e defronta o sagrado.

Sagrado como significado: aquilo que dá à vida intenção ou propósito. Sagrado como êxtase: a expansão das fronteiras do próprio ego, ou dissolução de limites. A intuição de que, em nós, algo muito grande pulsa sem que possa ser colocado numa linguagem conhecida. Sagrado como experiência pessoal, sem ter relação necessária com nenhuma religião ou manifestação socialmente reconhecida de espiritualidade.

Era essa experiência que buscávamos.

Mulheres que, ao se tornar quem são, trouxeram sua contribuição única ao mundo

A vida de quem vai ao encontro do que lhe é mais autêntico é uma jornada de sair do todo, do coletivo, individuar-se e trazer de volta, como dádiva para o humano, a plenitude de si mesmo.

É na própria singularidade que está a grandeza de cada um e a possibilidade de contribuir com o mundo. É o encontro de um sentido de vocação pessoal, uma razão de estar vivo.

Conhecemos, em nossa busca, mulheres que foram fiéis às suas sementes de carvalho e, com isso, defrontaram o sagrado e/ou, ao buscar o sagrado, encontraram a si mesmas. E que também trazem ao mundo uma contribuição singular! Contribuição que só aquela mulher específica pode dar, porque o que ela é e o que oferece se mesclam totalmente.

As histórias de vida

Fomos escutar as histórias de vida contadas por elas mesmas. Fizemos longas entrevistas – de fato, mais conversas do que entrevistas –, em que pedíamos que nos contassem como haviam chegado onde estavam, que caminho percorreram, que circunstâncias as tinham levado até ali, como fora a jornada que as tornara o que eram.

E por que buscar histórias de vida?

Em primeiro lugar, a identidade de uma pessoa está totalmente amalgamada à sua história de vida. Conhecê-la – com suas escolhas, dificuldades e dúvidas – amplia, enriquece e matiza a visão que temos dela. Facetas são reveladas.

Por meio dos relatos, conhecemos o percurso de construção da identidade. A jornada para o mais profundo e autêntico de si mesmo é expressa na narrativa de uma vida. De acordo com a metáfora de Hillman, vemos como a semente de carvalho transformou-se em carvalho.

Assim como cada pessoa é única, cada história é única e, de certa forma, mostra como a vida *moldou* aquela identidade e ao mesmo tempo foi *moldada* por ela.

Em segundo lugar, a história de vida contada pela própria pessoa que a viveu, para alguém que realmente a escute, pode trazer uma alma à tona – e essa era a nossa busca.

Escutamos tanto os fatos objetivos que elas escolheram contar como sua maneira de vivê-los subjetivamente. É a versão delas, a reconstrução de sua memória para essa vida específica.

A escolha dos fatos a serem contados, das dificuldades vividas e dos sentimentos e emoções experimentados de certa forma reconstrói o significado da vida que foi vivida.

Como diz Rachel Naomi Remen (1998): "As histórias são a experiência de alguém sobre os acontecimentos de sua vida, e não os acontecimentos em si... nós os vemos [os acontecimentos] de nossa maneira única, e a história que contamos tem muito de nós. A verdade é altamente subjetiva".

Indo além, o relato de uma pessoa sobre a própria vida a expressa de alguma forma. Em cada fala (na escolha das palavras, na construção das frases, no uso de figuras de linguagem, de metáforas e expressões) está presente quem a conta.

As histórias nos trazem um pouco do sabor, da voz, do ritmo e da energia das pessoas que as viveram. E elas nos tocam, ressoam, permitem o verdadeiro encontro humano que nos aquece o coração.

Em terceiro lugar, histórias de vida nos inspiram a fazer nosso próprio caminho. Assombrosas, assustadoras e maravilhosas como podem ser (e as de nossas entrevistadas o são), elas têm o poder de provocar mudanças em quem as prova de verdade.

Elas nos confortam quando vemos que pedras, obstáculos, dúvidas, medos, recuos e a sensação de estar perdido fazem parte do caminhar. Mitigam a solidão do processo, pois sentimos que temos companhia, temos companheiros. Elas nos fazem rir, chorar, pensar, refletir.

Voltando a Naomi Remen (1998): "Paramos de contar histórias quando começamos a não mais dispor de tempo, do tempo para parar, refletir, maravilhar-nos... E quando não temos tempo para ouvir as histórias uns dos outros, procuramos especialistas para nos ensinar a viver".

Uma história de vida é uma entidade viva que pode nos ajudar a viver. É um compartilhar que nos fortalece e humaniza.

A história de vida de nossas entrevistadas e todo o trabalho de três anos com elas são a matéria-prima essencial com que foi construído este livro.

O elo comum

Todas as entrevistadas compartilhavam uma forte identidade pessoal e uma experiência significativa com a dimensão sagrada, mas eram mulheres completamente diferentes umas das outras e com histórias totalmente diversas entre si.

Assim, como "costurar" suas histórias de tal modo que se encaixassem em um quadro comum – a fim de não se tornarem relatos soltos e sem ligação uns com os outros –, mas ao mesmo tempo mantivessem a "tessitura" que caracteriza a própria especificidade?

Percebíamos que havia uma constante entre elas, apesar de sua diversidade: todas tinham trilhado um caminho em que primeiro rompiam de alguma maneira com seu mundo familiar e depois passavam por uma série de percalços, dificuldades, aprendizados e mudanças que as transformavam como pessoas, transformando também sua vida e sua forma de estar no mundo.

Nós duas, estudiosas da obra de Joseph Campbell, o grande mitólogo norte-americano, conhecíamos um modelo mítico, identificado por ele, no qual todos os relatos se encaixavam como uma metáfora do caminho percorrido por essas mulheres: a jornada do herói (no nosso caso, da heroína).

A jornada do herói é um modelo delineado por Campbell ao estudar inúmeros mitos de heróis de diferentes épocas, tradições, mitologias, culturas:

> Existe certa sequência de ações heroicas, típica, que pode ser detectada
> em histórias provenientes de todas as partes do mundo, de vários perío-
> dos da história... Na essência, pode-se até afirmar que não existe senão
> um herói típico, arquetípico, cuja vida se multiplicou em réplicas, em
> muitas terras, por muitos, muitos povos... (Campbell, 1992)

A jornada mitológica do herói pode ser sucintamente descrita por três fases principais. A primeira é a ruptura, quando o herói abandona o mundo conhecido e parte para o desconhecido (ou é lançado do mundo conhecido para o desconhecido). É onde sua aventura começa. Na segunda fase, ocorre um longo processo de iniciação, composto de diferentes provas, aprendizados e encontros, culminando com a transformação do herói e a descoberta de seu tesouro, chamado por Campbell de *bliss*. A última fase é o retorno do herói ao seu mundo de partida, mas já transformado e trazendo o tesouro que encontrou em sua jornada.

Esse modelo nos serve bem como metáfora do caminho das mulheres e ajuda a "alinhavar" suas histórias e trajetórias. Ele serve como modelo-espelho para etapas percorridas no caminhar da vida de uma pessoa que busca a própria verdade. Dessa forma, mesclamos a vida com o mito e o mito com a vida.

Mesclamos a vida com o mito quando explicamos o modelo mítico como metáfora do caminho de pessoas reais na busca de si mesmas e do transcendente, usando a vida das mulheres como exemplo. Cousineau reforça essa possibilidade ao dizer: "A jornada do herói é um símbolo que, no sentido original do termo, liga duas ideias distantes, a busca espiritual dos antigos com a moderna procura da identidade" (in Campbell, 2003a, p. 19).

E mesclamos o mito com a vida ao contarmos a história de cada uma das mulheres de acordo com o modelo mítico, honrando sua biografia ao trazer a ela beleza, mistério e mito, como pede Hillman ao dizer que precisamos abrir espaço para a apreciação estética da história de uma vida.

A metáfora-modelo da jornada do herói pode servir de guia ou mapa para pessoas que estão em jornada, em busca de si ou da transcendência e de sua expressão criativa. Assim, com o mesmo modelo explicamos também o processo de elaboração deste trabalho.

Por fim, Cristina criou ilustrações que representam uma síntese e amplificação das imagens sugeridas pelas narrativas. Encerrando, Beatriz narrou, na forma simbólica de um conto de fadas, a aventura de criar este livro.

O caminho mitológico

capítulo dois

A jornada do herói

Joseph Campbell

Joseph Campbell (1904-1987) é considerado um dos maiores mitólogos de todos os tempos. Nasceu nos Estados Unidos e, durante quase quarenta anos, lecionou mitologia em uma universidade exclusiva para mulheres. Escreveu uma extensa obra no campo da mitologia comparada.

Poucos anos antes de sua morte, Campbell concedeu ao jornalista Bill Moyers uma sequência de entrevistas que virou uma série de televisão, exibida em diversas partes do mundo, chamada *O poder do mito,* depois transformada em livro com o mesmo nome. A exibição da série na TV fez muito sucesso e teve vasta repercussão, tornando Campbell popularmente conhecido e trazendo sua visão dos mitos para o mundo contemporâneo.

Um de seus focos era descobrir a que os mitos serviam. E uma das funções que via para eles era "a função pedagógica, como viver uma vida humana sob qualquer circunstância. Os mitos podem ensinar-nos isso" (Campbell e Moyers, 1990, p. 32). Ele pensava nos mitos de forma viva e sempre atualizada, não como peças de museu.

É com a perspectiva de Campbell sobre o mito – um modelo arquetípico que pode conter sentido e significado para pessoas reais e contemporâneas – que trouxemos a "sua" jornada do herói como a metáfora do caminho e da vida de nossas entrevistadas.

O modelo mitológico

O modelo da jornada do herói é composto de um ponto de partida – que, de certa forma, é também o ponto de chegada – chamado *mundo cotidiano* e de três fases: *ruptura, iniciação* e *retorno*. Cada fase é composta por algumas etapas. No modelo de Campbell há onze etapas, distribuídas conforme apresentado no quadro a seguir.

Essas não são exatamente as denominações que Campbell deu à maioria das etapas. Ele usa termos mais metafóricos. Os nomes que escolhemos vieram de interpretações nossas e têm o objetivo de clarificar o que acontece em cada etapa, com base no estudo do relato de vida das entrevistadas.

A jornada na vida

Apesar de o modelo da jornada do herói se encaixar muito bem como metáfora do caminho de vida de "nossas" mulheres, algumas especificidades precisam ser consideradas.

Em primeiro lugar, na vida de mulheres reais há várias jornadas dentro da jornada. A jornada acontece muitas vezes, se repete de forma circular e, em cada uma de suas voltas, se aprofunda, como ocorre na volta do parafuso, se enriquece. Mais que ser uma circular, em que os pontos de partida e chegada se encontram, as jornadas reais parecem espirais.

E, como falamos de pessoas reais, contando suas histórias num recorte do tempo (o momento da entrevista), pudemos obter uma "fotografia" da jornada, que não está concluída, pois a jornada de vida só termina com a morte.

Em segundo lugar, as etapas não acontecem de maneira linear, como no mito. Conforme a vida da pessoa vai se desenrolando, as etapas se repetem e se aprofundam. Dependendo da trajetória individual, as etapas podem ser mescladas, sobrepostas, eliminadas, embaralhadas – e a ordem não é necessariamente a mesma do modelo.

Mundo cotidiano: *o ponto de partida, contexto, passado, origem, história pregressa e para onde o herói retorna.*

RUPTURA

1. Chamado à aventura: *apelo, convocação para o rompimento com o conhecido, crise.*

2. Recusa ao chamado: *dúvidas, hesitações, relutância e recusa em aceitar o chamado.*

3. Travessia do primeiro limiar: *primeira busca ativa de respostas ou soluções para a ruptura que ocorreu devido ao chamado; primeiro momento de ação.*

INICIAÇÃO

4. Encontro com o mestre: *mestres encontrados no caminho.*

5. Aprendizado: *etapa de educação e aprendizado, tanto vivencial quanto intelectual.*

6. Travessia de novos limiares: *comprometimento ainda maior com a mudança, ações e buscas mais radicais.*

7. Situação-limite: *ponto de inflexão que implica provações e sacrifícios ou rendição para poder continuar a jornada.*

8. Bliss: *encontro do "tesouro de cada um", aquilo que traz sentido e significado à vida.*

RETORNO

9. Caminho de volta: *preparação para viver no "mundo cotidiano" outra vez, mas pessoalmente modificado.*

10. Resignificado: *transformação pessoal advinda da jornada e do encontro da bliss.*

11. Dádiva para o mundo: *o que se traz como doação concreta para o mundo, de acordo com a bliss.*

Em terceiro lugar, descobrimos que algumas etapas acontecem para todas, são inerentes ao caminho: *o chamado à aventura, a travessia do primeiro limiar, a bliss, o caminho de volta, o ressignificado e a dádiva ao mundo.*

As outras etapas podem ocorrer ou não: *a recusa, a travessia de novos limiares, o mestre, o encontro com o mestre, o aprendizado* e *a situação-limite.*

Talvez algumas etapas não citadas tenham sido vividas por essas mulheres, mas hoje não são relevantes na história que relembraram, relataram. Ou talvez elas realmente não tenham passado por elas.

Ilustrando o modelo mítico com a vida

A jornada do herói como modelo-metáfora para a busca de si e da transcendência foi clarificada e ampliada pelos relatos de nossas entrevistadas. Cada fase e suas etapas são descritas com riqueza de detalhes e diferentes possibilidades de manifestação, extraídas de sua história de vida. Também são descritos os sentimentos e emoções, as sensações, percepções e comportamentos que acompanham cada uma das fases e suas etapas. Trechos de suas falas, com as palavras utilizadas por elas mesmas, ilustram de forma ainda mais enfática essas descrições.

O modelo foi trazido para a dimensão humana, e não mais a do mito. É mais diverso e complexo e, ao mesmo tempo, mais próximo da realidade da vida. Por isso, pode também servir de guia para quem busca esse caminho.

As fases da jornada

O mundo cotidiano

O *mundo cotidiano* não é verdadeiramente uma etapa da jornada, e sim o local de onde o herói saiu e para onde ele retorna. Não consta da nossa descrição das fases e etapas da jornada pois, como ponto de partida, é a vida da pessoa, sua história antes do chamado. Esse ponto de origem de cada uma das entrevistadas é rapidamente descrito no início de sua história.

Como ponto de chegada, o mundo cotidiano é o mundo em que cada uma vive hoje, que poderá ser mais bem visualizado na descrição das etapas do *ressignificado* e da *dádiva ao mundo*, assim como na pequena apresentação feita no início do relato.

O que podemos dizer que as entrevistadas compartilham como mundo cotidiano *hoje* são os seguintes dados:

- ➤ Todas moram em São Paulo, com exceção de Bettina, que é paulistana mas mora na Escócia.
- ➤ Todas têm mais de 40 anos (condição que procuramos deliberadamente, para haver tempo de "caminho percorrido").
- ➤ Todas são mulheres que têm uma visão ampla da vida e do mundo.
- ➤ Todas atuam, de uma forma ou outra, profissionalmente.
- ➤ Todas influenciam várias pessoas em seu entorno por ser quem são e fazer o que fazem.
- ➤ Todas continuam buscadoras.

Ruptura

Começamos agora a descrição da primeira das três grandes fases da jornada: *a ruptura*. Essa fase é composta de três etapas: *chamado à aventura* (perceber/sentir a ruptura), *recusa ao chamado* (dizer "não" à ruptura) e *travessia do primeiro limiar* (dizer "sim" à ruptura).

Chamado à aventura

Esse primeiro estágio da jornada mitológica – que denominamos aqui "o chamado da aventura" – significa que o destino convocou o herói e transferiu-lhe o centro do seio da sociedade para uma região desconhecida.

(Joseph Campbell, 2007, p. 66)

Toda jornada começa com um *chamado à aventura*.

"Chamado" porque é um forte apelo ou convocação para que a pessoa rompa a estabilidade da vida cotidiana e de seu mundo conhecido. E "aventura" porque implica a necessidade de penetrar em um caminho desconhecido, ainda não trilhado, em que se pode encontrar de tudo: provas e dádivas, mestres e aliados, perigos e tesouros.

A experiência subjetiva do chamado traz a sensação de rompimento com o conhecido, de um corte da vida "como sempre havia sido", de algo que "se quebra" e não pode mais voltar à "forma" original.

Não importa qual seja esse mundo, que crenças, hábitos, perspectivas ou modo de enxergar a vida o compõem. Ocorre uma mudança de perspectiva ou de percepção das coisas tão ampla que altera definitivamente a visão da pessoa sobre a vida e o mundo. A base de suas crenças é completamente alterada ou retirada, fazendo que ela tenha de procurar novos alicerces.

Pelos relatos coletados, essa alteração de perspectiva/percepção pode acontecer de três modos:

- ➤ quando a visão das próprias possibilidades é ampliada por meio da descoberta ou do encontro de alternativas ainda não imaginadas;
- ➤ quando se percebe que a visão antiga era basicamente uma autoilusão, que passa a não se sustentar mais;
- ➤ quando se vivem fatos que colocam a visão antiga em xeque e mostram perspectivas radicalmente diferentes (este modo é uma combinação dos dois anteriores).

Nessa etapa, é comum sentir que o horizonte familiar foi ultrapassado e os velhos conceitos, ideais e padrões emocionais já não são adequados, não correspondem ao que está sendo vivido interna e/ou externamente. As reações, atitudes, explicações e significados não dão conta do que está sendo experimentado no momento.

> Vivi um pouco essa coisa da contracultura [...]. [...] minha geração descobriu [...] que existem outros níveis de realidade dados por estados de consciência alterados. [...] experimentei algumas plantas sagradas que levam a estados alterados de consciência. [...] Depois delas, a dimensão espiritual se abriu para mim de vez. [...] voltei completamente diferente [dessas experiências]. Dei uma desestruturada porque tive que mexer com minhas concepções de mundo, com modelos de homem, de vida. (Sandra)

Como nada do que era conhecido antes serve mais, surge a necessidade de buscar o novo, mesmo que não se saiba nada sobre ele ainda. Esse é o primeiro empurrão rumo à procura daquilo que pode ser chamado de individualidade, destino, missão, vocação, *bliss*.

> E, nesse momento, meu pai começa a morrer. [...] tinha câncer desde 1981, e sete anos depois começou o fim dele. Aquilo me pegou muito, porque eu vi um projeto de vida centrado no desenvolvimento profissional, na ambição econômica, no alcançar coisas *furar*. Furou devido à doença. Meu pai foi o primeiro presidente brasileiro de uma multinacional americana. E usufruiu muito pouco do ápice, logo começou a descida... [...] eu começava a duvidar desse caminho onde você coloca toda sua meta em alcançar sucesso. [...] Eu pensei: a vida não é isso, deve ter algo mais. Aí eu começo a buscar. Foi em 1988, eu tinha 32 anos. (Ana)

O chamado não é uma etapa de ação. É perceber *dentro de si* a urgência de iniciar uma "viagem" desconhecida, que pode até não ser desejada, mas é sentida como inevitável. O desconforto com o cotidiano, com o *status quo*, e a profunda sensação de que algo tem de ser buscado, mesmo que não se saiba o quê, exige uma nova atitude: saber intuitivamente a necessidade da jornada.

> Com 23 anos eu fui para a Europa. [...] Uma das minhas motivações para viajar era que estava tudo estável, estava tudo resolvido na minha vida. A maioria das pessoas quer essa vida moderna, quer um trabalho

onde possa crescer, quer um relacionamento, quer ter uma casa [...] e com 23 anos de idade eu tinha todas essas coisas, com muita estabilidade. [...] Pensei: "É muito cedo para começar o resto da minha vida". Aí, fiz esse corte e veio essa vontade de viajar e vivenciar mais o mundo. Era uma sede de conhecimento e de experiência. (Bettina)

O chamado pode ocorrer por meio de acontecimentos subjetivos, por algo que emerge de dentro, do mundo interno: uma insatisfação recorrente, o brotar espontâneo de um dom desconhecido, uma depressão, a sensação de que "ou se faz algo novo ou se vai explodir".

Aí eu tive depressão. No começo eu pensava que era cansaço, que talvez estivesse com anemia. Era uma falta de energia tão brutal, uma falta de ímpeto, uma falta de vitalidade. Eu achava que tinha uma causa física, que eu estava exausta. Duas filhas, tanto trabalho, tanta frustração, tanto problema... Mas chegou uma hora em que não podia ser só aquilo. [...] Então, nesse momento, foi a ruptura total com qualquer coisa que eu acreditasse até ali. (Soninha)

O chamado também pode ser desencadeado por um evento externo: um acidente, uma separação, uma perda, o encontro ou a descoberta de algo que nos arrebata:

Enquanto eu estava na faculdade, meu irmão teve um problema de saúde e ficou com metade do corpo paralisada, do dia para a noite. [...] meus pais começaram a "via sacra" de procurar todos os médicos, os professores etc., e os diagnósticos eram cada vez piores. Então, começaram a procurar outras coisas, coisas alternativas. [...] valia qualquer coisa para salvar um rapaz de 20 anos. Assim, a minha imersão nesse universo das buscas começou a partir da doença do meu irmão. (Andrée)

Mesmo quando o gatilho é um acontecimento externo, é necessário que esse evento mobilize o mundo interno, pois um chamado só acontece quando repercute internamente na pessoa, alterando-a:

Quando estava no quarto ano da faculdade e tinha 20 anos, tive contato com o **tai chi chuan** [...], através do meu pai e do meu irmão, que estavam fazendo essa prática no quintal de casa. Ver os dois praticando me calou fundo. Eu nunca tinha visto aquilo, mas olhei e falei: "Bom, vou junto". (Jerusha)

A etapa do chamado pode trazer impressões ambivalentes. Pode haver a sensação de desafio, de descoberta, de estar vivendo uma aventura, o que traz vitalidade e um renovado prazer de viver. Mas pode também haver medo, insegurança, isolamento, confusão. Nesse caso, a sensação pode ser de completa ruptura com o passado e trazer grande dose de sofrimento. Uma das entrevistadas, nascida e criada em uma pequena cidade do interior do Rio Grande do Sul, fala sobre sua mudança para São Paulo, acompanhando o marido:

> Meu marido passava o dia inteiro fora, e eu ficava sozinha dentro do apartamento. [...] Eu levantava todo dia de manhã pensando que a morte ia chegar e eu ia ser livre, porque eu não via condição de sair daquela situação a não ser morrendo. [...] As contradições são muito engraçadas: lá, eu era um exagero para fora; aqui, eu era o exagero para dentro. [...] Na minha cidade, eu tinha um lugar muito bem definido, bem posicionado, de destaque. [...] aí, chega aqui e você não é nada! Anonimato total, você não existe [...]. Fiquei uns dois anos numa depressão terrível: de dor, de desamparo, de falta de identidade, é como uma morte! Como se eu tivesse interrompido a minha história anterior e nada mais fizesse sentido. (Neiva)

Normalmente, como esse momento implica, de alguma forma, uma quebra ou rompimento com a vida que se levava, as pessoas mais próximas, sejam amigos ou familiares, não aceitam nem entendem muito bem, podendo tentar fazer que a pessoa permaneça em seu antigo modo de vida:

> Recebi um sinal e parei. Esses movimentos sempre surgem através de sinais... Foi no dia de Corpus Christi, há sete anos. Eu tinha ido dormir, quando o quarto ficou violeta. Vi uma montanha, um homem também vestido de violeta, e sabia que a cena era no Butão. Isso foi tão forte que meu marido acordou assustado, como de um pesadelo, e gritou: "O quarto está violeta!" Eu o acalmei, mas sabia que ali o casamento tinha acabado. Esse sinal desencadeou em mim um processo muito forte de alteração de estados de consciência. (Mônica)

Nossa cultura de massa, quase exclusivamente voltada para o mundo exterior, não privilegia seguir o que o mundo interno demanda, não tendo rituais nem lugares que acolham pessoas que estejam passando pela fase do chamado. Por isso, vivê-lo pode acarretar a alternância de sensações de prazer e medo, ou mesmo uma mescla de ambas.

Chico Buarque de Hollanda, na música "Roda-viva", traduz um pouco essa sensação: "A gente quer ter voz ativa/ no nosso destino mandar/ mas eis que chega a roda-viva/ e carrega o destino pra lá". É o poeta cantando a sensação de que algo mais forte que a gente nos convoca para viver a vida que devemos viver.

Pode-se ter bastante consciência da relevância do rompimento e entrar deliberadamente na jornada ou não se saber direito o que está acontecendo e ter a sensação de estar sendo levado por uma força maior:

> Foi na época em que eu casei [...] que a minha mediunidade veio à flor da pele. Ela estava fluindo de uma forma que eu via o que as pessoas pensavam. Eu comecei também a ver espíritos, sentia espíritos querendo incorporar em mim. Eu estava jantando com meu marido e, de repente, incorporava um espírito. E eu começava a falar com ele, e me via num lugar escuro. Eu pensava: "Para onde eu fui? O que estou fazendo aqui?" (Regina)

Para que a jornada se inicie realmente, é preciso aceitar essa convocação, mesmo sem ter total clareza de para onde se está indo ou do porquê. Ao aceitar dizer "sim" ao chamado, a pessoa inicia uma nova etapa, a *travessia do primeiro limiar*, quando começa a trilhar voluntariamente seu caminho.

Também se pode dizer "não" à convocação. Essa não aceitação pode acontecer por inúmeras razões: medo, apego, questões ligadas ao momento, dificuldade para mudar de crenças, valores, comportamentos etc. Essa etapa se chama *recusa*. Mas, mesmo quando recusado, o chamado é sentido e sempre retorna, até ser atendido.

Algumas pessoas recebem e aceitam seu chamado bem cedo na vida, e toda ela é pautada por essa escolha precoce:

> Estava no primeiro ano do magistério, um período em que eu estava com muitas atividades. [...] E houve um dia em que eu fiquei muito cansada. [...] E pensei: "[...] quero fazer alguma coisa diferente". Eu estava na frente de um cinema. [...] Comecei a assistir, e era o filme *Irmão Sol, irmã Lua*, do Zeffirelli. No filme, tinha uma cena em que São Francisco tirava toda a roupa e saía nu pelo portal de Assis. Essa cena me tomou de um jeito que eu pensei: "Como é largar tudo e sair sem nada?" [...] e aquela imagem ficou me perseguindo, aquela imagem de você deixar tudo e seguir. [...] Fiquei horas conversando comigo no espelho, e a "voz" terminou me convencendo de que era isso que eu tinha que fazer. [...] Eu tinha 16 anos. (Rosane)

Outras seguem um caminho mais tradicional e só depois de cumprir os papéis socialmente esperados (mãe, esposa, profissional etc.) é que aceitam o seu chamado ou vão em busca dele:

> [...] meu caminho espiritual começou em 1989 [...], eu já não estava bem com meu marido [...] Eu estava com quase 40 anos, naquela fase que ou você muda ou você muda. [...] Terminei com a minha confecção e fiquei pensando no que poderia fazer fora de casa. Foi um momento delicado, de busca interna. [...] uma amiga me convidou para particiar de um curso de astrologia [...]. Foi nesse momento que aconteceu a minha grande virada, quando comecei a penetrar em outro mundo, a perceber que havia muitos outros níveis de realidade para compreender e me aventurar. (Renata)

Chamados também podem acontecer muito precocemente, quando a pessoa não tem nem idade de ter consciência dessa situação, e sua vida já nasce marcada por eles.

Uma de nossas entrevistadas é arrancada muito nova de sua vida conhecida: perde mãe, família, pátria, língua. Sua vida praticamente começa com o chamado à aventura.

> Dos meus 3 aos meus 7 anos, eu passei por uma série de perdas, de rompimentos. Perdi minha mãe, meu pai casou de novo, nasceu uma irmã, nós deixamos a Alemanha e viemos para o Brasil, ou seja, perdi língua, perdi os parentes, perdi o mundo que eu conhecia. E eu sei que eu sai de lá de um jeito e cheguei aqui de outro. Isso já é o começo de um caminho, apesar de que eu era absolutamente inconsciente. (Monika)

No caso de outra entrevistada, o chamado parece ser prenunciado antes de seu nascimento, já se manifestando em tenra idade.

> Minha mãe [...] não queria mais filhos. Tinha duas meninas [...], a mais nova já estava com 11 anos. Então, um dia, numa reunião lá em casa, uma vidente disse que ela iria engravidar. [...] Ela engravidou mesmo, e eu nasci... Minha mãe contava que, com 2, 3 anos de idade, quando as pessoas tinham alguma dor – por exemplo, uma dor de cabeça –, eu falava assim: "Ela está com dor na cabeça". E punha a mão na pessoa e ela melhorava. Desde pequena, eu tinha lembranças estranhas: me lembrava da minha mãe grávida, me lembrava do meu parto, do meu nascimento... Então, minha mãe sempre disse que sabia que eu ia ser alguma coisa diferente. (Solange)

Todas as histórias deste livro são de mulheres que disseram "sim" ao chamado, independentemente do momento. Chamados à aventura acontecem algumas vezes na vida, pois, como já dissemos, existem diversas jornadas dentro da jornada. Quando, porém, trabalhamos com uma história de vida contada pela sua protagonista, identificamos como a etapa do chamado à aventura aquele momento de virada e ruptura que prenuncia o inicio da caminhada, sob o ponto de vista da própria entrevistada.

Recusa ao chamado

A recusa à convocação converte a aventura em sua contraparte negativa. Aprisionado pelo tédio, pelo trabalho duro ou pela "cultura", o sujeito perde o poder da ação afirmativa dotada de significado [...] Seu mundo florescente torna-se um deserto cheio de pedras e sua vida dá uma impressão de falta de sentido [...]

(Joseph Campbell, 2007, p. 66-7)

Como já dissemos, o chamado à aventura implica a percepção da necessidade de romper com o mundo conhecido e buscar o não conhecido. Claro que abandonar a forma aparentemente segura de viver pode trazer temores e insegurança. Com medo da jornada e de suas consequências, a pessoa pode se apegar ao antigo.

O apego ao conhecido, mesmo que esse conhecido não seja de todo bom, costuma ser muito forte, e abdicar dele é uma tarefa que exige coragem. O chamado é um momento em que é necessário abrir mão do que se conhece por algo que ainda não se sabe o que é. A sensação é a de pular no vazio, sem saber se existe "rede de proteção", e às vezes o sentimento de perda pode ser muito mais forte que o de ganho. Esse momento pode lembrar um "cabo de guerra", no qual forças contrárias – o velho e conhecido, o novo e desconhecido – puxam de lados opostos.

É sobre essas sensações, o que sentimos mas ainda não conseguimos definir, o que nos chama mas ainda não tem forma, como o vento, que fala o poema de Rainer Maria Rilke:

> Meus olhos já tocam o monte ensolarado,
> Indo muito à frente da estrada que tomei.
> Assim somos compreendidos pelo que não podemos compreender;
> e que tem sua luz interior, mesmo a distância –
> e nos modifica, mesmo que não o alcancemos,
> em alguma coisa, que sem sentir já somos.

> Um gesto nos acena, respondendo ao nosso próprio gesto...
> mas o que sentimos é o vento na face.

É compreensível, portanto, haver um período de recusa ao chamado. E, quanto mais diferente do mundo conhecido for esse chamado, quanto mais estranheza ele trouxer, mais difícil será tomar a decisão de segui-lo.

Uma pessoa pode recusar o chamado de várias maneiras: minimizando seu apelo, desviando a atenção para outros interesses, encontrando desculpas, mesmo verdadeiras, para não seguir ou para adiar a convocação.

Quando a vida externa mobiliza muito nossa mente e energia, por exemplo quando se está focado no trabalho, na carreira, nos relacionamentos, na família ou nos filhos, é fácil recusar-se a receber o chamado. Também quando somos descrentes, céticos ou excessivamente materialistas o apelo à ruptura parece corroborar com nosso pessimismo em vez de nos chamar para novas possibilidades.

Mas, se o chamado pode ser protelado, recusado e até distorcido, parece que a vida não desiste nunca. Ou a insatisfação, a sensação de vazio e de falta de sentido retornam ainda mais prementes, ou acontecem novas atribulações e eventos externos no mesmo sentido. Não importa como, mas a convocação para que cada um siga a vida que lhe coube viver, ou o apelo para que se torne quem veio ser, parece retornar sempre.

Se houver uma recusa sistemática, o tédio e a depressão podem se intensificar. Se a recusa for temporária, a condição depressiva também é temporária e até pode ajudar a tomar a decisão de fazer a jornada. Porém, se ela for definitiva, a pessoa vive abaixo do próprio potencial e não se torna quem poderia ou deveria ser. A vitalidade é rebaixada, e ela pode ter a impressão de estar vivendo como um autômato.

A coragem de se libertar de expectativas, planos e sonhos que se mostraram ilusórios, de se desapegar de visões e percepções que não mais correspondem ao momento vivido e aceitar a impossibilidade de ter controle rígido sobre os acontecimentos é o que pode trazer a verdadeira vida. Senão, ao fixar-se no velho, fica-se preso. Assim, o novo não consegue nascer, pois tudo que nasce vem de algum tipo de morte: a semente precisa "morrer" para que a planta possa brotar, o pão nasce da "morte" do trigo.

Todas as entrevistadas disseram "sim" ao seu chamado à aventura. Nem todas, porém, relataram uma etapa de recusa. Talvez por não terem passado por ela, ou por ela não ter sido muito marcante, ou por não se recordarem desse momento, ou por não acharem relevante descrevê-lo.

Para uma das entrevistadas, a etapa da recusa foi vivida de forma dramática. Ela não apenas passou por uma fase de negação do seu chamado à aventura, como tentou ativamente destruí-lo. Isso porque seu chamado veio por meio de um dom despertado de forma espontânea, uma forte mediunidade independente de sua vontade e completamente contra suas crenças e convicções. Render-se a esse dom exigiu dela uma grande dose de coragem e muito tempo para aceitá-lo.

> Eu não queria saber dessa mediunidade de jeito nenhum. Tive muita dificuldade para lidar com isso. Eu era muito católica, sou até hoje, imagine você como foi difícil lidar com esses fenômenos em mim, com o espiritismo. Foi dificílimo, porque eu sempre fui contra o espiritismo, sempre. Foi o avô do meu marido, que na verdade foi um grande espírita, [...] que me ajudou nessa época. Eu, jovenzinha, com a mediunidade aflorando, fui fazer um trabalho em centro espírita para cortar a mediunidade. Mas eu me lembro que eles diziam no centro que eu tinha que trabalhar com isso, mas eu dizia que era católica, não queria trabalhar com espiritismo. Não queria nada daquilo. Depois que eu fiz esse trabalho com eles parou tudo. Cortou mesmo a mediunidade, segurou a mediunidade. Foi uma época boa, porque voltei ao meu normal. Antes estava atrapalhada, uma coisa horrível. Atrapalhava minha vida. Como católica, mais difícil ainda de lidar, porque o católico não aceita essas coisas. E aí eu custei muito, relutei muito para trabalhar com esse lado espiritual na minha vida. (Regina)

Travessia do primeiro limiar

Tendo cruzado o limiar, o herói caminha por uma paisagem onírica povoada por formas curiosamente fluidas e ambíguas, na qual deve sobreviver a uma sucessão de provas.

(Joseph Campbell, 2007, p. 102)

Essa etapa implica a primeira busca ativa de respostas e soluções para a ruptura que acontece quando se diz "sim" ao chamado à aventura. É a ação após a aceitação, uma etapa em que se passa das decisões tomadas internamente (mesmo que o apelo tenha vindo de fatos externos) para o agir. É quando a buscadora se põe a caminho; quando, de fato, a jornada começa.

A busca de respostas pode ocorrer de inúmeros modos: por meio de pessoas, cursos, experiências, terapias, religiões, oráculos, peregrinações, lugares, livros, tradições, entre outras maneiras muito diferentes. Parece que os caminhos que levam à busca de nosso destino são tão variados quanto os destinos. Uma das entrevistadas, por exemplo, começou sua busca por meio da terapia:

> Eu estava trabalhando morte de mãe numa terapia corporal [...] naquele momento [...]. Nós tínhamos feito uma sessão e [...] eu trabalhei morte de mãe e a minha resignação diante disso. Aí rompeu uma camada, e a única coisa que eu podia fazer era chorar. [...]. Eu tinha me dado conta de que sempre me fiz de forte. [...] Eu falei, então: "Desta vez eu não vou, desta vez eu vou sentar e vou ficar aqui, entendeu? Se quiser, vamos sentar no chão e vamos chorar a noite inteira, não tem problema nenhum, mas não vai dar para ser forte desta vez". Fiz isso com consciência, foi uma opção consciente. Foi uma libertação, sem dúvida. (Monika)

Outra entrevistada começou a sua por meio de um episódio curioso:

> Eu sempre me lembro com tristeza e prazer desta história. Eu queria muito ir à rua José Paulino. [...] peguei um ônibus para ir até lá. O ônibus passava nessa rua, mas na volta [...]. Quando percebi que estava perdida, entrei em pânico. [...] Era como se eu não soubesse como me virar [...]. Eu chorava [...] o desamparo [...]. Todo mundo sabia os caminhos, menos eu. Era dor, mas era engraçado, também havia força de vida dentro de mim. Aí, chegou o ônibus que vinha no sentido contrário. Entrei no ônibus e pensei: "Se eu for agora à José Paulino vai ficar muito tarde, mas se eu descer em Pinheiros, no primeiro quarteirão, eu aprendo como é que é". Então, eu desci e andei o primeiro quarteirão, o segundo, o terceiro. Quando eu conheci aquela região, peguei o mesmo ônibus, parei no mesmo lugar de antes e voltei para a minha casa. Descobri que esse era um jeito de conhecer a cidade. [...] E assim eu fui experimentando conhecer São Paulo. [...] E, como a morte não vinha, eu pensei: "Já que você não vem e eu tenho que viver, tenho que ver o que vou fazer". (Neiva)

Outra maneira de dar início a uma busca é por meio de uma peregrinação:

> E, depois de um ano, eu estava indo para a Índia com o professor Roque. Fomos para Nova Délhi e de lá para Bihar, o estado mais pobre da Índia, num ônibus com as malas amarradas na capota e dois guias ma-

lucos que mal falavam inglês... Chegamos em Bodigaya, um centro importante de peregrinação budista. [...] acordávamos às cinco da manhã, fazíamos tai chi até as seis, tomávamos café e às sete já estávamos recebendo ensinamentos de Bokar Tulku Rinpoche. [...] tomei votos de **bodhisattva** embaixo da árvore Bodhi, onde Buda se iluminou. A essa altura eu já estava convencida de que meu caminho era espiritual, era mesmo o budismo tibetano. (Helô)

No caso de outra entrevistada, os dons foram despertados tão precocemente e o chamado foi tão forte que a travessia do primeiro limiar teve de ser feita com ajuda de outra pessoa, no caso sua mãe. Com 11 anos, começou a desmaiar frequentemente e sem motivo; depois de procurar alguns médicos e não conseguir respostas, a mãe levou-a a uma sessão espírita.

Fizeram a prece. E eu comecei a me sentir mal e disse à minha mãe que ia desmaiar. E, para mim, eu desmaiei. Mas, na verdade, eu incorporei o meu caboclo. [...] Disse que a casa em que ia trabalhar já existia, e que eu ia ter que trabalhar nela, e que, a partir daquele momento, ele ia começar a trabalhar comigo. Falou tudo que tinha que falar, passou, foi embora. Para mim, eu voltei do desmaio. [...] minha mãe disse que teríamos que fazer mais algumas reuniões, porque esse caboclo queria vir e, se eu desse passagem a ele, meus desmaios iriam parar. Esses desmaios já eram a incorporação, a aproximação dele. (Solange)

Normalmente, nos pautamos por aquilo que é ditado pelos costumes coletivos, que determinam o que é correto fazer, pensar e sentir. É difícil rejeitar o que os outros dizem ser o correto e começar a buscar o que é verdade para si mesmo. Por isso, não é incomum iniciar a busca por algo não muito longe do conhecido. Em outras etapas é que essa procura é aprofundada ou radicalizada.

Uma das entrevistadas começa a estudar a paranormalidade por meio da **fotografia kirlian**, da qual já tinha conhecimento:

Eu saí com a máquina debaixo do braço e fui fotografar tudo em todos os lugares: no centro espírita, no terreiro, na escola. [...] Aquilo foi mexendo com as minhas estruturas. [...] comecei a fotografar transes. [...] percebi que não são as pessoas que têm um padrão, são os estados [emocionais] que têm um padrão. [...] quando percebi isso, e percebi pelas próprias fotografias, eu abandonei a prática de tirar as fotografias. Foi para ver isto que as fotografias serviram: para chamar a minha atenção e para ficar bem registrado que uma pessoa oscila muito. Então, não interessava mais a fotografia, interessava a oscilação. Eu tinha feito esses estudos com a fotografia kirlian por dez anos. Aí comecei a me interessar pela educação da emoção das pessoas. Tudo isso aconteceu há vinte anos. (Cida)

Mas, mesmo que o caminho não seja de todo desconhecido, a travessia leva a um mundo com o qual não se tem familiaridade, onde não se conhece o "mapa" nem suas "localizações"; então se tateia, muitas vezes, por ensaios e erros. É quase um "salto no escuro", um "fazer o caminho ao caminhar", o início de uma viagem que foge dos padrões habituais a que se está acostumado.

O relato de outra entrevistada mostra como pode ser longa essa busca de "novos rumos" e a dificuldade de encontrar os próprios caminhos.

Com a morte de meu pai e minhas indagações sobre a vida, fui buscar em outras religiões que não a minha uma resposta [...]. [...] e também não obtive respostas. [...] Conheci um cara chamado Robert Happé, eu acho que me ajudou no processo da morte do meu pai. E aí, um ano depois, eu vim a entrar em contato com a dança da Isadora Duncan. Foi através dessa dança que o rito e o mito entraram na minha vida. [...] Foi através do movimento, da improvisação, através do contato com meu próprio corpo. [...] Aí eu me achei, me achei e fiquei. [...] Durante esse tempo de formação em dança, estudei, paralelamente, mitologia grega [...]. Fui, então, [...] buscar indicadores do que houve antes da tradição grega e do patriarcado. Foi aí que comecei a encontrar as referências à Grande Senhora. (Ana)

Ainda que se parta de algo próximo ao mundo familiar, é necessário existir o nunca experimentado, pois a ruptura que o chamado exige implica a vivência do novo. É o ainda não vivido que trará a experiência de novas possibilidades internas e fará parte da ampliação do conhecimento de si e daquilo que se veio fazer neste mundo.

Como diz Phil Cousineau (1999): "É sempre uma jornada de risco e renovação. Porque uma jornada sem desafio não tem significado; e uma sem propósito não tem alma".

A vivência do novo, ampliação de possibilidades de experiência, desafios e busca de propósito é o que nos mostra o relato de outra entrevistada:

Meu casamento durou cinco anos, me separei, fiquei uns dois anos sozinha aqui em São Paulo, de 1981 a 1983. Nessa época, eu conhe-

> ci a União do Vegetal e experimentei a **ayahuasca**, que também foi uma experiência determinante nessa busca do sagrado. Frequentei a União por um ano e meio. Aí aconteceu a primeira experiência que ligava uma substância que alterava consciência e um ritual religioso. (Sandra)

O importante nesse processo é buscar o que ele quer dizer *para si*, pois a jornada sempre tem de ter um enfoque ou significado pessoal. Se for seguida uma trilha já percorrida por outra pessoa, aquela será a jornada dela, não a da própria buscadora.

Como no caso de uma das entrevistadas, cuja busca começa por meio do encontro com outra pessoa. Mas esse encontro repercute fortemente nela, que se reconhece nas coisas ditas:

> [...] vimos anunciada em um jornal a visita do Ian Stevenson, que escreveu o livro *Vinte casos sugestivos de reencarnação*. [...] ele seria recebido pelo Hernani Guimarães Andrade. Eu falei [...]: "Vamos entrar em contato com esse sr. Hernani?" E o Hernani nos convidou para conhecê-lo. [...] Minha inserção nesse universo da espiritualidade, na verdade meu batismo, foi com o Hernani [...]. [...] eu adentrei nesse mundo, digamos assim, paranormal. Foi uma coisa que me despertou e na verdade despertou coisas que já estavam em mim, mas que eu absolutamente não tinha consciência [...] (Andrée)

Nessa etapa, é bastante comum surgirem "coincidências" ou, no dizer de Jung, **sincronicidades**, em que pessoas, livros, cursos ou outros meios quaisquer surgem de repente, de maneira imprevista, e trazem respostas ou indicações que ajudam no caminho. Parece que "o universo conspira a favor" daqueles que se dispõem a empreender a viagem rumo ao mais profundo de si mesmos.

E, ainda que essa pessoa esteja apenas iniciando o caminho rumo ao desconhecido e descobrindo como se "locomover", o compromisso com a mudança já está feito, não há mais ponto de retorno. Como diz a música "Nada será como antes", de Milton Nascimento e Ronaldo Bastos: "Eu já estou com o pé nessa estrada/ qualquer dia a gente se vê/ sei que nada será como antes, amanhã". Por isto essa é a chamada travessia do primeiro limiar: pois já se cruzou a soleira da porta, seu umbral.

As duas histórias a seguir apresentam diferentes travessias de primeiro limiar, mostrando como são muitos os caminhos possíveis para adentrar na jornada em busca de si e do sagrado. São duas longas e profundas "viagens", uma com foco no mundo externo, outra no mundo interno. Mas, apesar de terem pontos de partida diferentes, ambas rompem tanto com o mundo interno quanto com o mundo externo conhecido: é a sabedoria dos paradoxos.

A primeira entrevistada mergulha profundamente em si mesma:

> Passei três anos em retiro: fazia práticas de **ioga dos sonhos**, passava dias – às vezes dez – em estado de transe, imóvel, em jejum, fazendo práticas do caminho interno. Ficava por tempos só andando no escuro. Estudei bastante também. Comecei a estudar astrologia, astronomia, ciências oraculares. Sabia o **I Ching** quase de cor. Eu lia e meditava; não saía de casa. Meu único trabalho era fazer respirações, meditações, ioga e estudar. Ficava mais de dezoito horas em processo de meditação, e aconteciam coisas como materialização de papéis... Tive visões onde eu entrava em cenas da vida das pessoas, e sabia de coisas que faziam as pessoas se espantarem que eu soubesse. Acho que isso acontecia como prova de que essas visões eram verdadeiras, de que eu não estava delirando. (Mônica)

A segunda bota literalmente o "pé na estrada": viaja por mais de dois anos, sozinha, pela Europa e pela Ásia. Busca conhecer melhor a si mesma conhecendo o mundo:

> Morei um ano na Europa, em Londres, na Alemanha, na Áustria, e o resto do tempo, uns três ou quatro meses, eu passei viajando. [...] E com 24 anos eu fui para a Ásia. [...] Foram oito meses viajando sozinha, de mochila. Foram muitos países, muitas coisas, ficar sozinha durante oito meses sem conhecer ninguém... [...] foi uma época de me voltar bastante para dentro e perceber os meus recursos, me conhecer realmente [...] Fui para Nepal, Índia, Indonésia, Tailândia, Singapura, China, sozinha. [...] Na Ásia descobri minha identidade verdadeira, que eu não era nem inglesa nem tentava me adequar ao mundo brasileiro, que naquele momento não era o meu. "Quem eu realmente sou? Independente das nacionalidades, do contexto no qual eu vivo, quem eu sou? No que eu acredito?" Então, ir para a Ásia talvez tenha sido o buscar fora, o sentir a minha força, [...] em países onde eu não falava a língua, ser uma mulher sozinha. Voltei para o Brasil com 26 anos de idade e, através dessa experiência, deu para sentir minha capacidade de sobrevivência. (Bettina)

Iniciação

Esse é o início da segunda das três grandes fases da jornada. A *ruptura* é a percepção da necessidade de transformação e seus primeiros passos; no *retorno* aprende-se como voltar transformado para o "mundo". Mas é na fase da *iniciação* que ocorre a transformação da pessoa e de suas perspectivas, seus valores e sua visão de mundo.

Tal transformação é gerada pela experiência de viver as diversas etapas dessa fase, que pedem que a "heroína" enfrente novas provas e provações, aprofundando-se na busca e muitas vezes radicalizando-a.

Muito tem de ser aprendido; e auxiliares, professores e mestre costumam ser encontrados. Essa fase culmina no encontro daquilo que, para cada um, reveste a vida de significado. Normalmente, é aquela de maior duração, pois a transformação não é rápida ou fácil: pode ser um longo processo, passando-se vários anos antes do encontro de cada um com seu "tesouro".

Viver essa fase é como dizer "sim" ao pedido de se render ao destino que se tem de viver, aceitando a pessoa que nascemos para ser. Isso pode fazer que se tenha de abrir mão de planos, sonhos, ilusões, autoimagem, crenças, falsas certezas. Por tudo isso essa fase é chamada de iniciação: implica a "morte" de um *eu antigo* para que possa renascer um *novo eu*.

São cinco as suas etapas: *encontro com o mestre, aprendizado, travessia de novos limiares, situação-limite e bliss.*

Encontro com o mestre

Para aqueles que não recusaram o chamado, o primeiro encontro da jornada do herói se dá com uma figura protetora [...], que fornece ao aventureiro amuletos que o protegem contra as forças titânicas com que ele está prestes a deparar-se. [...] Essa figura representa o poder benigno e protetor do destino.

(Joseph Campbell, 2007, p. 74, 76)

Quando falamos de um mestre como etapa da jornada, estamos falando não de alguém que é somente um professor, mas que exerce um papel muito maior para a "heroína". Um mestre é um mentor, um guia, um dirigente espiritual para aquela pessoa.

O que caracteriza o encontro com um mestre é o enorme impacto que isso traz para a jornada da pessoa. Ele ou ela pode se tornar seu principal parâmetro: sua presença, em si, exerce para a pessoa um poder transformador, pois representa aquele(a) que vive integralmente a vida que faz sentido para a "buscadora".

Estar com ele ou ela faz parte do caminho, e esse caminho pode, inclusive, ser o do discipulado. Esse mestre pode se tornar quem dará, dali para a frente, o direcionamento da vida da pessoa, especialmente se o encontro acontece bem cedo. Foi o caso de Solange, que, ao buscar a cura para "sua doença inexplicável e incurável", encontrou seu destino: ela tinha 16 anos.

> Então, fomos conhecer a casa de um pai de santo, Pai Mané. Nós estávamos sentados quando ele entrou. Ele me viu sentada com minha mãe e já foi falando: "Precisa dar uma comida para o **Exu**, Exu está levando essa menina, se a senhora não der uma comida para o Exu dela, Exu vai levá-la e não dou sete dias". [...] eu virei meu Exu, o Exu veio, ele deu a comida para o Exu, o Exu aceitou. Quando veio a noite, me deu um suador. [....] Me lembro de olhar o dia amanhecendo e perceber uma brisa que parece que foi me revigorando. [...] e recomecei a comer naquele dia. Não tive mais febre. Comecei a sarar. Fomos novamente ao centro do Pai. [...] E então eu falei: "Mãe, aqui é o meu lugar, é aqui que eu vou trabalhar". [...] Depois dos 16 anos, fiquei do lado do meu pai de santo. Vivia, como vivo até hoje, para o candomblé. (Solange)

O mestre também pode responder às profundas inquietações existenciais da buscadora. O relato a seguir traduz esse tipo de impacto:

> O primeiro mestre budista com quem tive contato foi a Lama Tsering. Algumas coisas realmente me fascinavam, concordava totalmente com elas. Com outras não [...]. [...] Delegar o papel de mestre para alguém e devotar confiança irrestrita era uma coisa que eu não tinha experimentado. Chegar à conclusão de que determinada pessoa merecia essa confiança irrestrita, por tudo que ela demonstrava no modo como vivia a própria vida, era novo para mim. Mas ela me "tocou", pois chegou ao ponto de responder à pergunta mais absurda de todas, que é o sentido da vida. (Soninha)

Normalmente, o mestre é uma pessoa bem mais velha, tida como de grande saber – não só teórico e intelectual, mas adquirido pela própria vivência. É reconhecido como alguém que fez a própria jornada e, por meio dela, atingiu um nível superior de sabedoria. Pode ser mestre de uma tradição já existente ou ter iniciado um caminho novo, com base em suas experiências.

Em sua maioria, os mestres são pessoas vivas, e o encontro é pessoal. Mas pode haver mestres que já morreram, e o encontro se dá por meio de suas obras e/ou de seus discípulos ou seguidores. O mestre também pode ser uma entidade que habita outros mundos, e o encontro ocorrer mediante canais paranormais:

> Foi nessa época, então, que eu conheci o meu guia espiritual, o Aureliano, que está comigo até hoje, trabalhando comigo direto. Sempre me orientando, sempre me enviando mensagens. [...] Eu não via o espírito, mas o ouvia falar comigo: "Eu estou aqui com você, sou o Aureliano, esse que tem escrito as mensagens que você psicografa. Chegou a hora de você trabalhar de uma forma diferente a sua mediunidade. Vai mudar de **psicografia** para cura. Então, agora, tudo que eu falar você anota, escreve, fala. Não se preocupe, não tenha receio que eu estou aqui para te apoiar". [...] Eu tenho nele um mestre, um mestre que está sempre me ensinando. (Regina)

Pode também haver o encontro com mais de um mestre. Nesse caso, cada um vai tocar em um aspecto diferente, mas ambos marcam a jornada:

> Eu conheci o Luiz lá atrás, quando ele não era o Gasparetto ainda. [...] Eu tenho no Luiz um espelho, e se tem alguma coisa que eu admiro nele é a coragem. [...] Eu diria que ele é um amigo, ele foi orientador, ele foi meio que terapeuta. [...] eu me mirei muito nisso, ele fez muito espelho para mim [...]. Também teve um professor que foi muito importante para mim: o professor Eliezer Cerqueira. Ele não tinha o discurso, ele era só emoção, sabia mexer com a emoção na gente muito intensamente. Foi a hora de eu acordar de que sentir não era feio nem pecado. [...] Eu não me permitia nem dizer, nem expressar, nem coisa nenhuma as coisas que eu sentia. Então, com o Luiz, eu aprendi a me imbuir da coragem do intelecto e, com o Eliezer, eu aprendi a me permitir sentir as coisas. Assim, consegui juntar as duas asas: a do saber e a do sentir. (Cida)

Nem todas as pessoas encontram um mestre ou sentem essa necessidade. Muitas fazem a jornada e encontram professores, auxiliares, mas não um mestre. Pode-se fazer a jornada sem esse encontro.

A história que melhor ilustra o encontro com um mestre é a de Jerusha. Esse encontro foi tão determinante para ela que modificou sua vida e todas as suas escolhas posteriores. Seu mestre Pai Lin e a relação que estabeleceram tornaram-se, inclusive, a sua *bliss*.

> Nas aulas de tai chi chuan, na Missão Católica Chinesa, eu encontrei a Maria Lucia Lee, que foi uma grande companheira nesse caminho de busca das nossas raízes chinesas. [...] nós duas estávamos ansiosas por um aprendizado mais profundo. Então, a gente soube do Mestre Pai Lin, recém-chegado da China. Fizemos um contato inicial com ele, fomos até sua casa, ele nos aceitou e, depois de um ano, fizemos a cerimônia oficial como discípulas dele. [...] Ele era um mestre taoista, não era um mestre apenas de tai chi chuan. [...] A gente o acompanhava de segunda a segunda. [...] encontrei o mestre e essa filosofia, a identificação foi total. Ele respondeu a todas as questões religiosas: sobre Deus, quem eu sou, de onde vim, para onde vou. Tudo foi respondido. [...] a parte mais produtiva da vida eu fiquei aparentemente só servindo a ele, mas na verdade eu tive uma verdadeira formação, uma orientação de vida. [...] O mestre foi meu pai espiritual. Coisas que eu não falava para o meu pai eu falava com o mestre. Às vezes, não precisava nem falar, ele olhava e já sabia tudo que estava passando, já me orientava. (Jerusha)

Aprendizado

Você o destrava [o caminho] quando encontra alguém que o ajuda a destravá-lo. Isso pode vir de uma pessoa, propriamente falando, ou de uma experiência... ou de um livro iluminador... [...] Tudo o que você precisa é de um fio de Ariadne... nem sempre fácil de conseguir... é bom contar com alguém que lhe dê uma pista.

(Joseph Campbell, 1990, p. 173, 159-60)

Na etapa do aprendizado são adquiridos conhecimentos, habilidades e atitudes necessários ao "mundo novo" em que se está entrando. Novas "regras" precisam ser conhecidas para fazer a caminhada.

A pessoa começa a aprender sobre a questão "O que está acontecendo comigo?" É por meio da busca no "mundo", das respostas para tal pergunta, que transcorre essa etapa:

> Mas eu tive que parar com essas atividades, porque minhas filhas eram pequeninas e minha mãe não podia ficar com elas. Eu fiquei muito triste, mas então ele [Frei Albino Aresi] me deu alguns livros dele e falou: "[...] você tem um futuro nessa parte. É bom que você

O feminino e o sagrado   43

trabalhe com isso e desenvolva. Tudo que você puder ler a respeito leia, estude". [...] eu comecei a estudar sozinha, em casa. [...] Eu estudava e tinha uma percepção desenvolvida. [...] já aceitando mais aquilo [...]. [...] eu já entendia mais. Acho que, na verdade, eu fui buscar o conhecimento justamente para poder entender o que acontecia comigo. Isso foi muito importante. (Regina)

É nessa busca que mais podemos encontrar aliados, companheiros, professores e até "inimigos": gente que nos ajuda na caminhada, ensinando ou auxiliando para que possamos continuar, e gente que de alguma forma dificulta nosso avanço, que nos testa. Mas, sejam aliados ou "inimigos", nossa missão é aprender com eles:

Eu encontrei muitas "irmãs" na vida [...]. Eu queria cuidar do meu filho, [...] mas também queria cuidar de mim, precisava também. [...] E, quando eu estava na Suíça, eu tinha uma vizinha que tinha me visto num estado deplorável: Patrick pequenininho, eu sozinha, o Jacques trabalhava o dia inteiro. Tinha hora que eu achava que ia enlouquecer [...]. Aí ela [...] falou [...] que eu poderia deixar com ela meu filho um dia na semana para ir aonde eu quisesse. E eu fui para a faculdade de Psicologia, como ouvinte. [...] [Uma amiga] então me disse que o David Boadella estaria aqui no Brasil, que ele trabalhava com biossíntese e que eu iria gostar. Eu fui, e de certa forma foi por isso que eu entrei na **psicossíntese**. [...] Uma amiga minha [...] me disse que tinha um grupo de estudos sobre **florais de Bach**. Participei algumas vezes desse grupo. [...] A filosofia do dr. Bach é uma preciosidade. (Andrée)

O aprendizado pode ser buscado ativamente e acontecer de inúmeras formas e por meio das mais diferentes fontes, não só de pessoas. Além de professores, terapeutas, companheiros de jornada, aliados etc., podemos aprender mediante estudos, cursos, livros, histórias de vida, mitos, práticas espirituais diversas, em inúmeras tradições.

Com o Rodrigo Farias, meu professor [...], estudei muito astrologia, tanto a tradicional quanto a espiritual, na linha de **Alice Bailey**. Gostei demais dela e enveredei pelo caminho da **teosofia**, dos **sete raios**. Estudamos durante anos um de seus livros, *Um tratado sobre magia branca*, que nada mais é do que a magia da alma. [...] Participar desses grupos de estudos, meditar junto com outras pessoas, foi um grande aprendizado; além do mais, me deu uma base espiritual, fornecendo o conteúdo simbólico que depois se tornou o diferencial nos grupos em que focalizo (instruo e coordeno) as danças circulares sagradas. (Renata)

O aprendizado também pode ocorrer por meio de provas, testes, experiências trazidas pela vida, e não buscadas conscientemente. Com mais frequência, ele deriva da combinação de diferentes fontes, simultânea ou cumulativamente.

O que caracteriza essa etapa é o fato de as informações, as práticas e as atitudes a ser aprendidas virem do mundo externo. É este que disponibiliza o conhecimento a ser obtido. Mesmo quando a pessoa fica isolada, existe um aprendizado que, ainda que solitário, vem dos outros, pelos livros.

Mas, ao mesmo tempo que nessa etapa o que é necessário vem de fora, existe um trabalho interno: "digerir", assimilar, refletir sobre o que está sendo aprendido e se modificar por meio disso, aprofundando o autoconhecimento e aumentando o nível de consciência.

Por isso, esse aprendizado não pode ser só intelectual. Já que a jornada implica uma transformação pessoal, é preciso passar pela experiência, acontecer vivencialmente. A pessoa como um todo tem de estar envolvida:

> Entrei no dia 27 de setembro de 1967. E eu não sabia nada. Para mim, quando cantava para Ogum ou para Iemanjá era a mesma coisa. Era língua **de santo** e eu não entendia nada. Mas eu estava me sentindo ótima, realizada, maravilhada, querendo saber tudo. [...] Comecei a cabular aula, eu não queria ir mais para a escola. Antes, eu queria fazer medicina. Mas pensei: "Ah, eu vou estudar para quê? Não quero mais fazer medicina. É aqui que eu quero ficar". [...] E fiz o santo [a iniciação no candomblé]. E quando fiz o santo eu saí definitivamente da escola, porque não podia ir à escola de quelê. Quelê é quando você raspa o santo e tem que ter três meses de resguardo [...]. Aí começa a peleja. Peleja porque a vida no santo é uma vida de dedicação mesmo! (Solange)

Deve-se ampliar a visão do mundo: sair de uma visão tradicional, focada nas crenças e na cultura em que se foi criado e se vive, e alargar a percepção do possível, conhecer outras realidades, outras possibilidades, permitir-se explorar caminhos e conhecimentos diferentes.

É preciso encarar o diferente, o que nos traz perplexidade, o inusitado, o nunca visto ou experimentado como aliados da jornada, como professores. A curiosidade e a exclusão de ideias preconcebidas ou preconceitos é que movem a pessoa.

Muitas vezes, inclusive, é preciso desaprender, desapegar do que já sabemos para aprender algo realmente novo. É a exata acepção da palavra "aprendiz": como se fôssemos crianças pequenas a explorar um mundo ainda desconhecido. Só com olhos, ouvidos, mente e coração muito abertos e sem "armadura" podemos trilhar essa etapa.

Além da atitude de abertura, o aprendizado pode exigir disciplina, esforço, tenacidade, paciência e tempo para aprender o que se tem de aprender. Não se pode ter a atitude costumeira de nossos tempos em que tudo tem de ser instantâneo, tudo tem de ser fácil e *fast* e vir pronto para ser "consumido". Como qualquer aprendizado vital, tem um tempo de dedicação e maturação.

> [...] para educar a emoção dos outros, eu precisava educar a minha. [...] Mas, para aprender, eu precisava do apoio da psicologia. Eu não me formei em psicologia, mas fui fazendo todos os cursos de psicologia a que tinha acesso como pedagoga. Estudei com professores nas suas clínicas, fiz grupos de estudo, li muito. Fiz muitos cursos de pós-graduação. E também precisava entender um pouco do sistema muscular, e [...] do sistema neurológico [...]. Aí me coube fazer uma pós-graduação em neurologia. Como eu não tinha nenhuma base, não entendia nada do que o professor falava. Eu pedi licença, gravava todas as aulas. Comprei um dicionário médico, vinha para casa, transcrevia as aulas e procurava os termos como quem procura uma outra língua. (Cida)

Obviamente, aprender é uma tarefa que nunca acaba para quem é um "buscador": a visão de mundo, o autoconhecimento e a consciência estão sempre sendo ampliados.

O que caracteriza essa fase, no entanto, é que a pessoa está aprendendo a lidar com o que dará sentido e significado à sua vida. Esse aprendizado faz parte da sua *iniciação*.

Nem todas as mulheres com quem conversamos destacaram essa etapa. Em algumas histórias, o aprendizado estava implícito em outra etapa da jornada. Outras não deram relevância a esse momento em seu relato. Outras, ainda, falaram de auxiliares e aliados importantes, mas apenas citando-os de passagem. Seguramente, porém, todas passaram por seus momentos de aprendiz.

No caso de Rosane, a intensidade e a importância dessa etapa, bem como a forma de vivê-la, são cruciais em sua história. Ela aprende o que tem de aprender com brincantes (participantes de folguedos populares): pessoas simples, de origem rural e sem instrução formal, mas que são verdadeiramente sábias. E só quando ela se desfaz de seus preconceitos pode reconhecê-los como professores:

Então, quando eu via aqueles homens todos de saia, aqueles chapéus coloridos, eu não gostava, mas ao mesmo tempo tinha uma coisa que me seduzia muito. Eram as pessoas com a qualidade humana que eu encontrava, independente daquela dança. Eu nem achava que aquilo era dança, aqueles cantos feios de que eu não gostava, aquela música que eu não entendia nada, tudo desafinado. Mas as pessoas tinham uma generosidade, uma simpatia, um despojamento com as coisas que me seduzia. [...] eu gostava de ficar conversando com eles [...]. Acho que a humanidade tomou dois rumos: uma grande parte foi ignorando esse lado sensível, ao passo que o povo não, o povo o mantém. [...] aquelas pessoas não têm carro, não têm casa, não têm esgoto, não têm saneamento, têm a saúde física debilitada, mas têm uma alma e vão buscar o acalanto para essa alma. Eu acho que é aí que acontece a relação com o mítico, com o simbólico, com a transcendência. Porque é isso que é capaz de nos tirar da realidade sórdida, cinzenta e feia. [...] o meu olhar foi mudando! De feios, eu passei a achá-los lindos, porque se esteticamente eles eram feios, pela pele rachada de sol, pela aspereza da vida, a alma bonita faz com que seus olhos brilhem. E faz com que sonhem com um dia melhor; e isso, de alguma forma, transpira pela pele deles. E toda vez que eu encontro com esses brincantes, com esses mestres, eu me envergonho de reclamar das coisas. Eu ainda me acho muito pequena diante deles. [...] Convivendo com essas pessoas, [...] eu percebi uma coisa de relacionamento humano, de coletividade, que é mais importante que tudo, que não é a música, que não é o canto. São caminhos, são alfabetos para dizer coisa muito maior, que dizem respeito a um novo estágio da humanidade. (Rosane)

Travessia de novos limiares

A partida original para a terra das provas representou, tão somente, o início da trilha, longa e verdadeiramente perigosa, das conquistas da iniciação e dos momentos de iluminação. Cumpre agora matar dragões e ultrapassar surpreendentes barreiras – repetidas vezes.

(Joseph Campbell, 2007, p. 110)

Nessa etapa, acontece um aprofundamento da ruptura com o conhecido, que se iniciou durante a travessia do primeiro limiar. Aquele foi só o primeiro portal a ser cruzado, só

O feminino e o sagrado   47

o início. A travessia de novos limiares é necessária e, como aconteceu com a travessia do primeiro limiar, é uma etapa de ação.

Agora que a pessoa não é mais iniciante na jornada, novos desafios e provas se apresentam a ela, podendo exigir um mergulho maior no caminho em que já está:

> Estudando a magia da alma, achei que nada seria melhor do que ir à **Comunidade de Findhorn**, na Escócia, local conhecido por trabalhar o sagrado no dia a dia. Primeiro foi minha irmã Ruth que ficou lá por três dias e voltou alegremente surpresa e encantada com o que vivenciou. Chegou a minha vez de ir em 1992, quando participei da semana de experiência, programa em que entramos em contato com o ritmo da comunidade, com meditações diárias, palestras e passeios por uma natureza bem diferente da brasileira. Foi nessa semana, numa bela tarde de outono, que encontrei as **danças circulares sagradas**. (Renata)

Pode também ser necessária uma mudança de rumo para que a transformação aconteça. O que a pessoa estava fazendo antes, para buscar a mudança em direção ao que lhe é mais autêntico e genuíno, pode ter sido muito bom mas ter se esgotado. Novas "estradas" têm de ser buscadas e abertas:

> [...] depois que comecei a ler o **Carlos Castañeda** não queria mais ficar dentro da instituição da União do Vegetal, porque soava como doutrinária e rígida [...]. [...] fiz um trabalho com uma terapeuta mexicana que me impactou muito. Ela era uma pessoa que usava as plantas de poder em contexto de psicoterapia [...] e acabei fazendo esse trabalho com ela. Na hora em que tive aquela experiência, pensei: "Vou seguir essa mulher, eu como paciente e ela como terapeuta, eu como discípula e ela como mestra. Vou seguir essa mulher e vou para o México". [...] decidi experimentar plantas de poder no deserto mexicano. Eu queria entender essa história. Ir lá, ver, sentir, experimentar o que era essa "realidade à parte" que Don Juan [mestre apresentado nos livros de Carlos Castañeda] descrevia. (Sandra)

Ou têm de ser trilhados caminhos que nunca foram considerados ou sonhados como possíveis:

> Ouvi em um radinho que ia haver o vestibular de psicologia. Foi a coisa mais maluca: eu parecia um autômato. Eu lembro que peguei minhas

> linhas, meus crochês, agulha, botei de lado, peguei a bolsa, levantei e fui
> à avenida Paulista me inscrever. Me inscrevi [...]. E lá fui eu fazer o vesti-
> bular de psicologia. Passei na primeira tentativa – e fui dez vezes para
> confirmar se era o meu nome mesmo. Eu não acreditava. Parecia im-
> possível, porque no meu projeto de vida não havia faculdade, isso não
> era para gente como eu, era muito para mim. E, de repente, eu ia fazer
> uma faculdade. E em São Paulo. (Neiva)

De qualquer forma, a pessoa se compromete de maneira mais profunda com sua caminhada, toma decisões e age.

> Segui fazendo apenas a prática do altar, até que um dia vi no jornal uma
> matéria sobre Chagdud Rinpoche [...]. Liguei para a Lama Tsering, sua
> representante em São Paulo, que me aceitou como discípula [...]. Assim,
> comecei tudo de novo, recebendo iniciações e práticas da Lama e do
> próprio Chagdud Rinpoche. [...] meus filhos moravam sozinhos, [...] [eu]
> tinha uma pensão que me permitia viver modestamente e pude me
> dedicar inteiramente a meu caminho espiritual. Acordava todos os dias
> às 4 da manhã e ia para a casa da Lama Tsering, onde fazíamos a práti-
> ca de Tara Longa e depois a prática Ngöndro; ia almoçar em casa e
> depois voltava para lá de novo, onde eu era a responsável pelo altar.
> Durante dois anos, vivi só para isso. À medida que fui me entranhando
> no budismo, fui me desligando do teatro e das outras atividades, em
> favor dessa viagem tão significativa e transformadora para mim. (Helô)

Não sendo mais um aprendiz, a pessoa tem mais bagagem emocional, maior conhecimento de seus limites e alcances, provavelmente mais "ferramentas" e mais clareza do caminho,
adquiridos nas etapas anteriores. Isso pode aumentar sua coragem e determinação para ir mais
fundo em sua ação. Aprofundar, arriscar, radicalizar e ousar são palavras-chave dessa etapa.

> Quando eu estava com 35, 36 anos, acabei conhecendo Cáritas, uma
> sociedade espírita [...]. E passei a frequentar aquele centro. Mal sabia eu
> que depois de um ano frequentando a casa, um ano só, já seria reco-
> mendada pelos diretores espirituais para trabalhar com eles. [...] Fui
> orientada para sentar e psicografar. [...] Eu trabalhei direto três anos
> fazendo psicografia toda semana. [...] era uma coisa maravilhosa, foi um
> trabalho lindo [...]. Eu ainda não sabia, mas já eram mensagens do meu
> mentor. (Regina)

> Quando iniciei minha formação em Isadora [Duncan], a primeira viagem foi para Nova York. Mas logo depois o curso passou a ser dado no Caribe, numa ilha chamada Saint John [...]. [...] eu ficava lá 45 [dias]. Lá eu conheci mulheres americanas que tinham um conhecimento muito vivo da tradição dos índios norte-americanos. [...] com elas aprendi rituais junto à natureza, junto a ruínas, locais sagrados, [...] aprendi tudo isso. Não consigo separar o ensinamento da dança do aprendizado com essas mulheres e do meu convívio nessa ilha. [...] Ilha onde amei e desamei: namorei um cara que morreu, e essa foi uma experiência muito forte. Mesmo só a dança, só os ritos e só a natureza já me davam respostas, era completamente alma. Já não precisava mais perguntar. (Ana)

As travessias de novos limiares tanto podem acontecer na vida externa como na vida interna. Com mais frequência acontecem em ambas. Mas, sejam desafios externos ou internos, são sempre passagens para patamares ainda não trilhados.

A característica principal é que a pessoa já cruzou o primeiro limiar, tem mais clareza e habilidade para lidar com as demandas da jornada e já se soltou o suficiente do antigo para poder se aprofundar em sua busca.

> Eu tive que aprender na marra a lidar com o sagrado. [...] se eu não defumasse a casa, ela não entrava em harmonia [...]. Comecei a aprender como lidar com a energia, e a respeitar o sagrado a partir da necessidade objetiva, prática, de sobrevivência, para estar num ambiente onde a solicitação era essa. Eu fui limpando tudo, começando pelas coisas cotidianas: revendo tudo, revendo tudo, revendo tudo. Aí, chega um ponto em que a gente sente que está além disso. [...] eu acredito que, limpando e clarificando aquele arquétipo em mim mesma, eu favoreço a todos. (Mônica)

Pode ser necessário que a pessoa abra mão de ligações ou compromissos que a desviem da jornada e dedique-se mais ainda a trilhar seu caminho. O relato de Bettina exemplifica com muita clareza o que, muitas vezes, é preciso fazer para ser fiel a si mesma:

> Eu sempre dizia que voltaria para Findhorn em algum momento, para passar lá um tempo mais longo. E, depois de uns sete anos aqui no Brasil, senti que, na verdade, eu não tinha plantado raízes como queria [...]. [...] não sentia que eu iria passar o resto da vida aqui. Resolvi voltar para Findhorn para passar quatro meses lá e depois ir morar com meu

namorado nos Estados Unidos. Só que, quando cheguei lá, no primeiro dia, eu achei que não iria mais para lugar nenhum. Mas pensei: "Calma, o entusiasmo é passageiro, vai passar, o entusiasmo já passa". E o tempo foi passando, e o entusiasmo não passou. Aí meu namorado falou: "Escuta, se você quer ficar aqui, eu estou indo fazer o MBA; vamos terminar o relacionamento". A gente terminou mesmo, e eu fiquei em Findhorn. [...] eu escolhi morar em Findhorn. (Bettina)

Situação-limite

O herói é aquele que sabe quando tem que se render e a que se render.

(Joseph Campbell, 1990)

Muitas pessoas, ao fazer a travessia de novos limiares, encontram sua *bliss* ao final do caminho. É como se o processo de iniciação estivesse chegando ao fim, e a recompensa pela coragem de fazer a jornada já estivesse disponível.

Mas para muitas ainda há uma etapa a ser percorrida, e uma situação-limite aparece para elas. Como se fosse um grande teste final, alguns eventos podem exigir um grande sacrifício ou provação.

De todos os meus irmãos, fui a única que casei com um chinês. Casei, depois separei, fui novamente viver com meus pais. Fiquei um bom tempo com eles. Minha mãe me ajudou muito, inclusive no cuidado com meus filhos, que ainda eram pequenos. Isso foi muito importante para eu poder acompanhar o mestre. Esse foi um dos motivos da separação, porque, por mais aberto que seja, o chinês tem uma formação mais tradicional e um modelo mais patriarcal. Ele não aceitava minha independência, a necessidade de certa liberdade. E eu teria que optar por um dos dois caminhos, o casamento ou o caminho que eu já tinha traçado, o meu caminho. Então, optei pelo meu caminho. (Jerusha)

Pode também haver a necessidade de um ato de fé, com a rendição a um poder maior que a própria pessoa. A sensação pode ser de não haver saída, até de impotência, e a única coisa que resta é capitular e enfrentar o que está por vir.

Foi a primeira vez que eu comecei a atender as pessoas para a consulta espiritual. Eu me lembro que tinha uma imagem de Jesus Cristo, e eu olhei para Jesus e rezei. Disse que me entregava nas mãos dele, porque eu não sabia o que iria fazer. Olhei para a imagem de Jesus e falei: "Estou aqui me entregando a você, neste momento, para servir a você como você quiser". Foram essas as minhas palavras. Eu não tive mais medo, não tive receio, me entreguei mesmo, naquele momento, para servir a Deus. (Regina)

Essa situação-limite pode ser sentida pela pessoa como a crise central da jornada, um "divisor de águas". Pode ser acompanhada pela sensação de depressão, uma "noite escura da alma". E, ao mesmo tempo, pode ser o encontro com o sagrado, no sentido de que, dentro de nós, existe algo maior que nos conduz.

[Em Findhorn] eu estava muito mal, sem referência, sem saber o que seria de mim quando saísse dali. Eu estava desmanchando. [...] Eu sentia uma dor profunda e não sabia de onde vinha isso. [...] desaparecia apenas quando eu saía da casa [...]. A gente ainda tinha um passeio para fazer, para encerrar o grupo. [...] Nesse passeio, eu entendi a minha dor. [...] me dei conta de que, assim que saía da casa e estava na terra, a dor desaparecia. [...] Vi que meu caminho não era lá na comunidade, era a terra [...]. a dor que eu sentia era de uma terra, de tradição celta, onde a Deusa reina soberana – e ninguém trabalhando essa tradição. Essa era a dor. (Monika)

Pode haver também o desejo de "recuar e voltar a ter uma vida normal", acompanhado da percepção de que o caminho da ampliação da consciência e da busca de si mesmo é sem volta.

Entre 1993 e 1995, [...] todo mundo dizia que queria ter a minha vida, e eu dizia que queria ter um namorado. E eu o encontrei. Ficamos dois anos juntos. Esse não faleceu, eu faleci. E foi uma coisa muito difícil, muito sofrida. Eu tive uma doença de alma, eu conheci a depressão. E fiquei muito, muito ruim, a ponto de uma amiga me pegar, me levar num terapeuta [...]. O terapeuta foi o Léon Bonaventure, maravilhoso, completamente Jung, alma, mito. Ele me botou em pé. E me fazia ler mais mitos! Com isso, chegamos a 1996, quando fiz 40 anos de idade. Eu estava saindo desse momento superdifícil [...]. E, nesse momento, comecei a me perguntar: "Quem é esse Joseph Campbell?" [...] Com Campbell, o importante passou a ser não esta ou aquela tradição, mas a massa elementar de mitos e símbolos que subjaz, que imanta toda cultura, toda tradição. (Ana)

A atitude necessária para cumprir essa etapa é abrir mão da ilusão de poder e controle e aceitar que na vida (ou no destino, para quem quiser chamar assim) não se consegue mandar. É aceitar sujeitar-se a algo muito maior do que nós.

> Então, tudo que era problema – do menino que não falava direito, da menina que não tinha peso, do menino que acordou médium – era altamente desafiador, era altamente estimulador. Eu entendo assim: se você não tem nada para correr atrás, você vai ficar mais quieto, você vai ficar no seu marasmo. Já se a vida te solicita, eu acho que Deus não é sádico: se Ele dá alguma coisa para você, é porque você tem condição de fazer. Se Ele deu umas crianças que precisavam de ajuda, é porque decerto achou que dava para eu dar conta do recado. E, se Ele acreditou em mim e nas crianças, por que eu vou desacreditar? (Cida)

Pode haver a sensação de encontro simbólico com a morte e com o eterno ciclo de nascimento-morte-renascimento. É a aquiescência em ser morto em sua forma atual e/ou deixar morrer sua visão de mundo para que o novo aconteça. Pode trazer uma enorme transformação da consciência e uma mudança radical na maneira de perceber o mundo.

> Com todos esses portais abertos, era difícil lidar com o mundo. [...] quando a gente entra profundamente no mundo interno, nosso coração fica como uma couve-flor: se uma borboleta pousa em cima, dói. [...] A dor do outro é absurda, você fica extremamente empático. [...] Nesse caminho, faz parte mergulhar no sofrimento e escutar a sua fonte, para ir além dele. A gente normalmente se esconde disso [...]. Existe uma natureza de tristeza, porque a gente fica em sintonia com tudo que existe, embora exista também muita paz. (Mônica)

Claro que todos que façam a jornada, mesmo que não atravessem essa etapa, são transformados da mesma maneira. A diferença é que, para quem a atravessa, a transformação é mais concentrada, menos gradual. É como se fosse possível saber o exato momento do ponto de inflexão em que se era de um jeito e se passa a ser de outro. A mudança é percebida de forma mais "dramática". A pessoa tem a sensação de viver um "rito de passagem", experimenta a dor de "se parir" como alguém novo, renascido.

> [...] falei: "Vamos ao retiro". Fomos, e eu penei tanto, é como se tivesse entrado no exército. Fazia muito frio, chovia, era tudo enlameado, o templo ainda não estava completamente pronto [...]. O piso era de ci-

mento, frio, frio, frio, duro, desconfortável. As sessões de meditação eram longas, longas, longas. Eu achava que ia enlouquecer. Eu pensava: "Meu Deus, eu não vou aguentar, não vou aguentar". Mas eu aguentei, uma coisa de atleta, de maratona. Algumas pessoas tinham feito perguntas para o Chagdud Rimponche durante o retiro. Ele explicava e eu achava a explicação tão clara, tão pertinente. Entendia! Mas fui embora exausta, cansada [...]. Mas a raiva foi abaixando já no avião. [...] Nas quatro semanas seguintes, tinha uma série de palestras com a Lama Tsering [...]. [...] terminava explicando a história da compaixão equânime por todos os seres. E eu chorava, chorava de um jeito que eu não sabia por quê. [...] Eu não estava triste, estava comovida. [...] de chorar de soluçar [...]. [...] e saía de lá leve, leve, [...], com compaixão espontânea por todos os seres. (Soninha)

Bliss

Não é a agonia da busca; é o êxtase da revelação.

(Joseph Campbell, 2003a)

A *bliss* é a culminância da jornada, quando o herói/a heroína encontra seu "pote de ouro no fim do arco-íris". Quando as pessoas perguntavam a Campbell o que deviam fazer para ter uma vida significativa, ele sempre respondia, especialmente nos seus anos de maturidade e velhice: *Follow your bliss* [Siga sua *bliss*].

Essa palavra-chave pode ser traduzida por bem-aventurança (usada nas edições brasileiras de seus livros), felicidade, alegria, êxtase (*Michaelis*). Não consideramos, no entanto, que nenhuma dessas palavras em português expresse, sozinha, o sentido de *bliss* adequadamente.

Uma de suas editoras no Brasil, Edith M. Elek, no livro *Mito e transformação* (p. 8), falando sobre a dificuldade de traduzir *bliss* e sobre sua insatisfação pessoal com a tradução "bem-aventurança", diz:

> *Follow your bliss* pode conter: siga o seu caminho, encontre o seu lugar e o seu papel no mundo e viva-o plenamente, mesmo que isso implique dificuldades e algum sofrimento. Porque, quando fazemos o que é certo para nós, provavelmente será o certo também para o mundo. [...] quando estamos vivendo a nossa *bliss*, tudo se encaixa e nos sentimos realizados. Qual seria, então, uma boa escolha para *bliss*? Plenitude? Realização? Caminho pessoal?

A grande dificuldade de traduzir *bliss* por uma palavra só é que o termo tem inúmeras dimensões e sentidos. Como qualquer palavra carregada de significado, não se sujeita a uma definição precisa. Podemos captar sua essência apenas amplificando-a mediante exemplos e símbolos. Optamos, então, por não traduzir a palavra *bliss* e, neste capítulo, oferecer definições mais abrangentes para ela.

Podemos pensar em *bliss* como expressão da alma, como um dom, uma vocação, a nossa mais profunda singularidade, o verdadeiro tesouro que viemos colher nesta vida. A essência de *bliss* é aquilo que nos faz sentir plenamente vivos.

Vamos ampliar essa definição e explorar suas múltiplas dimensões. A *bliss* contempla tanto um estado de ser quanto algo externo que nos leva a tal estado. A *bliss* é esse "algo" externo, mas que ressoa profunda e intimamente em nosso mundo interno, como se o "fora" e o "dentro" fossem feitos do mesmo material, provocando uma identificação quase imediata. A impressão é a de encontrar no mundo alguma coisa que expresse a singularidade da nossa alma.

> Reconheci essa identificação com a dança circular na primeira vez em que a experimentei. Foi um encontro da alma mesmo. Sabe quando você tem a certeza de que encontrou aquilo que procurou a vida inteira? Eu percebi que podia expressar tudo aquilo que tinha estudado até então: astrologia, mitologia, muitos temas sobre os quais eu não gostaria de simplesmente e somente falar. [...] com a dança circular sagrada, eu tinha descoberto a melhor maneira de me expressar [...]. (Renata)

A *bliss* é profundamente mobilizadora e abrange a totalidade da pessoa, podendo se amalgamar à sua identidade e, de certa forma, modificando-se, personalizando-se nesse encontro também.

> Na psicossíntese se inclui tudo, nada é jogado fora. [...] é examente aquilo que faz muito sentido. Se faz sentido, é porque tem que ser assim, porque é desse jeito. É isso, e isso flui! [...] sou judia de nascimento [...], mas o que o budismo diz faz sentido para mim. Muita coisa no espiritismo [...] faz sentido para mim [...]. No catolicismo, se ficar [...] na mensagem, também faz sentido. [...] eu não me sinto judia, não me sinto católica, não me sinto budista; eu me sinto aquilo de bom que eu peguei de tudo e que me forma, me compõe. (Andrée)

A *bliss* pode ter também o sentido de vocação pessoal, aquilo que se veio fazer na vida:

> Eu sou uma curadora, tenho certeza de que sou uma curadora, uma pessoa que consegue fazer pontes entre níveis de consciência e ajudar as pessoas a fazê-lo também. (Sandra)

> Meu caminho como pessoa passou muito pela margem da profissional. Eu diria que, para procurar a Neiva pessoa, a Neiva profissional me ajudou. [...] Sabe quando parece que você morreu e não tem história? A minha depressão era assim: era como se eu tivesse morrido e não tivesse história. Eu não me lembrava de nada de mim. Então comecei a atender e ouvir as histórias das pessoas. Cada história de cliente foi acordando dentro de mim a minha história. É como se através da história deles eu fosse recuperando a minha. Eu acho que todo o tempo o que eu mais trabalhei foi realmente ser um curador. (Neiva)

A *bliss* de cada pessoa é composta de algo que a leva a sentir-se plena de vitalidade. Traz um sentimento maior do que alegria e prazer. Pode até haver dor e tristeza, mas existe sempre a sensação de plenitude, de sentido, de viver a vida que "se nasceu para viver".

> O encontro com a mitologia, esse estudo, é muito diferente de um conhecimento como sociologia, economia, porque a mitologia não tem os pés no chão. [...] Há um algo mais, maior do que eu, mas do qual eu participo [...]. Eu tive um aluno no curso de Mito e Cinema que, não importavam os personagens que estávamos abarcando, não importava o profundo do filme que estávamos enfocando, ele vinha sempre com a mesma questão: sempre dizia que as mulheres não faziam nada, não trabalhavam, não ganhavam dinheiro. [...] Até que eu compreendi que aquele garoto estava falando do mundo numa perspectiva econômica e de participação ativa no mercado de trabalho, e eu estava falando de arquétipo. Ele estava falando "economês" e eu estava falando "mitologuês". Enquanto eu própria não entendesse essa diferença, ia ficar brigando com aquele garoto o tempo todo. Ele estava lá, eu estava cá. [...] eu tinha saído fora, pro campo do mito. [...]. Vi que eu tinha ido para outro lugar; não melhor, outro. E eu precisava saber disso. E hoje eu vejo que é uma opção difícil, mas ela explica minha vida inteiramente. (Ana)

> O que Findhorn trouxe para mim é difícil de explicar... É a questão da internacionalidade, [...] das pessoas preocupadas com o bem-estar do planeta, com algo maior; é a coisa ecológica, um contraponto ao que eu vejo em termos de mundo, que está cada vez mais individualista, consumista, egoísta. [...] Com certeza, para mim é muito importante o fato de termos diversas culturas, diversas nacionalidades. Isso é uma necessidade minha muito profunda, muito básica. (Bettina)

Encontrar a *bliss* é encontrar a dimensão do sagrado, no sentido das palavras de Phil Cousineau: "É sagrado o que é digno de nossa reverência, o que evoca respeito e maravilha no coração humano, e aquilo que contemplado nos transforma completamente" (1999, p. 28).

A *bliss* é transformadora porque encerra, para aquele que a descobre, uma dimensão de êxtase: a experiência de expansão das fronteiras e/ou de dissolução de limites.

> O palco é a minha casa. Onde eu me sinto melhor é em cima do palco. Eu gosto. Queria ir para a praia com o palco embaixo do braço. Todo mundo diz que eu fico bonita quando estou no palco. [...] É adrenalina pura. [...] É essa possibilidade de sair disto aqui, do mundinho, do físico. A possibilidade da transcendência, de você sair desse seu corpo e se colocar a serviço de outras coisas, de outros estágios de consciência, de outra vivência física, de outro aspecto. Colocar o seu rosto, colocar-se a serviço de outro temperamento, transformar a realidade. (Rosane)

A descoberta da *bliss* pode trazer à vida intenção e propósito, o que também é uma dimensão do sagrado.

> Eu me defino como educadora, não como curadora. Eu acho que a cura só acontece de dentro para fora, só a pessoa se cura. O que me moveu foi a curiosidade e a fé [...]. Eu acredito em reencarnação e em aprendizado cumulativo de algumas habilidades, que a gente leva de uma vida para outra. Certamente, não é esta a primeira vez que eu sou professora [...] não é a primeira vez que eu estudo mediunidade [...] que eu lido com psicologia. (Cida)

Além de significado para a vida, a *bliss* pode proporcionar um novo sentido para a própria identidade. Pode trazer uma transformação da consciência e uma mudança radical na maneira de perceber o mundo.

> [...] eu decidi naquele novembro de 1998 que eu ia fazer formalmente o compromisso [os votos de *bodhisattva*], que eu ia ser budista. E foi a revelação! Eu tenho religião de novo, eu tenho dois mandamentos, que são muito mais amplos, muito mais abrangentes, complexos, que exigem muito mais participação minha do que aqueles dez, porque é mais complicado. Foi o que deu sentido à vida, para mim! A única coisa que faz sentido é usar a vida para uma missão. Porque ela vai acabar mesmo. Então, como é que é dar sentido à vida? Em si ela não tem, mas o que dá sentido à vida é usá-la para o bem do outro. Foi o que me salvou. Foi o que garantiu. É isso. A gente vive para fazer o bem para o outro. Que mais seria que não isso? Por que mais seria? (Soninha)

Encontrar a *bliss* pode trazer respostas às mais difíceis questões existenciais que a heroína aplica na própria vida. Também no seu encontro existe uma sensação de veracidade, de certeza interna de estar no caminho correto. Tudo parece se encaixar.

> [...] com a prática do tai chi com o mestre, fui descobrindo que esse Deus que eu sempre busquei estava dentro do que a filosofia do Tao colocava. [...] Ele [mestre] respondeu a todas as questões religiosas: sobre Deus, quem eu sou, de onde vim, para onde vou. Tudo foi respondido. Quando bate no coração, a gente tem certeza de que é esse o caminho. Foi uma sensação de ter um verdadeiro encontro. [...] a parte mais produtiva da vida eu fiquei aparentemente só servindo a ele, mas [...] eu tive uma verdadeira formação, uma orientação de vida. [...] O mestre foi meu pai espiritual. (Jerusha)

Dizemos que a *bliss* é a culminância da jornada, aquilo que buscamos quando nos colocamos a caminho do mais profundo de nós mesmos. Mas talvez ela esteja sempre com a heroína, latente e inconsciente, empurrando-a e guiando-a na jornada.

Talvez a *bliss* seja "a imagem primordial de nossa alma", como fala Hillman. E o produto da jornada é reconhecer, tomar consciência da própria *bliss*. Talvez desde crianças saibamos que foi aquilo (o "aquilo" muito pessoal de cada um) que "nascemos para ser", cada um conhecendo/reconhecendo, no íntimo, sua "semente de carvalho". Mas o mundo cotidiano e as demandas trazidas pela família e pela cultura levam a pessoa para longe, dizendo que "são sonhos vãos, não ficam bem, não dão dinheiro, não têm futuro, são bobagens de criança" etc. Um dia, porém, a sensação de desconforto, de insatisfação, pode virar um chamado à aventura, tendo início a viagem para reencontrar e legitimar a *bliss*, prenunciada lá atrás.

> [...] eu encontrei meu tema: as deusas, o feminino. E eu só podia chegar à Deusa: a minha vida inteira eu rezei para a mãe do céu. A minha busca, a vida inteira, foi do feminino. Eu tive um pai que cuidou de mim e que me deu estrutura. Mas a minha busca sempre foi a da mãe. (Monika)

Todos esses relatos sobre a *bliss* deixam clara a enorme dificuldade de defini-la. Ela pressupõe um encontro com o sagrado e com o mais profundo de si, uma sensação de significado e sentido, de estar pleno de vida mesmo que a vida esteja difícil, um sentimento interno e intuitivo de estar onde se deveria estar, uma sensação de ser aquilo/pertencer àquilo.

A *bliss* só é encontrada quando se diz "sim" à jornada, é sua recompensa, "aquela sensação profunda de estar presente, de fazer o que você decididamente deve fazer para ser você mesmo. Se você conseguir se ater a isso, já estará no limiar do transcendente" (Campbell, 2008, p. 25).

E como a heroína descobre sua *bliss*? Para algumas, que encontram no mundo uma forma já pronta e/ou uma tradição que se transforma em sua *bliss*, essa identificação é mais fácil. É o caso de Renata e as danças circulares sagradas, de Andrée e a psicossíntese, de Soninha e o budismo.

Para outras, encontrar a *bliss* é um pouco mais complexo, pois ela não se revela com tanta facilidade. Sua expressão é mais singular, própria. Mônica Jurado, ao falar da relação xamânica, a transição entre "dois mundos" e a cura, exemplifica uma *bliss* mais difícil de captar:

> Depois de três anos, minha mente alcançou um estado de grande estabilidade. Se eu trouxesse uma imagem do sonho e congelasse essa imagem, ela permanecia dias como uma única imagem, fixa. Aí, então, já era a hora de voltar para o mundo para levar o que tinha recebido. Meu voto foi o de *bodhisattva*: "Não quero nada para mim, mas para benefício de todos os seres". Eu tinha essa urgência de curar (não gosto dessa palavra, mas ainda não achei outra melhor). O processamento de meu trabalho se dá em casa, mesmo que eu atenda a pessoa fora daqui. Trabalho fundamentalmente em sonhos. É como nos mistérios de Elêusis, quando eles botavam as pessoas para dormir e assim faziam as curas. Meu animal de poder é a ara-

nha, que está ligada às tecelãs, às sonhadoras do mundo, ao tear. Essa compreensão facilita nossa compreensão do cotidiano. Fui achando uma linguagem simbólica para o simbólico experimentado – e essa é uma linguagem muito antiga.

Da mesma forma, Regina também tem uma *bliss* particular em sua relação muito especial com um mestre espiritual desencarnado:

> [...] eu conheci o meu guia espiritual, que é o Aureliano, que está comigo até hoje, trabalhando comigo direto. Sempre me orientando, sempre me enviando mensagens. [...] Eu sinto por ele um amor muito grande, para mim ele é um pai. [...] Eu tenho nele um mestre, um mestre que está sempre me ensinando. E hoje ele não é mais só o meu mestre, ele é mestre de todos os meus alunos. Ele é mestre de todos que me conhecem com mais intimidade. Tem pessoas que vêm todas as semanas conversar com ele. Conversam comigo e falam com ele através de mim. Não é incorporação, é canalização mesmo.

A *bliss* pode ocupar tamanha dimensão na vida de uma pessoa que ela decide fazer dela seu caminho, sua própria vida, como é o caso de Solange:

> Depois dos 16 anos, fiquei ao lado do meu pai de santo. Vivia, como vivo até hoje, para o candomblé. E fui muito discriminada pela minha família, porque o preconceito contra o candomblé era uma coisa terrível. Mas eu fui com tudo. [...] [Pai Agenor] me disse que eu era uma abiaché, que é a pessoa que já nasce com o santo. Era o meu caso e o dele, tanto que nós até tivemos uma história mais ou menos parecida: ele também tinha sido feito criança por problema de doença. Ele me disse que nós dois já nascemos determinados para o santo, já fomos zeladores em outra vida. [...] Ser zeladora é uma dedicação total de vida. O restante fica no plano B.

Retorno

O *retorno* é a última das três grandes fases da jornada, aquela que fecha o ciclo iniciado pelo *chamado à aventura*. Durante o retorno, depois do encontro com a *bliss*, é necessário iniciar o caminho de volta para o mundo cotidiano, agora transformado pela *ruptura* e pela *iniciação*. Esta fase é composta de três etapas: *caminho de volta*, *ressignificado* e *dádiva para o mundo*.

Caminho de volta

Isso nos leva à crise final do percurso, para a qual toda a miraculosa excursão não passou de prelúdio – trata-se da paradoxal e supremamente difícil passagem do herói pelo limiar do retorno, que o leva do reino místico à terra cotidiana.

(Joseph Campbell, 2007, p. 213)

Como ocorre em todo início, essa fase também começa com rompimentos e desapegos, o que nunca é fácil. No caso do caminho de volta, a dificuldade pode se acentuar, pois a pessoa – que fez uma longa e, muitas vezes, penosa viagem para chegar à culminância do encontro com a *bliss* – agora precisa voltar, de certa forma, ao ponto de partida.

É preciso decidir retornar à vida cotidiana, deixar de ser uma "heroína em jornada" para voltar a viver uma vida comum, como uma mulher comum e, ao mesmo tempo, totalmente transformada e singular por tudo que lhe aconteceu na "viagem".

O primeiro passo é tomar a decisão, muitas vezes bastante complicada e penosa, de voltar. É difícil desapegar-se da "magia" vivida ao encontrar a *bliss*. Existe um encantamento nesse encontro, a sensação de estar em um momento especial, cheio de significado. Vive-se a sensação de estar repleto de vida, de sentir-se emocionalmente muito envolvido. Por mais que a jornada tenha sido árdua, ela culmina com essa sensação de plenitude. E voltar para a vida com suas demandas práticas e rotineiras pode dar a sensação de perda, de um "apequenamento da vida", de tudo ser menor, chato, sem emoção e sentido.

Pode parecer tão melhor permanecer nesse "mundo mágico", não ir embora do retiro, não sair de perto do mestre, não parar de dançar, de pintar, de escrever, de atuar, não sair dessa sensação jamais. O desejo pode ser viver para sempre no estado alterado de emoção e consciência, como quando se está experimentando o êxtase.

> Depois desse retiro, levei três anos para voltar mesmo. O mundo interno é tão mais rico que o externo! É mais estável e mais tranquilo. Por isso é tão difícil voltar para o mundo externo... Quando estava retornando, tive vários medos. Medo de não conseguir voltar ao mundo, de como retornar, de não conseguir trabalhar, ter uma vida comum, ir ao cinema. Foi passo a passo que fui saindo do recolhimento. Eu tinha ido tanto para o céu que estava sem parâmetros para voltar para a Terra... A gente vai aprendendo a colocar cercas, e a estender os limites dessas cercas, para proteger o espírito. [...] E aí começa a fazer cerquinhas de

novo, com um, dois, três metros; recomeça a atender ao telefone, porque o telefone já não te abala tanto. (Mônica)

Mas, mesmo que seja difícil voltar, a jornada só se completa com o retorno. Não é possível prender-se ao momento do encontro com a *bliss*; a transformação da heroína só se completa quando ela consegue viver de novo no cotidiano e trazer para os outros aquilo que encontrou, aquilo que aprendeu. Viver o dia a dia, dando conta de suas demandas, e ao mesmo tempo conservar toda a transformação pessoal pela qual passou no caminho é a lição a ser aprendida nessa fase. É, de fato, o sentido da jornada.

Então, foi um *turn point* [ponto de retorno]. [...] o momento em que eu volto a ter uma religião, que não tinha desde 1986. E uma religião diferente da outra, com menos dogmas. [...] Mas ao mesmo tempo é muito mais rigorosa na conduta esperada. É porque em várias situações você para e pensa: "E agora? Agora, como budista, o que eu faço?" [...] Esse é o seu desafio. Como é que, sem raspar a careca, sem ter só sete pertences, sem viver num monastério, você vai conseguir não causar mal a nenhum ser e, mais do que isso, trazer benefício para todos os seres? [...] Eu tinha, por ter escolhido ser budista, que reorganizar todo o sentido das coisas. (Soninha)

Na etapa do caminho de volta, além de dizer "sim" à necessidade do retorno à vida cotidiana, é preciso descobrir como fazê-lo. Velhas respostas já não servem para novas perguntas, velhas perguntas já não fazem sentido e novas surgem, ainda sem respostas. Deve-se voltar ao ponto de partida de forma completamente nova. Há uma decisão consciente de trilhar esse retorno, mas trazendo a transformação pela qual se passou.

Eu decidi: "Tenho que voltar para o Brasil, lá é meu lugar". [...] as pessoas aos poucos foram sabendo, clientes foram voltando e novos sendo encaminhados. E eu voltei de Findhorn com um workshop pronto, configurado. [...] O tema da Deusa tinha ficado comigo, e eu trouxe essa coisa do feminino de lá. [...] E fui fazendo e desenvolvendo vivências. Comecei a inventar trabalhos: me inspirava, olhava, fazia, adaptava. Sempre com a Deusa e o feminino. Virou tema. (Monika)

Decidi que, realmente, o maior desafio da minha vida era descobrir quem eu era. Era a minha meta: descobrir o que eu vim fazer neste mundo. Então, começou uma jornada novamente para dentro, mas com lanterna! Até então eu tinha caído dentro de mim, para um fosso absolutamente escuro, sem nenhum foco para me orientar. Eu sabia que precisava visitar esses lugares, mas com consciência, e voltar e tomar posse de todas essas coisas e questões difíceis minhas. (Neiva)

A descoberta de como fazer isso é sempre solitária. A maneira de voltar tem de ser procurada, inventada, construída pela própria pessoa. Nessa etapa, já estamos falando de uma "viagem" muito pessoal e singular, portanto as soluções encontradas por outros não servem.

Quando voltei ao Brasil [de Findhorn], reuni um grupo de amigos [...]. Comecei a ensinar as doze danças que tinha aprendido. [...] apesar de o grupo ter gostado bastante, percebi que eu mesma tinha um caminho autodidata a percorrer [...]. Fui desenvolvendo minha capacidade de atenção, de suavidade para ensinar, de paciência, de abertura e de compaixão. Não tenho formação em psicologia nem em pedagogia, minha formação é em artes e eu nunca tinha trabalhado com grupos. Então, tudo foi um abrir caminhos, uma aventura. Durante todos esses anos, passei por muitas oscilações [...]. Foi um trilhar, um pé depois do outro. (Renata)

Tomar a decisão de voltar e fazer isso não é algo que acontece de uma hora para a outra. É, na verdade, um processo que vai acontecendo dia a dia e em que, devagar, por meio de tentativas, ensaios e erros, vai-se aprendendo a viver de novo sua "nova velha vida". É, de certa forma, como "tatear-se no escuro".

Dei aula lá [na PUC] e, ao mesmo tempo, comecei os cursos de formação de psicossíntese. [...] Quando eu olho para os meus grupos de formação do início, eu fico. "Ai, ai, ai, ai!" Eu comparo com hoje e vejo tantas falhas, mas foi o melhor que eu pude fazer naquela época. E é interessante, tem pessoas que fizeram os primeiros cursos comigo e agora estão refazendo. Porque hoje é outra coisa! (Andrée)

Por causa de tais aspectos, essa etapa pode ser bastante difícil. Normalmente tem longa duração e pode ser vivida como uma crise. Podem surgir dificuldades tanto na dimensão subjetiva quanto na da vida prática, concreta.

Serão necessários aprendizado interno para viver o cotidiano pessoalmente transformada e aprendizado externo para expressar de forma concreta sua *bliss* no mundo. Um novo sentido subjetivo para si e para a vida deve ser criado, o qual culminará na etapa do *ressignificado*. E uma forma de expressar sua *bliss* para os outros deve ser descoberta e construída, o que acontecerá na etapa *dádiva para o mundo*.

Cida mostra o quanto é difícil trilhar esse caminho de volta. Ela teve de criar um espaço para exercer e expressar a *bliss*, algo completamente original para poder exercer o que tinha aprendido em sua jornada.

> Eu queria um lugar onde pudesse dar aulas, onde pudesse falar o que eu quero, mas eu não queria uma escola, queria uma clínica de mediunidade. [...] O centro não sabe trabalhar isso, porque o centro não aprendeu com a universidade. E na faculdade você não pode falar sobre mediunidade. A parapsicologia só nomeia os fenômenos, e também tem muito preconceito. [...] Então são duas facções. E eu decidi que nem a gregos nem a troianos, que eu era Maria Aparecida, que minha cabeça era livre, eu ia estudar o que eu quisesse, do jeito que eu quisesse, onde eu quisesse e que eu ia trabalhar do jeito que eu quisesse. [...] Eu quis mesmo chamá-la de clínica de mediunidade, pois eu trabalharia com mediunidade clínica. [...] Mas, para usar o termo mediunidade, eu tive que me ajustar primeiro. [...] Eu tinha de novo que lidar com preconceito [...]. Então, foi um desafio isso também. Tem hora que bate a insegurança. [...] Eu sou muito, muito grata aos centros que explicaram todo aquele lado do fenômeno. [...] E eu sou muito grata aos meus professores, que me ensinaram todos os conceitos, todos os conhecimentos que eles tinham. Mas tudo isso e ainda mais eu misturei no meu caldeirão. Aí não tinha onde trabalhar isso, porque no centro não pode, na igreja não pode, na faculdade não pode. Então, na minha clínica pode.

Ressignificado

[...] no momento em que o muro do Paraíso é desfeito, a forma divina é encontrada e lembrada e a sabedoria, recuperada.

(Joseph Campbell, 2007, p. 147)

A etapa do ressignificado é a tomada de consciência da transformação interna advinda da jornada. Transformação pessoal, de valores, de crenças e de visão da vida. E, como a mudança é profunda e se atinge um novo nível de consciência, há que se fazer uma ressignificação de tudo. Como diz Campbell: "Quando deixamos de pensar prioritariamente em nós mesmos e em nossa autopreservação, passamos por uma transformação de consciência verdadeiramente heroica. [...] você vinha pensando de um modo, agora tem que pensar de um modo totalmente diferente" (Campbell e Moyers, 1990, p. 134).

A percepção da heroína, seu autoconhecimento e sua visão de mundo foram radicalmente modificados e/ou ampliados, e isso deve se refletir em um novo sentido para o viver, uma forma diferente, mais madura e sábia de ver a si mesma, aos outros e ao mundo. Adquirir essa nova consciência implica passar por um processo de interiorização e reflexão intenso e profundo. Valores são modificados, crenças antigas dão lugar a crenças mais pessoais, uma nova visão é construída.

É preciso achar um novo centro dentro de si, mais humilde diante do grande mistério da vida, porém mais autônomo, próprio e equilibrado, menos sujeito aos tumultos cotidianos e à opinião dos outros. E, apesar de isso acontecer no mais profundo do mundo interno da "viajante" e de ser pessoal e singular, paradoxalmente são alcançados visões/valores/crenças comuns a várias tradições religiosas, místicas, filosóficas.

Parece existir uma Sabedoria, com S maiúsculo, que pode ser atingida ao dizermos "sim" à jornada de nos tornarmos quem viemos ser. Como se, no processo de criar alma (na bela expressão de James Hillman), de tornar-se singular, original, realmente um indivíduo, a pessoa chegasse, de forma aparentemente contraditória, ao mais profundo da humanidade, conectando-se à grande rede da vida. E, ao mesmo tempo, acessasse dimensões do sagrado, contidas em muitas tradições religiosas e/ou espirituais, mas pelo *caminho da experiência própria*.

As mulheres entrevistadas têm as mais diferentes crenças, mas – não importam quais sejam – são todas vividas de forma muito pessoal e estão impregnadas no que elas são, fazem e pensam na vida. Suas histórias parecem corroborar o que se diz: "que todos os caminhos, se vividos com o coração, levam a Deus" – ou à Deusa. Nas palavras do grande poeta Fernando Pessoa: "Tudo vale a pena se a alma não é pequena".

Por isto as palavras ditas por nossas entrevistadas e que compõem a etapa do ressignificado revelam tanta sabedoria! Elas falam de aceitação, transcendência, compaixão, maturidade, paz interna, interdependência, perdão, integração, vida e morte, êxtase, conexão, amorosidade, celebração. São falas que demonstram a riqueza interna de cada uma delas e de suas jornadas.

Monika destaca a maturidade e a paz de aceitar ser quem se é:

> A minha alma é anciã. [...] fui percebendo: sempre fui "uma velha sábia", só que não tinha a menor consciência. Por isso [...], foi terrível ser jovem. [...]

porque eu não sabia o que fazer com aquilo. [...] até a anciã emergir, foi muito difícil. Eu lembro [...] do dia em que eu acordei e falei: "Hoje faço 50 anos de idade. A partir de agora, não devo nada a ninguém. [...] agora só vou fazer o que eu quiser". [...] os 50 anos, para mim, foram tão bons! [...] "Agora acabou, não preciso mais corresponder a nada, não preciso mais justificar nada". [...] no fundo, a vida fica fácil quando você é o que você é!

Neiva fala sobre ver a si mesma com compaixão e honrar o caminho percorrido:

Eu fiquei dez anos tentando trabalhar minha vitimidade, não fiquei parada nela. Eu transformei essa dor. Hoje, olho com profundo respeito para a mulher que fui. Que foi covarde, ou que foi frágil, ou que foi vulnerável, ou que foi dependente, não sei, mas tenho um profundo respeito por essa parte minha. Então, eu olho e falo para essa parte minha: "Neiva, eu te amo". É como se eu precisasse, ou ela precisasse, desse amor. Só que ela buscava no outro. Até que ela teve de mim esse amor.

Cida relata suas emoções ao se perceber "dentro" da grande teia da vida:

No dia em que percebi que tinha essa engrenagem eu chorei [...]. Quando eu percebi isso, de relance [...]. Eu vi a teia da vida, o "www". Senti isso de novo quando fui a Foz do Iguaçu: "Meu Deus, como a água pode ter essa força? Mas não é a água, é quem está por trás disso, quem elabora isso". E eu comecei a chorar, chorar. [...] Era uma integração tão grande, eu e aquela água. [...] era o numinoso. Aquilo sempre esteve ali, e de repente você percebe. Na maior parte do tempo, a gente nem percebe. É como se abrisse uma cortina e você percebesse, você conseguisse ver conexões que no cotidiano você não percebia. Essa hora é você com a essência.

Rosane conta como investir uma dimensão sagrada, religiosa (no sentido do *religare*, ação de ligar), no próprio trabalho:

A gente procura a relação do diálogo, do conforto, do ouvir, do acolhimento. Faz parte dessa visão feminina, uma visão onde a intuição vem antes da razão, ou pelo menos ao lado da razão. No nosso trabalho, esses valores estão o tempo todo em tudo: a razão, a força, o poder, a conquista e, junto, a ternura, o afeto, a compaixão, a solidariedade. [...] É tão importante o que acontece no palco no nosso trabalho quanto o que acontece fora dele. A relação que a gente tem com o trabalho, nesse sentido, é uma relação bem religiosa, de religar, de doação, de entrega, de missão.

Jerusha cita a integração interna e com o todo:

Eu me sinto bem taoista. O taoista é um ser mais natural, independente da raça, da cor, da cultura. E eu me sinto assim, universal. O **taoismo** é uma filosofia de integração, de comunhão. [...] eu me identifiquei justamente com essa forma de ser. É religiosa, porque você está sempre se religando com a natureza. [...] se você está com seu céu e terra integrados, naturalmente você está em paz. E, se você está em paz, você pode transmitir essa paz. Se você está com seu céu e terra integrados dentro, você está com o céu e a terra maiores unidos em você.

Mônica fala sobre a aceitação da vida e da morte:

Uma coisa que eu identifico no sagrado é a intenção clara, [...] e para onde o caminho vai nos levando. As coisas estão correndo de maneira correta? Então seu caminho está certo, porque o sagrado te leva para a ascensão. Hoje, eu aprecio estar numa condição humana, e vou também apreciar quando já não estiver. [...] não tenho medo de quando não estiver mais viva; tudo bem se entrar numa condição de morte. É só uma passagem, um portal, é sereno. [...] é um nascimento, um começo para outra estrutura não visível.

Helô também aborda a melhor compreensão e aceitação da morte:

Na morte, acho que ficamos entregues ao nosso fluxo mental, como num sonho, e depois ao nosso carma. Eu acredito que, se conseguir reencarnar como ser humano, poderei continuar nesse caminho de liberação. Se dá medo? Ao contrário, dá certa segurança. Claro que não se tem certeza de nada, mas eu acredito, e essa fé me dá certa tranquilidade em relação à morte.

Ana cita a sabedoria que se vai adquirindo nesse caminhar:

Eu ainda não sou a Velha Sábia, mas me encaminho para ela. Eu me tornarei algo que ainda não sou, talvez possa revelar coisas que ainda não sei. [...] Eu gostaria de ressignificar a vida e dignificar a morte na vida. Mas isso é uma coisa que eu sinto. [...] Eu ainda não sou a Velha para saber tanto. Mas acho que me encaminho para isso.

· Sandra conta sobre ser uma eterna buscadora, mas também sobre momentos de conexão total com o sagrado:

> E sou uma buscadora. E, como buscadora, acho que nunca vou conseguir dizer: "Ah, cheguei!" Eu me vejo sempre buscando. Só o que eu posso dizer é que, quando estou na natureza e quando faço ou ouço música, eu "chego". Música e natureza são momentos em que eu "chego". É uma conexão direta: eu com a Força, eu com Deus.

Bettina fala da energia amorosa maior, de como se abrir a ela e não ficar só presa ao ego, à racionalidade:

> [...] hoje eu tenho mais fascinação, mais compaixão, mais entendimento das nuances do ser humano. [...] E eu acredito num ser maior, acredito que eu sou... a palavra em inglês é *hold* – como que "segurada", "contida" por uma energia amorosa que tem a visão maior da minha vida. O alinhamento e a sincronicidade acontecem se eu me permitir me alinhar com essa energia, se eu me abrir a essa colaboração, ou cooperação, e não achar que tenho que definir tudo só com a cabeça. [...] eu vejo uma coisa de cocriação com o universo, com Deus. [...] estou aqui para aprender coisas, para desenvolver coisas e voltar para uma energia maior, como uma individualidade. Voltar a um todo, como uma singularidade dentro da unicidade.

Regina toca na relação profunda e muito pessoal que tem com sua religião:

> A verdadeira religião católica, para mim e para o meu mentor também, é a religião mais perfeita que existe. [...] A que foi deixada por Cristo é a religião mais especial que existe. Tem a reencarnação, sim, existem várias passagens do evangelho dizendo isso. [...] Mas o que eu acho a coisa mais linda deste mundo não é que existe só reencarnação, existe ressurreição. A Igreja católica só fala em ressurreição, que vai ocorrer no final dos tempos, quando Jesus vier separar o joio do trigo. Os espí-

ritas acham que só existe reencarnação, e não acreditam em ressurreição. Mas existem as duas: reencarnação e ressurreição.

Renata fala de estar em sintonia com os profundos anseios de nossa alma, bem como da paz que isso traz.

> Escrevi o prefácio do livro da Anna Barton, onde digo: "Estou respondendo a um chamado da minha alma, estou fazendo o que gosto de fazer". Atualmente, tenho me permitido falar mais sobre alma e amor sem ter receio de parecer piegas. Pois sei que preciso dizer que é somente com a certeza de que estou "de bem" com a minha alma que consigo manter o centramento necessário para poder ser leve e alegre, mesmo quando os problemas estão rondando.

Soninha conta sobre a revelação vinda de alguns momentos – poucos, mas vitais – em que se experiência o sagrado, quase como uma revelação mística, e sobre o sentido que isso traz para a vida:

> E o budismo me trouxe muitas respostas filosóficas. [...] Se eu ficar sempre no [...] intelectual, não vou ter resposta de por que eu vivo [...]. Racionalmente não faz sentido, eu posso morrer agora, posso morrer daqui a trinta anos e é sempre o acorda-dorme, acorda-dorme, acorda-dorme. Mas de repente vem a revelação, o assombro. Foram poucos os momentos do assombro. Mas foram decisivos. A compreensão racional foi superimportante [...] até a hora da revelação, do se dar conta, do "Ah!" A depressão era o vazio, vazio e pronto, e esse outro era o vazio e o sentido. [...]. é a vacuidade e a sabedoria.

Solange fala da plena aceitação de si e de seu destino:

> Eu tenho 35 anos de cadeira, de jogar búzios para pessoas de todo tipo. Com todos os caminhos que eu trilhei, de onde eu vim, o que aconteceu; e, apesar dos medos disso, daquilo, eu sempre continuei no meu foco. Eu nasci para ser zeladora. Nunca tive dúvida, nunca. Sabe, quando isso está no odu – no destino –, existe uma palavra mágica: aceitação. Aceitar. Está no meu odu e eu aceito, não é sacrifício nenhum. É prazeroso, entendeu? É com amor.

Nas palavras de Andrée, vemos uma celebração da vida:

Eu acho que hoje eu sou essa busca de ampliar aquilo que eu vivo, aquilo que eu sinto. Sou essa busca de ampliar, porque isso traz outro sabor para a vida, só por isso. Agora, há dois anos, eu sou avó, e é a coisa mais deliciosa deste mundo. Não tem palavras. Não encontro palavras para descrever o que eu sinto. Quando nasceu meu primeiro neto, no momento em que eu vi esse bebê, primeiro tive um choque, porque era o meu filho escrito, levei um susto. O Patrick estava do meu lado, peguei no braço dele, e aquilo me remeteu a trinta e tantos anos atrás. E aí me veio uma coisa muito forte: o milagre da vida. Meu Deus do céu, esse serzinho, a perfeição, tudo. É o milagre. Milagre! [...] A idade permite isto: perceber que há coisas muito boas para serem saboreadas e usufruídas nesta vida. Reconhecer esses milagres – e aí tem muito sabor, o sabor da vida!

Dádiva para o mundo

O círculo completo, a norma do monomito, requer que o herói inicie agora o trabalho de trazer os símbolos da sabedoria, o Velocino de Ouro, ou a princesa adormecida, de volta ao reino humano, onde a bênção alcançada pode servir à renovação da comunidade, da nação, do planeta ou dos dez mil mundos.

(Joseph Campbell, 2007, p. 195)

Essa é a última etapa da jornada do herói: o ciclo termina com o viajante trazendo ao mundo cotidiano o que descobriu em seu caminho, o tesouro, a dádiva encontrada no percurso. Apesar de toda jornada trazer uma grande transformação pessoal, ela tem de conter uma dimensão maior: é necessário que essa transformação seja, de alguma forma, "doada" para o coletivo.

O desafio dessa etapa é construir, no sentido prático, essa dádiva, o "produto" que será oferecido. Este deve expressar a própria pessoa que fez a jornada, ajustando-se perfeitamente a quem ela se tornou. É necessário que as duas dimensões, o mundo interno e o externo, estejam integradas, uma vez que a jornada implica a busca de consistência entre a vivência interna e a maneira de se expressar e viver no mundo.

A política, para mim, só era possível sendo budista. Para o meu modo muito convicto de fazer as coisas, eu só poderia aguentar entrar na

> política com total desprendimento da realização pessoal, do prazer pessoal, da afirmação pessoal. [...] A política é uma missão, mas não tem nada de messiânico! Mas para que serve a vida? Para ter prazer? O prazer acaba, com prazer ou sem prazer eu vou morrer. Prazer é fugaz, é condicionado, sempre insatisfatório. [...] Eu achei que trabalhar pelo outro era um bom uso para fazer da vida. (Soninha)

Não é incomum que a transformação pessoal seja tão radical que conduza à necessidade concreta de mudanças e ao surgimento de novas formas de viver, trabalhar, estar no mundo. Surgem novas profissões e atividades, ou mesmo outra maneira de exercer uma antiga profissão. Pode haver a necessidade de criar algo novo, um espaço para o exercício das descobertas da jornada.

> Faço uma reunião toda quarta-feira para atender as pessoas gratuitamente, e quem tiver posses e quiser vem durante a semana e, pagando um preço módico, eu faço uma consulta particular. [...] Eu me preparei, fiz muitos cursos. Foi meu mentor que me mandou buscar tais e tais caminhos [...]. Hoje trabalho com reiki, cristais, **radiestesia**, regressão, entre outras coisas. E assim tem sido até hoje. [...] Desde aquele primeiro dia de trabalho, nunca mais parei de atender as pessoas. Eu tinha 35, 36 anos, tenho 57 anos, são 22 anos, e eu nunca mais parei. (Regina)

> O mestre era presidente da associação [de tai chi chuan]; com a passagem dele, eu vou ficar no posto, dando a diretriz principal. [...] E, em 2006, começou a Umapaz, que é ligada à Secretaria do Verde e do Meio Ambiente [da prefeitura de São Paulo]. [...] Existe um projeto que se chama Saúde nos Parques, que é levar essas práticas terapêuticas da medicina chinesa para os parques. [...] faço um curso de formação de monitores, que são funcionários de parques ou agentes comunitários que possam depois fazer isso nos outros parques. [...] a gente faz também uma prática aberta para a população no Parque do Ibirapuera. (Jerusha)

É uma etapa de muitas idas e vindas, de aprender enquanto se faz, principalmente se a expressão da *bliss* no mundo for tão original que ainda não exista nada pronto para isso. Pode haver dúvidas e frustrações, sensação de não ser entendido ou aceito, dificuldade de achar interlocutores. Sempre há um preço a pagar por qualquer pioneirismo:

Se trabalharmos de acordo com nossas próprias descobertas, com nossa própria realização pessoal, quem é que vai querer o nosso trabalho? Às vezes nos surpreendemos. Mas é muito difícil tomar a decisão de trabalhar com algo que é uma experiência, uma criação, gerar uma forma que nunca antes existira. (Campbell, 2003a, p. 221)

Minha proposta é trabalhar com a pessoa que tem mediunidade e não lida bem com isso. E também com as pessoas que incorporam, mas não querem fazer isso em público, em um centro [...]. Isso porque a clínica não tem conotação religiosa. O que eu faço é uma terapia onde não deixo a parte espiritual sentada na sala de espera. E o cliente pode entrar em transe e ficar tranquilo que eu não vou brigar, não vou internar, eu vou é acolher. Porque, quando você explica e dá meios de a pessoa equilibrar isso — e é ela quem tem que equilibrar —, ela vai aprender a lidar com seus fenômenos. (Cida)

Construir a dádiva para o mundo pode demorar bastante e demandar muita energia:

Então esse teatro Brincante custou muito tempo, muito desgaste nosso [...] O que caminhou bem aqui foram os cursos, desde o primeiro ano que a gente abriu sempre teve público. A escola cresceu porque não havia lugares que quisessem ensinar dança brasileira, porque dança brasileira na cultura oficial não existia, só se fosse samba. Essas outras danças, cavalo-marinho, caboclinho e outras, ninguém nem sabia o que eram. Hoje as coisas mudaram, e eu sei o quanto a gente teve um papel nisso. Há vinte anos, a gente era ignorado, tinha preconceito, era "coisa de Recife, folclórico". [...] todas essas coisas foram construídas com muito trabalho, manualmente, pedrinha por pedrinha, mas sólidas. [...] A gente nunca voltou para trás, nunca fez um trabalho que denegrisse. (Rosane)

A dádiva também pode ser múltipla: vários "produtos" são entregues para o mundo:

Devagar, fui reformando e ampliando este espaço onde moro e trabalho. [...] resolvi chamar de Caldeirão. [...] Criei um site, também chamado Caldeirão, [...] e escrevi vários textos para ele. [...] Desenvolvi uma iniciação à Deusa, porque as pessoas pediam. [...] E aí surgiu o livro *Hera, um poder feminino*. [...] Depois [...], escrevi

> mais dois livros: *Feminino + masculino: uma nova coreografia para a eterna dança das polaridades* e *Rubra força: fluxos do poder feminino*. [...] Meu trabalho terapêutico acabou também se transformando. (Monika)

> Minha dádiva para o mundo são meus vários trabalhos com dança, mito e imagem. No meu espaço de dança, com minhas alunas, nos cursos de Cinema e Mito no Espaço Unibanco de Cinema, com professores do colégio Santa Maria, na coordenação das RoundTables Mitológicas de São Paulo e onde mais eu puder compartilhar, contaminar, disseminar, evocar, provocar as pessoas para que conheçam o poder e a força para a vida dos mitos, dos ritos, da dança, das imagens, da arte. (Ana)

Como a dádiva é, geralmente, o que se torna público, é comum que se desconheçam o projeto de concebê-la e, mais ainda, o percurso necessário e o fato de ser ela um produto. Quase sempre quem usufrui da dádiva não conhece a história de sua construção.

Esse é um dos motivos de querermos contar tais histórias: mostrar que o que essas mulheres "dão ao mundo" é a mais pura expressão delas mesmas, fruto de sua corajosa jornada. Não veio como uma bênção a elas, mas é resultado de um longo e muitas vezes difícil processo. Conhecer essas histórias pode ampliar e iluminar a forma como vemos as dádivas, humanizando suas "construtoras".

> Eu sinto que recebi muito, tive o privilégio [...] de conhecer a psicossíntese e quero, de certa forma, com este centro, retribuir. Aqui é o meu consultório. E todo o restante da casa é o Centro de Psicossíntese. Eu quero que esse centro continue comigo ou sem mim, porque se ele não continuar sem mim não serviu de nada. Não é para mim. Então estou formando as pessoas como multiplicadoras. É isso que eu quero. É isto: que este centro caminhe de fato sozinho. O mundo está precisando. A jornada tem muito esse sentido. (Andrée)

> Acho que eu sacrifiquei a minha vida pessoal em muitas coisas, porque na verdade o meu foco se tornou o caminho profissional. Mas um caminho profissional que tem que ter a força da maternagem. Se eu não vou ser mãe, o que eu fizer tem que ter a mesma dedi-

O feminino e o sagrado 73

cação. Isso para mim se tornou um compromisso de vísceras. Porque, para mim, em algum aspecto da minha vida, isso tem que ser
igual a ser mãe, cuidar, abrir mão de uma série de coisas em nome
do seu filho. (Neiva)

Renata e sua paixão pelas danças circulares sagradas exemplifica muito bem essa etapa.
Ela foi a principal introdutora e difusora dessas danças no Brasil. Hoje, é uma das grandes
referências dessa tradição, organiza festivais, publica livros, forma novos instrutores e leva as
danças para novos espaços:

Sempre foi muito claro que eu não queria que esse conhecimento
ficasse só para mim. Eu sempre senti necessidade de dividir e compartilhar as danças circulares. Eu sempre desejei mostrar aos outros
aquilo que encontrei [...]. Há mais de uma década que a minha atividade principal tem sido a dança; tanto profissionalmente quanto
como caminho espiritual. [...] É por ela e através dela que eu me
reconheço fazendo parte da humanidade, do planeta, do universo.
Dou cursos de formação em danças circulares sagradas desde 1994.
Atualmente, vêm pessoas de todas as áreas à procura desse instrumento maravilhoso: da saúde, da educação, das empresas, do social.
Muitos que "beberam" comigo estão levando o que aprenderam
para as diversas áreas em que atuam. [...] Anualmente, organizo com
mais duas parceiras [...] o Encontro Brasileiro de Danças Circulares
Sagradas [...]. Vem gente do Brasil inteiro. [...] as danças circulares
sagradas começam a adquirir uma força maior, passando a ser praticadas por mais pessoas. Esse é o grande objetivo! Implantar muitos
círculos por todos os lugares. Em 1998, a [editora] Triom publicou o
livro *Danças circulares sagradas: uma proposta de educação e cura.*
Somos doze autores, de diversos *backgrounds* e diferentes áreas de
atuação, que têm em comum o amor pelas danças circulares sagradas. Em 2006, publicamos um livro da Anna Barton, que foi com
quem iniciei a minha jornada dançante [...]. Para contribuir com o
bem-estar social e mental da comunidade, existem equipes que focalizam as danças circulares sagradas nos parques de São Paulo, aos
domingos. Eu mesma coordeno a equipe do Parque Trianon, na avenida Paulista, há mais de treze anos. Entram na roda do Parque Trianon, todo terceiro domingo do mês, em torno de oitenta a cem

pessoas. Todas dão as mãos e, durante uma hora e meia, praticam essa saudável meditação ativa [...]. O Brasil todo já possui focalizadores íntegros e conscientes do poder desse "instrumento", que acreditam, como eu, na necessidade de expandir cada vez mais a consciência do círculo, das mãos dadas, da cooperação e da cultura de paz. [...] Eu pretendo continuar levando as danças circulares sagradas para todos os segmentos da sociedade.

Solange mostra que vive basicamente em função da sua dádiva ao mundo:

Aqui eu atendo todo mundo: traficante, bandido, político, cantor, cantora, artista, tudo que é gente. Pobre, rico, instruído, não instruído. E vou falar uma coisa: é tudo igual. A vida é igual para todo mundo. Porque nós estamos na Terra para viver esse tipo de experiência. Só que nós somos tão ignorantes, tão resistentes, que a gente não aceita. Esta é a palavra-chave: aceita, aceita o que se é. [...] aqui as pessoas vão se cuidar espiritualmente, fisicamente e psiquicamente. [...] Hoje este lugar está bem maior [...]. Hoje, eu tenho 1.500 m² aqui. E vou mudar. Vou para uma roça [espaço de culto e rituais do candomblé] maior. Quero um sítio com água, com tudo. Eu moro mais aqui do que na minha casa, eu fico mais aqui do que em casa. Vou para a minha casa umas duas vezes por semana. Às vezes eu fico um mês aqui, depois vou lá um dia, pego roupa e volto.

Mas a jornada continua...

Quando falamos de um mito, um modelo, uma metáfora, podemos sempre pensar em um começo, um meio e um fim. Mas quando falamos da vida de uma pessoa, não!

A vida e suas transformações só terminam com a morte da pessoa. A jornada não tem fim. Se optarmos por fazê-la, enquanto estivermos vivos estaremos sempre dentro dela. Chega-se a um patamar de "conquistas" e logo vem outra inquietude, outra sensação de etapa terminada e a necessidade do novo, outro fato que muda tudo, que exige outras respostas, transformações. A vida nos traz novos testes, novas provas, e, de certa forma, tudo recomeça.

Como estamos lidando com a realidade e não com os mitos, um modelo estático (como qualquer modelo) só pode ser usado como metáfora. A vida é dinâmica, nunca para, e a necessidade de mudanças interna e externa é, para todos nós, incessante.

O feminino e o sagrado   75

A jornada na vida segue muito mais um modelo espiral do que circular. As histórias narradas mostram que há muitas jornadas dentro da jornada, que muitas etapas retornam e são ampliadas e aprofundadas. Desafios nunca deixarão de existir!

Pode, então, surgir um novo chamado à aventura, como mostra Rosane:

> Eu sempre acompanhei o [Antonio] Nóbrega [...]. Quis fazer algo novo. Eu já tinha cantado, já tinha dançado, já tinha interpretado, já tinha feito tudo ao lado do Nóbrega. Não ia ter novo desafio: eu sabia o que ele iria fazer nos espetáculos dele, eu sabia por onde caminhava a criação dele. Então, eu tinha que inventar uma coisa só minha. [...] Eu pensei: "Está aí uma história bonita. Você pode contar a história da humanidade [...] por essa visão feminina". Aí a peça *A mais bela história de Adeodata* nasceu. [...] o texto foi o meu desafio. Não foi na atuação, não foi no cenário, não foi no figurino; o desafio para mim foi o texto, até porque eu não sabia, até então eu nunca tinha ligado o computador. [...] o texto foi saindo do papel e foi entrando na boca de cada personagem, com improviso, com mudança. Mesmo depois de estrear a peça, não parei mais de mexer, continuo refazendo, refazendo.

Pode também surgir nova crise e haver a necessidade de "pôr novamente o pé na estrada", buscar novos caminhos, como fala Sandra:

> Quando chegou 1996, eu vivi uma crise muito grande dentro da psicologia tradicional. Eu pensei: "Não dá mais para ficar só dentro desse jeito de pensar, de trabalhar. Ou integro a dimensão espiritual no meu trabalho ou 'morro'". Comecei a achar uma pena a psicologia convencional estar reduzida a uma psicologia do ego. Comecei a entender que a psique é muito mais que só personalidade e, dentro dessa crise, saí do [Instituto] Sedes [Sapientiae]. Resolvi ouvir minha alma. Foi quando eu conheci o trabalho do **PathWork**, o trabalho da Eva Pierrakos, que é ao mesmo tempo sondagem psicológica e caminho espiritual. Finalmente encontrava uma estrutura teórica e uma metodologia que integrava a espiritualidade e o trabalho psicológico. Nessa época, tive a oportunidade de retornar ao México, depois de dez anos. E, para a minha surpresa, encontrei a Blanca dentro do PathWork. Eu não sabia disso. E aí resolvi fazer a primeira parte da minha formação lá, fiz dois anos de PathWork lá.

Pode haver uma perda de si mesma no caminho e a necessidade de uma reorientação de rumo ou de reajustes na forma de viver, para achar outro eixo, como relata Bettina:

> Em Findhorn há uma vida comunitária que, para mim, faz muito sentido e está voltada para o futuro. [...] Mas, na minha jornada, aconteceu de eu entrar nisso tão completamente que [...] eu me dissolvi no coletivo. Uma vida em comunidade é uma vida bastante absorvente [...]. E eu disse "sim" para coisas demais. [...] a divisão entre a vida pessoal e o trabalho e a comunidade era tênue demais. [...] eu estava exausta, tudo para mim era demais. [...] eu tive que me retrair para me reenergizar, para poder me reengajar. [...] Eu percebi que não tinha mais contato nenhum com minha alegria, e minha alegria é um fio condutor na minha vida, é energia, eu diria que é uma das coisas mais fortes em mim. Na época, eu não tinha a mínima capacidade de achar *joy*, alegria. Foi assim que percebi que tinha sido uma dissolução, que eu tinha ultrapassado os meus limites e precisava de regeneração. Eu precisava fortalecer essa demarcação e ter mais espaço para mim. Agora, isso é uma dança, o coletivo absorve, eu quero existir como indivíduo, mas quero a vida em comunidade: eu estou disposta a buscar um casamento perfeito.

Pode haver a necessidade de um novo caminho de volta, como aconteceu com Jerusha depois da morte de seu mestre Pai Lin e de tornar-se, de certa maneira, sua sucessora:

> E, quando ele morreu, a gente achou que ia parar com tudo, não sabia se ia continuar, o que ia fazer. [...] Porque era muito confortável ficar na sombra dele, só acompanhando. Quando ele dava seminários, eu fazia as viagens e não precisava preparar nada, me preocupar com nada, só ia atrás e pronto. [...] Agora não. O tempo é outro, eu tenho que estar sempre atenta.

Ou a vida traz duras provações que questionam a própria *bliss* encontrada pela pessoa, indagando se o sentido de sagrado, de transcendente, que esse encontro propicia, é de fato verdadeiro. Provas que verificam o sentido e o significado do caminho escolhido. Soninha passa por isso:

> Ser mãe e budista eu acho que é o exercício mais legal, mais valioso, porque precisa aprender o amor sem apego, que é um desafio para toda mãe. [...] O apego é um veneno, o desejo é um veneno, mas não o amor. E foi um enorme exercício disso quando eu soube que a minha filha mais nova estava com leucemia. "Então vai, então agora aplica o conceito do desapego. Vai lá! Quero ver como é você entregar todo o seu amor pela sua filha no tempo que for". E é impossível saber que a sua filha pequena tem leucemia e não pensar que talvez ela morra mais cedo do que você esperava. Como você lida com isso? Você reza pela vida dela, mas totalmente ciente de que vai acabar uma hora, e pode ser agora. O budista se prepara para lidar com a morte diariamente. [...] mas a gente sempre acredita na ordem natural das coisas, primeiro vão morrer os mais velhos, depois eu, depois minhas filhas. Aquilo te atira na cara: "Quem disse que é essa ordem? Quem disse que você vai morrer primeiro que sua filha? Que você vai ver ela crescer, casar?" Então, é um imenso desafio, mas, de novo, mais fácil sendo budista. Não é porque ser budista seja melhor do que ser cristão ou ser espírita, mas ser alguma coisa já é melhor. Ser alguma coisa é melhor!

Ou seja, viver em plenitude é estar sempre "em jornada" para o mais autêntico de si mesmo, um "autêntico" que se transfigura, aprofunda, transmuta. É uma jornada cheia de riscos, perigos, provas, conquistas, descobertas, perdas e ganhos, como mostram a vida dessas mulheres. Mas é essa jornada que – acreditamos – dá à vida sentido e significado.

As histórias de vida narradas não são de heroínas, mas de mulheres reais, de carne e osso, que, apesar de medos, dúvidas, hesitações e vulnerabilidades, têm coragem de seguir o que pede sua alma, suas sementes de carvalho, podendo por isso servir de exemplo e alento.

Todas as entrevistas foram feitas no segundo semestre de 2006, com exceção da de Solange, e este livro terminou de ser escrito no segundo semestre de 2009. Nesse intervalo, é claro que aconteceram transformações e mudanças na vida de todas. As histórias relatadas devem ser vistas como recortes no tempo de uma viagem que está em andamento para cada uma delas. Mas, por diferentes motivos, duas de nossas entrevistadas pediram que seus relatos fossem atualizados: Sandra e Ana. Essa atualização mostra com clareza que a jornada não termina nunca. Talvez só com a morte da heroína... Talvez!

A vida de quem está de fato vivo é cheia de chamados, aventuras, travessias de limiares, situações-limites, ressignificados, construções de novas dádivas.

Talvez eu ainda vá fazer um trabalho com a morte. [...] Eu gosto muito da ideia da morte como companheira que vem da filosofia do México antigo. [...] Dá vontade de criar grupos de apoio ao morrer, eu tenho ideias. Eu reluto, reluto, reluto, mas tem coisa que não adianta. Pode ser que esse trabalho com a morte em algum momento se dê. [...] Tem também a vontade de garantir direitos a quem está morrendo, ajudar as pessoas a se organizarem para isso. [...] Mas o que mais tem me interessado neste momento é o chamado de novo para a música. A possibilidade de trabalhar com música pitagórica (portal cósmico) em contexto terapêutico. Tenho tocado harpa pitagórica, instrumento de cordas baseado em Pitágoras, invento de um amigo meu que é grande músico. [...] Isso pra não falar da felicidade que foi voltar a me apresentar cantando no México há três semanas: "Que no peito dos desafinados também bate um coração" ["Desafinado", Tom Jobim, Newton Mendonça]. (Sandra)

Nos três anos que separam esta entrevista de sua revisão final, muitas águas rolaram no curso de minha vida. Minha saúde já melhorou e piorou por duas vezes. O caminho é longo. [...] Tive a oportunidade de dar forma ao meu trabalho "Camarins e vitrais da Grande Senhora", baseado nas vestimentas e faces da Deusa espalhadas pelas diferentes partes do mundo. [...] A mesma Grande Senhora me guiou e apoiou num rito que criei para mim mesma. Foi profundo – uma semana dentro da igreja do Mosteiro de São Bento. A igreja vazia, diante daquele vitral. Ali passei a limpo, busquei o centro, nomeei todo o vivido. E chorei. [...] Foi através dos "Camarins e vitrais da Grande Senhora" que cheguei à Índia, convidada a compartilhar esse trabalho no Fórum Global da Paz, da URI [Iniciativa das Religiões Unidas]. [...] iniciei uma viagem na Índia, talvez a pior da minha vida. Ou terá sido a melhor? [...] Voltei doente do que vi e vivi [...]. Tudo isso levou-me a uma parada, a uma nova crise para, assim espero, um novo começo. [...] Quero trabalhar com jovens. Quero tempo! Tenho planos e medos! Que tempo me espera? (Ana)

Como ensina Campbell (2008, p. 156):

O que julgo ser uma boa vida é aquela com uma jornada do herói após a outra. Você é chamado diversas vezes para o domínio da aventura, para novos horizontes. Cada vez surge o mesmo problema: devo ser ousado? Se você ousar, os perigos estarão lá, assim como a ajuda e a realização ou o fiasco. Existe sempre a possibilidade do fiasco.

Mas existe também a possibilidade da *bliss**.

---

* Na edição brasileira do livro *Mito e transformação*, a palavra *bliss* foi traduzida como "bem-aventurança".

Quinze mulheres e um livro

capítulo três

    A entrevista com Ana foi realizada em sua casa e local de trabalho, Espaço da Dança Nana Constança, no Itaim Bibi, em 26 de julho de 2006, num começo de noite, com uma fina lua insinuando-se pela janela. O espaço é um apartamento com linda vista das árvores dos Jardins e sala sem móveis para possibilitar as danças, onde só se pode entrar descalço. Pelas paredes, belas gravuras que variam conforme o tema do momento, frases e desenhos das alunas. Estantes com livros de arte, fotografias, objetos para rituais trazidos de viagens. E vasos com flores.

    Ana é uma mulher pequenina, loira, de olhar verde e profundo, muito expressiva nos gestos e nas palavras e que usa, muitas vezes, frases originais e engraçadas. Serviu-nos água e chá, em copos e canecas de flores, em bandeja com toalhinha de renda.

Ana Figueiredo

Ana van Erven Figueiredo tem 50 anos, formou-se em Ciências Sociais e é, entre outras coisas, professora de dança e improvisação. Formada em dança pelo Isadora Duncan International Institute, de Nova York, fez também cursos com Maria Fux, Klauss Vianna e Ivaldo Bertazzo. É coordenadora da Mythological RoundTable de São Paulo, ligada à Joseph Campbell Foundation, e atualmente dá aulas sobre mitos e cinema no Espaço Unibanco de Cinema. Desde pequena, Ana vive num mundo mágico, cheio de fantasia, arte, criatividade. Habitar esse mundo mítico e poético e levar pessoas a visitá-lo é sua *bliss*.

Mundo cotidiano

Minha infância foi muito solitária, muito inventiva. Eu sempre inventei, menti, contei, recontei, roubei história. Recentemente, escrevi um artigo para uma revista, falando da minha infância, e dei para meus irmãos lerem, porque falava da minha jornada e os incluía. E eles disseram que não existia o lugar que eu estava falando, um porão onde eu passei muitas horas escondida, em cima de um banco de madeira. Esse banco para mim era um trono, lá eu era uma rainha, uma princesa, um rei com as perninhas sacudindo, porque não tocava o chão. E era um prazer ver minha mãe urrando, me chamando, e eu lá escondida. Segundo eles, esse lugar existia, mas era perigosíssimo, era trancado, ninguém entrava, porque era um poço de água, mas eu digo que eu passei muitas horas nesse lugar. Então, não sei.

Uma coisa que eu vim rememorar da minha infância, que é riquíssima, é que eu passava horas falando sozinha, brincando sozinha, inventando, entrevistando, entrevistando-me. Sempre me interessou biografia, a biografia das pessoas, a guinada.

E também passava muito tempo recortando as revistas *Seleções* do meu pai. E ali eu recortava imagens e as agrupava em temas. Eram locais, lugares, lugares distantes, não cidades, lugares para onde se viaja, mais do que uma viagem de turismo, mais do que uma viagem de malinha e avião. Eu acho que já era necessidade de uma jornada. Eu acho que eram um prenúncio do prelúdio na minha vida essas viagens, peregrinações, buscas, descobertas.

Isso são memórias muito fortes. Isso aí é o que virá, a semente do que virá.

Um dia, ainda muito jovem, devia ter meus 18 anos, estava no colegial e fui fazer um curso extracurricular sobre história da arte. Aquilo realmente foi arrebatador: eram uns slides imensos de obras de arte, e eu pensei: "Meu Deus, estudar pode dar prazer!" Eu não tinha uma cultura proveniente de viagens com minha família, Europa, arte, museus... Eu dei de cara com aquilo e foi arrebatador.

Um ano depois fui passar oito meses na França para estudar francês, sozinha. Foi uma experiência supersolitária, morando num pensionato para mulheres; era uma menina perdida mesmo. E ali de novo a arte, o convívio com o museu impressionista, aquilo era o que me salvava.

Na minha volta, fui fazer faculdade de Ciências Sociais, na PUC. Me formei em 1981 e fui trabalhar com educação, com Paulo Freire, no Instituto de Ação Cultural, que foi fundado no exílio por um grupo de pessoas em torno do Paulo. Depois disso, fui trabalhar no Projeto Mulher, do Idac (Instituto de Ação Cultural), com a nata do feminismo brasileiro. Minha entrada no feminino foi através de duas mulheres, Rosiska Darcy de Oliveira e Mariska Ribeiro, que foram minha "bomba envolta de laços de seda". Sem querer, entrei de boca no movimento feminista da década de 1970.

Com esse trabalho obtive independência econômica, saí da casa dos meus pais, terminei um namoro dificílimo e completamente contra a opinião dos meus pais. Foram anos muitos difíceis da nossa vida, porque eram meus pais me puxando, esse cara me puxando, aquilo me imobilizou – e então eu me separei dos dois: do meu pai e do meu namorado.

No Idac, trabalhei aqui em São Paulo e no Rio. O trabalho acabou terminando em São Paulo e eles fecharam o escritório. Fui convidada pela Rosiska para ir morar no Rio, minha terra, mas não consegui ir. Perdi o emprego e fiquei um tempo pensando em para onde ir. Havia sido um trabalho muito bom e eu não queria ir para qualquer lugar, para fazer qualquer coisa.

Enquanto estava no Idac, comecei a dançar com Klauss Vianna e imediatamente fui para a Bahia, participar de um festival de dança. E então entrei para o mundo da dança. Dancei alguns anos com Klauss e, depois, com Ivaldo Bertazzo.

Já sem o emprego, pensava no que fazer da minha vida, quando Maria Fux, bailarina argentina, veio ao Brasil para dar dois cursos intensivos e eu fui fazer os dois. Foram fantásticos, maravilhosos, porque o mundo da dança, para mim, foi uma coisa muito forte, o começo do corpo, mas eu já era mais velha, eu tinha 25 anos. E como eu podia entrar para o mundo da dança tão velha, com 25 anos? Então a Maria Fux e a técnica que ela desenvolvia, chamada dançaterapia, que eu digo que é dança criativa, foram o pequeno pontinho no universo do mundo da dança onde eu pude entrar e mergulhar.

Um dia ela me chamou (13 de maio de 1987, lua cheia) e disse que eu tinha um tremendo potencial no campo da dança e da improvisação. Aí me convidou para ir estudar no seu estúdio em Buenos Aires. Disse que me daria uma bolsa para eu estudar com ela.

Eu recebi aquilo com muito medo, porque era uma possibilidade imensa. Pedi ajuda para meu pai; ele me ajudou, foi muito legal. Fiquei em Buenos Aires de 1987 a 1988. Um dia, Maria Fux me chamou e falou: "Chega! Chega de desculpas. Você esta com medo! Vá embora e comece a ensinar. Volte e comece a ensinar!"

Comecei, então, em 1988, a dar aulas de dança. Fiz ainda um curso sobre fisiologia e cinesiologia do corpo e a formação em holfing, na Associação Brasileira de Holfing, pois sentia necessidade de saber mais.

Chamado à aventura

E, nesse momento, meu pai começa a morrer. Meu pai tinha câncer desde 1981, e sete anos depois começou o fim dele. Aquilo me pegou muito, porque eu vi um projeto de vida centrado no desenvolvimento profissional, na ambição econômica, no alcançar coisas *furar*. Furou devido à doença. Meu pai foi o primeiro presidente brasileiro de uma multinacional americana. E usufruiu muito pouco do ápice, logo começou a descida... Curto ápice! Não gozou. Ao contrário, teve um final muito sofrido, de extremo sacrifício físico e imensas despesas.

Na verdade, eu começava a duvidar desse caminho onde você coloca toda sua meta em alcançar sucesso. Como eu resumi na época: a vida não é só trabalhar, ganhar dinheiro, gastar dinheiro. A morte do meu pai deixou isso claro. Eu pensei: a vida não é isso, deve ter algo mais.

Aí eu começo a buscar. Isso foi em 1988, eu tinha 32 anos.

Travessia do primeiro limiar

Com a morte de meu pai e minhas indagações sobre a vida, fui buscar em outras religiões que não a minha uma resposta, não na minha religião de origem. Fui formada na religião católica, estudei a minha vida inteira numa escola católica. Eu devo muito por ter sido de um núcleo... uma comunidade pequena. Isso sempre me fez bem, uma comunidade pequena. Agora, eticamente, espiritualmente, mitologicamente, miticamente, ritualisticamente eu não aprendi nada!

Ai eu fui para a budista, para retiro de lá, de cá, de lá, e também não obtive respostas. Eu percebi que estava trocando seis por meia dúzia, e me eram impostos rituais aos quais eu não pertencia. Ritos, iniciações que para mim não tinham sentido. E eu não estava buscando um líder, uma forma; eu estava buscando um reforço de alma.

Conheci um cara chamado Robert Happé, que fazia desenvolvimento espiritual e foi muito legal na minha vida, muito legal, eu acho que ele me preparou, me ajudou no processo da morte do meu pai.

E aí, um ano depois, eu vim a entrar em contato com a dança da Isadora Duncan. Foi através dessa dança que o rito e o mito entraram na minha vida. Eu conheci a dança da Isadora Duncan, e foi olhar e afirmar: encontrei a minha dança. Essa é a minha dança!

Um belo dia, eu li um artigo falando que Jeanne Bresciani, do Isadora Duncan International Institute, estaria no Brasil ministrando um curso na Unicamp. Naquela época, eu já estava com 33 anos. Mas me candidatei a uma vaga – só tinha meninas de sapatilha rosa – e passei no teste. Foi um imenso encantamento!

Durante esse curso, Jeanne Bresciani disse que dali a dois anos iria realizar uma viagem de dança e pesquisa para a Grécia, e eu pensei: "Eu vou nessa, eu vou nessa viagem". E também que dali a seis meses iria ministrar um curso de dança, mito e imagem, baseado na dança de Isadora, na Universidade de Nova York, e eu pensei: "Eu também vou para esse curso".

No dia 8 de janeiro de 1990, na virada da década, seis meses depois do curso na Unicamp, desci em Nova York, de mala e cuia, um frio danado. Desembarquei lá, não tinha onde ficar, então fiquei na casa da professora. E eu só me comuniquei com Jeanne alguns dias antes, ainda que estivesse decidida há meses.

E foi o meu começo de uma Isadora muito minha. Porque há uma Isadora de repertório, há uma Isadora de passos, coreografias que são repetidas de forma milimétrica por dançarinas que vão passando de uma para outra, mas não foi esse o meu contato. Foi através do movimento, da improvisação, através do contato com meu próprio corpo. E dentro do campo dos mitos. Não era o passo pelo passo, era dentro dos mitos e das imagens que guiavam, inspiravam a dança. Aí eu me achei, me achei e fiquei.

Durante os quatro anos de formação na dança de Isadora, fui e voltei aos Estados Unidos doze vezes, trabalhando como *courier* da DHL. Eu ia e voltava, ia e voltava. A DHL é um correio expresso, super-rápido, entrega porta a porta o documento ou o que seja, e eu, como *courier*, não tocava em nada, só levava os bilhetes de embarque. Me entregavam os bilhetinhos, os tickets de mala, mas não eram malas, eram sacos imensos. A minha única tarefa era estar no dia certo e não levar mala, levar uma sacolinha de mão. Foi isso o que me possibilitou ir e vir.

Eu não me lembro como arrumei isso. Eu precisava, foi a minha precisão: "As ideias estão no chão, você tropeça e acha a solução", como dizem os Titãs. Porque como é que você vai doze vezes, em quatro anos, para os Estados Unidos sem dinheiro? E a verdade é que aqueles papéis da *Seleções Reader's Digest* eram a massa de origem de tudo, porque depois disso eu acumulei milhas, eu nunca mais parei de viajar sem pagar.

Durante esse tempo de formação em dança, estudei paralelamente mitologia grega com Junito de Souza Brandão e, apesar de gostar imensamente do curso dele e de todo o universo que Junito me abria, não ficava satisfeita com o tratamento dado ao feminino. Fui, então, através da mitologia grega, buscar indicadores do que houve antes da tradição grega e do patriarcado. Foi aí que comecei a encontrar as referências à Grande Senhora.

Travessia de novos limiares

Quando iniciei minha formação em Isadora, a primeira viagem foi para Nova York. Mas logo depois o curso passou a ser dado no Caribe, numa ilha chamada Saint John, uma maravilha, um mar turquesa, em meio à natureza. Lá era dado o curso de Isadora todo janeiro e agosto, na Escola de Arte da cidadezinha. Eu ia como assistente de Jeanne Bresciani, ao mesmo tempo que ela fazia minha formação. Eu não fiz formação numa escola com um grupo, eu fiz formação com Jeanne, individualmente, maravilhosamente, e lá em Saint John.

É uma ilha americana *sui generis*, porque a população nativa é negra. Há também na ilha muitos ex-hippies americanos que vão lá para viver um tempo que já acabou, mas que lá não acabou, e há também pessoas extremamente ricas, "rockefellers da vida" com suas lindas casas de verão. É uma ilha que tem dinheiro, tem hippie e tem a população nativa, onde você dança reggae muito, muito e muito.

Saint John é tão pequenininha que nem entra navio, não tem profundidade, é muito preservada. Turista que vai para lá, se fica muito, fica 5 dias, e eu ficava 45. Eu alugava quartos na casa dessas pessoas, de muitas famílias de negros e de uma colega do curso, que era hippie, uma família hippie, e foi um tempo maravilhoso.

Lá eu conheci mulheres americanas que tinham um conhecimento muito vivo da tradição dos índios norte-americanos. O conhecimento da tradição norte-americana é próximo sobretudo das mulheres: as histórias, os ritos, as pedras, a medicina, as cartas, as ervas. E eu entrei em contato com essas mulheres e com elas aprendi rituais junto à natureza, junto a ruínas, locais sagrados, locais que fincavam os pontos cardeais, os elementos, aprendi tudo isso. Não consigo separar o ensinamento da dança do aprendizado com essas mulheres e do meu convívio nessa ilha. Começo eu mesma a estudar os mitos do candomblé.

Ilha onde amei e desamei; namorei um cara que morreu, e essa foi uma experiência muito forte. Mesmo só a dança, só os ritos e só a natureza já me davam respostas, era completamente alma. Já não precisava mais perguntar. E em todas essas voltas para São Paulo eu percebia que aqui é o oposto, não havia esse conhecimento, não havia essa dança, não havia essa natureza, e tudo isso é muito necessário aqui, muito importante. Isso foi entre 1989 e 1993.

Situação-limite

Entre 1993 e 1995, sem viagens no horizonte, todo mundo dizia que queria ter a minha vida, e eu dizia que queria ter um namorado. E eu o encontrei. Ficamos dois anos juntos. Esse não faleceu, eu faleci. E foi uma coisa muito difícil, muito sofrida. Eu tive uma doença de alma, eu conheci a depressão. E fiquei muito, muito ruim, a ponto de uma amiga me pegar, me levar num terapeuta e ligar para a minha mãe e dizer: "Olha, larguei lá, a senhora pode arcar com isso".

O feminino e o sagrado   89

E foi muito legal. Minha mãe levou muito a sério, e não foi por pouco tempo. O terapeuta foi o Léon Bonaventure, maravilhoso, completamente Jung, alma, mito. Ele me botou em pé. O Léon me ajudou demais, demais, demais... E me fazia ler mais mitos! Com isso, chegamos a 1996, quando fiz 40 anos de idade. Eu estava saindo desse momento superdifícil, saindo, é gerúndio mesmo.

E, nesse momento, comecei a me perguntar: "Quem é esse Joseph Campbell?" Minha irmã tinha um livro dele, que eu roubei dela. É meu primeiro livro do Campbell. Ela nem sabe, vai saber um dia. Fiquei espantada. Foi uma descoberta. Fui atrás. Assisti *O poder do mito*, e não parou mais. Com Campbell, o importante passou a ser não esta ou aquela tradição, mas a massa elementar de mitos e símbolos que subjaz, que imanta toda cultura, toda tradição.

Hoje sou uma das representantes da Fundação Campbell aqui no Brasil e atuo, quando solicitada, como revisora das traduções de suas obras. Fui chamada pela Edith Elek, editora da Ágora, para revisar a reedição do livro *A jornada do herói*, organizado por Phil Cousineau. Ele havia sido publicado anos antes por outra editora e estava esgotado. Descobri que aquela tradução era um horror! (E ainda assim o Campbell é bom.) Não apenas fiz a revisão como colaborei na edição toda da nova obra, que é muito especial, muito linda. Nascia assim *A jornada do herói – Joseph Campbell, vida e obra*. Esse livro é um filho pra mim. Mas antes disso, na época em que descobri Campbell, comecei a procurar quem estava lendo a obra dele, se havia grupos de estudo.

Travessia de novos limiares

Procurei a Associação Palas Athena, editora de *O poder do mito*, e me indicaram Roberto Takaoka. Descobri que ele era amigo da esposa do Campbell e havia estado em **Esalen**, que eu desconhecia. E ele começou a insistir que eu tinha que ir para Esalen!

Em vida, durante dezenas de anos, na época de seu aniversário (26 de março, dia do meu aniversário também), Campbell ia para lá e realizava um seminário de uma semana com algumas pessoas especiais, onde ele se propunha a enfrentar a mesma pergunta que Jung se fez: "Eu estou em contato com o mito através do qual eu estou vivendo? Eu estou vivendo o mito que me move?" Então, anualmente, ele dedicava essa semana para uma parada, uma reflexão, onde ele guiava as pessoas, contava histórias, narrava e correlacionava mitos e símbolos, discutia etc.

Depois que ele morreu, o Robert Walter, que hoje é o presidente da fundação, assumiu essa tarefa. O Robert foi um assistente, um amigo, um braço direito, uma pessoa que trabalhou nos últimos dez anos da vida do Campbell ajudando-o a terminar suas últimas obras. É uma pessoa que teve extrema intimidade com o Campbell. Esse homem continua a realizar essa semana em Esalen, na mesma data, ainda hoje. Roberto Takaoka presenteou-me com uma passagem aérea e fui participar de uma semana dessas. Foi maravilhoso, maravilhoso. Nessa semana eu vim a conhecer um grande amor da minha vida, um homem maravilhoso, que me ensinou a relação entre mito e cinema. Foi um segredo. Foi um presente que ele me deu. Mal sabia eu que anos depois eu criaria meu curso de mito e cinema. Terminou depois, mas naquele momento eu também disse: "Eu encontrei alguém". Tudo foi muito vivido. Meus 40 anos foram muito fortes.

Bliss

O encontro com a mitologia, esse estudo, é muito diferente de um conhecimento como sociologia, economia, porque a mitologia não tem os pés no chão. Não está no dia a dia – embora esteja, o tempo todo. Ela é um arcabouço do campo simbólico que vai espelhar, referendar o dia a dia, está acima, é maior. Ela está sobre, são nuvens que fazem sombra, mostram, revelam, desrevelam, mas ela não é uma ciência para a comprovação do dia a dia. É extra. É maior. É algo que espelha o dia a dia, mas não pertence a ele – para mim, ela revela o dia a dia. Eu não explico mais meu dia a dia só através da economia, da sociologia, dos eventos. Há um algo mais, maior do que eu, mas do qual eu participo, eu influencio e me influencia totalmente. É maior do que eu, mas, no entanto, eu participo.

Eu tive um aluno no curso de Mito e Cinema que, não importavam os personagens que estávamos abarcando, não importava o profundo do filme que estávamos enfocando, ele vinha sempre com a mesma questão: sempre dizia que as mulheres não faziam nada, não trabalhavam, não ganhavam dinheiro. Nos filmes elas estavam virando o mundo de cabeça para baixo, virando as relações, revelando, esfregando uma verdade na cara do mundo, e como ele dizia que elas não faziam nada???

Até que eu compreendi que aquele garoto estava falando do mundo numa perspectiva econômica e de participação ativa no mercado de trabalho, e eu estava falando de arquétipo. Ele estava falando "economês" e eu estava falando "mitologuês". Enquanto eu própria não entendesse essa diferença, ia ficar brigando com aquele garoto o tempo todo. Ele estava lá, eu estava cá. Era preciso que eu soubesse que ele estava lá e que eu estava cá, e que são duas linhas paralelas, como a linha de um trem ou a sombra de uma nuvem aqui na terra, que estarão sempre paralelas, nunca se encontram, mas sempre se espelham.

Em seguida, fui assistir a uma palestra da minha mestra, Rosiska Darcy de Oliveira. Ali assustei, porque eu percebi que a Rosiska partiu do campo feminino para abraçar o mundo inteiro. Ela é uma cronista da vida, da realidade, da poesia e dos nossos desenganos. E que eu tinha saído fora, pro campo do mito, para também abraçar o mundo inteiro. Vi que eu tinha ido para outro lugar; não melhor, outro. E eu precisava saber disso. E hoje eu vejo que é uma opção difícil, mas ela explica minha vida inteiramente!

Caminho de volta

E comecei a trazer a Fundação Joseph Campbell para o Brasil. Os últimos dez anos da minha vida têm sido trazer a Fundação Joseph Campbell aqui para o Brasil. Eu comecei isso junto com a Associação Palas Athena. E trouxemos a esposa do Campbell, trouxemos os colegas da Fundação, a Rebecca Armstrong, o Keith Cunningham, por três vezes o Robert Walter. Fizemos seminários, inclusive a celebração do Centenário do Campbell, que foi lindíssima, grandiosa. Temos o grupo de estudos sobre Campbell, da dança, do mito, do rito, do mito e cinema, da força das imagens, como as imagens são mantas, mantos, paredes quentes... Imagens para se dançar. Ninguém vive em paredes só brancas, e paredes brancas são telas onde imagens se projetam. Assim, com tudo isso, eu também pude me aprofundar no meu trabalho, e aprofundei o estudo do feminino.

E também acho que comprovei o que o Campbell disse. Ele conta que temia que, ao ensinar mitos, ele viria a afastar suas alunas da tradição original de cada uma. E, com surpresa, verificou que isso poderia ser o primeiro momento, mas em seguida essas mulheres voltavam para sua própria tradição, com uma verdade e um embasamento fantástico. Porque sua tradição, seu campo onírico, litúrgico, no qual você foi educado, é um ambiente fantástico, e não convém negar essas imagens. O Dalai Lama falou isso, o Jung também. Quem trabalha com a sopa mística sabe que essa sopa original você não joga fora, você renova. Então, para mim, que fui despertada pela doença do meu pai, que percebi que estava me faltando uma coisa chamada espiritualidade, a qual eu fui buscar em outras religiões e também não encontrei, encontrei novamente na minha tradição.

Em 1998, eu tinha um calhamaço de milhas acumuladas. Decidi visitar as esculturas de Michelangelo e de Gustav Vigeland, na Itália e na Noruega. Fui para a Itália, para ver o mundo das artes, e lá essas obras estavam em templos cristãos, em igrejas, em catedrais. E ali eu me vi completamente cristã. Eu pensei: isso sou eu. Reconheci que sempre achei acolhedoras as figuras de Maria e de seu filho Cristo.

Em Florença, tive duas experiências. Entrei na Basílica de São Pedro e sabia exatamente onde estava a *Pietá*. Foi maravilhoso! Aquilo é cristianismo, aquela mulher, aquela mãe de todos nós, aquela menina. Foi fantástico, arrebatador! Em Florença, entrei na Catedral (Duomo). E lá tinha uma escadinha que descia para um lugar chamado Mandrágora. Eram as ruínas de uma capela ancestral, um templo pré-cristão. Era gruta dentro da terra, e tinha uma escultura de uma deusa que em nada se assemelhava ao gestual de uma santa cristã. Tudo isso embaixo daquela catedral imensa, toda de mármore, linda! Chorei. Ali, eu me emocionei.

Então, a Itália foi, para mim, uma conexão com a minha cristandade, através do feminino. Então você vê que você desce, desce, desce e aglutina, desce, desce, desce e aglutina.

Ressignificado

Pouco tempo atrás, descobri que tenho uma doença no fígado, e isso se fez no momento em que eu estava para fora, onde estava acontecendo profissionalmente. E isso me obrigou a ir para dentro e cuidar das minhas células, das minhas proteínas, das minhas enzimas. Tudo começou no corpo, se espiritualizou, se almou, dançou e voltou para o corpo, na essência mais básica, na célula, na molécula. Então eu dei a volta, voltei e acho que adquiri uma essência muito forte. E, ao mesmo tempo, essa doença me fez cuidar de mim, até do ponto de vista do feminino mesmo. Eu tive que cuidar do meu feminino. E eu estou muito feliz, porque eu me sinto mais bonita, me sinto mais feminina. Uma ressurreição? É, são ciclos. Mas numa espiral. Pode ser descendente ou ascendente. Segundo James Hillman, não é subir para a luz, é aprofundar. Aprofundar.

A morte para mim é um tema recorrente. Eu acho que tenho que encontrar um lugar sagrado para esse fato. Mas não é um fato de um dia, é toda uma vida. Ritualizar isso no corpo, no gesto, na imagem, fica tão natural, porque toda dança tem uma morte, todo movimento tem uma morte, tudo pede repouso. Eu ainda não sou a Velha Sábia, mas me encaminho para ela. Eu me tornarei algo que ainda não sou, talvez possa revelar coisas que ainda não sei. Eu diria que a reação que tive quando descobri a doença no fígado e as soluções que busquei já são encaminhamentos disso. Um encaminhamento diferente, de reverência, de respeito a um ciclo, e eu não quero anestesiantes.

O que define meu trabalho é o corpo, o corpo que dança, o corpo que aprende e apreende imagens. A memória do corpo. Os ritos do corpo. O mito e as imagens no corpo. O corpo é a caixinha mais secreta, é a ultima caixinha. O meu corpo, a história do meu corpo, a sombra e a beleza dele. Outra coisa que define é a visão da morte. Eu gostaria de ressignificar a vida e dignificar a morte na vida. Mas isso é uma coisa que eu sinto. As mortes. É algo que sinto, sei, mas no fundo não sei; no fundo, é fundo. Eu ainda não sou a Velha para saber tanto. Mas acho que me encaminho para isso...

Dádiva para o mundo

Minha dádiva para o mundo são meus vários trabalhos com dança, mito e imagem. No meu espaço de dança, com minhas alunas, nos cursos de cinema e mito no Espaço Unibanco de Cinema, com professores do colégio Santa Maria, na coordenação das RoundTables Mitológicas de São Paulo e onde mais eu puder compartilhar, contaminar, disseminar, evocar, provocar as pessoas para que conheçam o poder e a força para a vida dos mitos, dos ritos, da dança, das imagens, da arte.

Mas a jornada continua...

Nos três anos que separam esta entrevista de sua revisão final, muitas águas rolaram no curso de minha vida.

Minha saúde já melhorou e piorou por duas vezes. O caminho é longo. Continuo acreditando em caminhos alternativos. Peço a mim mesma bom senso, foco e atenção. Tive a oportunidade de dar forma ao meu trabalho "Camarins e vitrais da Grande Senhora", baseado nas vestimentas e faces da Deusa espalhadas pelas diferentes partes do mundo. Cheguei à metade da minha vida.

A mesma Grande Senhora me guiou e apoiou num rito que criei para mim mesma. Foi profundo – uma semana dentro da igreja do Mosteiro de São Bento. A igreja vazia, diante daquele vitral. Ali passei a limpo, busquei o centro, nomeei todo o vivido. E chorei.

A Grande Senhora levou-me ao Vale Sagrado peruano, onde enterrei na Mãe Terra, no corpo de **Pachamama**, a primeira metade de minha vida. Levou-me também a Éfeso (na Turquia), berço do feminino oriental. Uni Ocidente e Oriente no feminino.

Foi através dos "Camarins e vitrais da Grande Senhora" que cheguei à Índia, convidada a compartilhar esse trabalho no Fórum Global da Paz da URI [Iniciativa das Religiões Unidas]. É que eu pertenço a uma ONG formada por mulheres, artistas, pela paz. Minha diretora chama-se Linda Bennett. Veja que *bliss*: é linda e é o bem. Essa mulher é meu anjo da guarda. Ela me levou para os Estados Unidos e o México a partir de 2005, mostrando, compartilhando esse trabalho. Foi ela quem me abriu as portas para ir à Índia. Pois bem, lá nos encontramos com trezentas pessoas das mais diferentes crenças, religiões e países, convivendo e cooperando pela paz durante dez dias. Todos hospedados num *ashram* dedicado a **Krishna e Radha**. É um local sagrado, visitado diariamente pelos hindus. Percebi ali que não poderia mais viver sem estar em contato com a diferença e o encontro do diferente.

Quis compartilhar meu trabalho num espaço ao ar livre, onde o povo estivesse, e não só os participantes do Fórum. Eu falava em espanhol, em inglês, em gestos, e dizia a palavra *ma*, "mãe" em bengali, ao tocar o ventre das pessoas – homens, mulheres, crianças.

E, talvez levada também pela mesma Grande Senhora, iniciei uma viagem na Índia, talvez a pior da minha vida. Ou terá sido a melhor? Sozinha, viajei por cidades do deserto do Rajastão. Vivi momentos difíceis ali, onde a diferença erguia barreiras. Muita confusão e mal-entendido! O único consolo era a força e a devoção nos templos, os ritos e o olhar compassivo das mulheres. Cheias de véus, seus olhos negros e com *kajal* eram um conforto.

Voltei doente do que vi e vivi, mas certamente eu precisava sentir na pele o que é ser mulher em diferentes partes do planeta.

Tudo isso levou-me a uma parada, uma nova crise para, assim espero, um novo começo. Quero incluir todo o vivido nesses últimos anos. Incluir o encontro do diferente e das diferenças.

Busco uma síntese do meu trabalho que inclua a cura através do caminho das artes, dos ciclos e estações; cura através do olhar feminino no mundo. Busco, busco, busco...

Quero trabalhar com jovens. Quero tempo! Tenho planos e medos! Que tempo me espera? **Axé** tempo!

Andrée Samuel

A entrevista com Andrée foi feita no dia 29 de agosto de 2006, no Centro de Psicossíntese de São Paulo, numa manhã muito fria, chuvosa e cinzenta. O Centro fica numa casa ampla nos Jardins, reformada para abrigá-lo. Piso de cimento queimado, livros para vender, salas para workshops, quintal no fundo. A entrevista foi feita em sua sala, onde faz atendimento psicoterápico. Uma sala cheia de objetos pessoais.

Andrée é expansiva, calorosa, ri e se emociona com facilidade. Empática, observa nossas reações ao que fala. Oferece-nos mantinhas por causa do frio.

Andrée Samuel tem mais de 60 anos, é casada há mais de 40 com o mesmo homem, tem dois filhos e dois netos. É psicóloga clínica, fundadora e diretora do Centro de Psicossíntese de São Paulo. A psicossíntese é uma corrente de psicologia fundada no início do século XX pelo italiano Roberto Assagioli.

Sua vida tem sido um constante agregar de experiências, conceitos, pessoas, lugares, sem descartar nada, sempre construindo uma nova síntese. Andrée parece um "mosaico" muito harmonioso, composto por tudo de especial que experimentou em sua vida.

Mundo cotidiano

Desde cedo, fui exposta a diferentes culturas. Eu não sou brasileira, sou francesa, nascida no Egito, de pais franceses. Daí a minha nacionalidade, pois o Egito não reconhece quem nasce lá. Minha primeira infância foi no Egito, depois na França, depois aqui. Eu tinha 11 anos quando cheguei aqui.

Casei cedo, com 17 anos. Fui passar umas férias na Europa para rever a família, nos conhecemos e foi uma coisa muito forte. Ele é francês, mas a gente se conheceu na Suíça, onde ele vivia. Eu o conheci quase no início das minhas férias. Sempre soube o que eu queria na vida, e não queria namoro por telefone (na época não tinha nem e-mail). Casei lá. Nem voltei ao Brasil. E morei na Suíça sete anos.

Primeiro eu precisei trabalhar. Ele já tinha protelado o serviço militar e não tinha jeito, ele teve que ir para a França cumprir sua obrigação. Eu tinha então que trabalhar, porque ele estava no exército e alguém tinha que sustentar nós dois. Quando terminou o seu serviço militar ele voltou, e depois de três anos eu quis voltar ao Brasil. Queria ver meus pais, meus amigos. Combinamos, o Jacques e eu, que vindo para cá a gente liberava para engravidar, para ter o primeiro bebê. Então o Patrick foi gerado aqui e nasceu na Suíça.

Casei quando quis, com o homem que eu quis, tive meus filhos quando quis... Mas eu queria estudar. Ficar dentro de casa, cuidar de casinha, brincar de boneca, não era para mim! Queria cuidar dos meus filhos, queria fazer tudo muito benfeitinho, mas eu também queria cuidar de mim, precisava também.

E eu fui para a faculdade de Psicologia, como ouvinte. Lá tive minhas aulas, inclusive com o Piaget, e aquilo me satisfazia, mas não era suficiente.

O Jacques trabalhava numa multinacional e um dia chegou dizendo que seria transferido. Isso era política da empresa. Poderia ser Nice, na França, ou Zurique, na Suíça. Eu estava grávida da Nathalie. Então, eu perguntei: "Por que não São Paulo?" Eu tinha uma vida pela frente, para mim estava muito claro, eu queria estudar. Aqui eu poderia voltar a estudar, pois precisava de alguém que me ajudasse com dois filhos pequenos. E então o Jacques conseguiu ser transferido para cá, por dois anos.

Para o Jacques foi muito difícil a adaptação aqui, muito difícil. Mas o fato é que ele acabou, de alguma forma, sendo "picado" pelo vírus que "pica" os estrangeiros que vêm para cá. E quando chegamos perto de decidir o que fazer para a próxima transferência, nós decidimos voltar para a Suíça, fechar o apartamento, vender os móveis, fazer doações e nos instalar de vez no Brasil.

Em minha volta ao Brasil, comecei a me preparar para viver minha vocação, que sempre foi clara. "Estou neste planeta para fazer o quê?", essa é uma dúvida que eu nunca tive! Para mim era claro desde muito criança que meu trabalho era este: com as pessoas. Eu não chamava "isso" de psicologia, porque na época eu não sabia que era assim que "isso" chamava.

Desde muito cedo sempre tive um grupo de amigos à minha volta e, de certa forma, eu era aquela que era consultada para "dar conselhos".

E eu cheguei aqui no Brasil grávida e comecei a fazer cursinho para entrar na faculdade. Fiz aquele cursinho intensivo de três meses. E passei na PUC. A Nathalie nasceu no meio do cursinho. Eu passei. Eu não acreditava, mas passei.

E eu fiz psicologia aqui, mãe de dois filhos.

Chamado à aventura

Enquanto eu estava na faculdade, meu irmão teve um problema de saúde e ficou com metade do corpo paralisada, do dia para a noite. Ele era um rapaz absolutamente saudável e nós não tínhamos histórico desse tipo de problema na família.

Aí, meus pais começaram a "via sacra" de procurar todos os médicos, os professores etc., e os diagnósticos eram cada vez piores.

Então, começaram a procurar outras coisas, coisas alternativas. Foram ao espiritismo, foram a vários lugares que não me lembro agora, mas abriu-se um leque de busca e valia qualquer coisa para salvar um rapaz de 20 anos.

Assim, a minha imersão nesse universo das buscas começou a partir da doença do meu irmão.

Travessia do primeiro limiar

Um dia, uma amiga começou me contar coisas que um colega dela relatava de outras perspectivas, de outras percepções, de outros mundos. Quando ela começou a falar, aquilo vinha com uma clareza, era conhecido, eu não tinha a mínima estranheza. E eu dizia: "Espera, vamos estudar, vamos verificar, vamos nos informar".

Para mim era notícia de primeira mão, não tinha nenhuma noção de espírito, de qualquer outra coisa... de outras vidas, era absolutamente um terreno que não tinha história.

E fomos ouvir o que aquele amigo dela falava, porque ele parecia uma pessoa sólida, firme na vida.

E, naquela época, vimos anunciada em um jornal a visita do Ian Stevenson, que escreveu o livro *Vinte casos sugestivos de reencarnação*. Nós vimos no jornal que ele seria recebido pelo Hernani Guimarães Andrade. Eu falei para ela ou ela falou para mim, não lembro: "Vamos entrar em contato com esse sr. Hernani? Parece uma referência..." E mandamos uma cartinha para ele: "Somos duas estudantes de psicologia, interessadas porém com reservas. Nós não conhecemos, não sabemos e não queremos perder muito tempo em coisas que não valem a pena".

E o Hernani nos convidou para conhecê-lo. Depois de algum tempo, nos convidou a trabalhar com ele. E nós fomos.

Minha inserção nesse universo da espiritualidade, na verdade meu batismo, foi com o Hernani e todas as pesquisas que ele fazia sobre reencarnação, *poltergeist*, todos esses fenômenos que estudava. Ele foi uma pessoa importante dentro do espiritismo e da parapsicologia em nível internacional. Fez trabalhos muito sérios. Preferia, inclusive, ser conhecido pelos trabalhos que desenvolveu, pelas pesquisas, mais do que como um membro espírita.

Foi através do Hernani que eu adentrei nesse mundo, digamos assim, paranormal. Foi uma coisa que me despertou e na verdade despertou coisas que já estavam em mim, mas de que eu absolutamente não tinha consciência.

A psicologia não me respondia tudo. Eu sentia que tinha uma lacuna muito grande e que através do trabalho com o Hernani eu conseguia respostas.

Então, basicamente, esse foi meu começo.

Aprendizado

Eu encontrei muitas "irmãs" na vida que me ajudaram de diversas formas na minha caminhada.

São aliadas, que me ajudaram no aprendizado...

Eu queria cuidar do meu filho, queria fazer tudo muito benfeitinho, mas também queria cuidar de mim, precisava também. E, quando eu estava na Suíça, eu tinha uma vizinha que tinha me visto num estado deplorável: Patrick pequenininho, eu sozinha, o Jacques trabalhava o dia inteiro. Tinha hora que eu achava que ia enlouquecer, porque fralda, comidinha, passeiozinho, ah... eu queria muito, mas também não só. Aí ela chegou para mim e falou que tinha uma menina um ano mais velha do que o Patrick e que eu poderia deixar com ela meu filho um dia na semana para ir aonde eu quisesse. E eu fui para a faculdade de Psicologia, como ouvinte.

Veio para a Suíça uma tia-avó que tinha um significado muito especial na minha história. Essa tia ficou no Egito muito tempo, após todo mundo ter ido embora. Quando o marido dela faleceu, ela foi para a Suíça. Foi para uma cidade diferente da que eu morava, foi ficar com uma amiga. Essa tia ficou muito doente, morrendo. Eu, então, ficava indo e vindo, de uma cidade para outra, saía de manhã e voltava à noite um

O feminino e o sagrado   101

lixo. Então, aquela minha amiga que me ajudou com o Patrick fez uma proposta surpreendente. Ela disse: "Nós vamos mudar para a casa da sua tia, o hospital está lá, você vai estar com o seu filho mais perto e nossos maridos vêm nos ver no final de semana". E assim fomos. E eu ia de manhã para o hospital, voltava, ficava um pouco com as crianças, voltava à noite para ver um pouco mais a tia, e assim foi todo um mês. E um dia minha tia morreu. Antes, ficou me olhando muito intensamente e, no meu pensamento, eu acho que ela achava que eu era minha mãe. Mas foi uma experiência muito bonita... Eu nunca tinha visto ninguém morrer nem tinha deparado com a questão da morte, eu tinha 20, 21 anos. E foi uma experiência belíssima.

E eu cheguei aqui no Brasil, grávida, e comecei a fazer cursinho para entrar na faculdade, aquele cursinho de três meses, intensivo. E eu passei na PUC, e essa história eu conto com muita gratidão. Eu estava afastada de matemática, química, física. E eu tenho uma amiga que conheço desde os nossos 13, 14 anos, e ela tinha uma amiga bioquímica, e essas duas moças ficaram comigo os três meses. Nós passamos três meses varando madrugadas, uma estudando comigo física, química e matemática, porque o resto eu dava conta muito bem, e a outra fazendo sanduíche, trazendo coca-cola, trazendo café.

Na época em que meu irmão ficou doente, aquela amiga que me ajudou no cursinho começou a me falar de coisas que um colega dela lhe falava. E aí, um dia, ela começou a me contar coisas que ele relatava de outras perspectivas, de outras percepções, de outros mundos. E fomos ouvir o que aquele amigo dela falava e depois dele chegamos ao Hernani. E depois disso minha busca começou.

Travessia de novos limiares

Quando eu estava no último ano de psicologia, comecei a atender. Uma professora nos convidou, uma amiga e eu. Comecei a atender e fazia umas coisas que não entendia nem tinha estudado. Teoricamente, o Carl Rogers me disse muita coisa, eu estudei Heidegger num grupo de estudos, com sua concepção existencialista, tinha coisas do Rollo May, mas ainda assim tinha alguma coisa que faltava e que eu não sabia.

Eu fazia nas seções umas coisas, dizia umas coisas que eu não sabia de onde tinha tirado, mas funcionava. Dava certo, as pessoas se sentiam bem e o trabalho se desenvolvia.

Um dia, uma amiga me perguntou se eu incluía o corpo no meu trabalho. Eu disse que sim; dependendo do momento da pessoa, da necessidade, daquilo que eu sentia na hora, eu convidava a fazer algum exercício. Eu tinha feito cursos com o Petho Sandor, na PUC, e tinha essa fundamentação, mas eu não tinha uma metodologia, meu trabalho era uma coisa muito intuitiva. Claro que eu tinha um corpo teórico, um pouco de cada coisa tinha tecido a minha fundamentação, mas eu não visualizava claro. Se alguém me perguntasse, eu não saberia dizer exatamente como.

Ela então me disse que o David Boadella estaria aqui no Brasil, que ele trabalhava com biossíntese e que eu iria gostar.

Eu fui, e de certa forma foi por isso que eu entrei na psicossíntese.

Foi primeiro a biossíntese e depois, na sequência, a psicossíntese. Fez todo o sentido para mim, alguém tinha pensado coisas que para mim pareciam tão evidentes! Além disso, eu sabia fazer algumas coisas, mas eu não sabia dizer como e alguém me ensinava a dizer.

Eu não fiz a formação em biossíntese, eu fiz vários cursos. E toda vez que o Boadella veio, até 1990, eu participei dos grupos que ele dava aqui. Mas eu fiz a formação em psicossíntese.

Situação-limite

Em psicossíntese, eu fiz a formação primeiro com a Consuelo Pena, depois nos Estados Unidos e depois vários cursos na Itália. Foi em 1979, 1980. A psicossíntese nasceu na Itália, então, na verdade, minha referência maior é a Itália.

Foi um mergulho interno extremamente profundo. Foi aí que, de fato, eu sistematizei tanto o trabalho pessoal interior quanto o trabalho profissional com meus clientes.

Eu vi, então, que eu não tinha feito nada de absurdo com ninguém esse tempo todo.

Essa formação veio me ajudar a sistematizar e a compreender melhor o que eu fazia no meu trabalho, além de me trazer todo trabalho pessoal com os exercícios, com as técnicas que o Assagioli propõe.

Eu aprendi muito na vida, no meu dia a dia. Tanto que eu brinco com os meus alunos: não dá para vestir a roupa da psicossíntese quando você chega ao consultório e tirá-la ao sair. A psicossíntese é a vida, é uma atitude de vida mesmo. Ou há essa coerência ou você não está fazendo psicossíntese. Você está utilizando algumas técnicas e pode ter muito sucesso com isso, não há problema nenhum, mas psicossíntese é você de fato olhar a vida a partir desse prisma.

Bliss

O Assagioli virou meu mestre. E fui fazer vários cursos. Quando eu sabia que um colega desenvolvia determinado trabalho interessante, ia participar. Porque na psicossíntese não basta você estudar, ler. Tem o percurso pessoal, e é muito importante trabalhar com vários profissionais, porque cada um vai colocar seu colorido.

É claro que a espinha dorsal do trabalho é uma só, mas o "como" cada um de nós coloca isso na sua prática ninguém pode imitar. Não tem jeito, é nosso, tem a ver com nossa história de vida, com os passos que a gente sente que vai dando, e é isso que vai enriquecendo os outros. Na psicossíntese se inclui tudo, nada é jogado fora. E essa inclusão da psicossíntese me ensinou a fazer o mesmo na minha vida. Isso não quer dizer que pode tudo. Não é bagunça, muito pelo contrário, é exatamente aquilo que faz muito sentido. E se faz sentido, não há discussão. Se faz sentido, é porque tem que ser assim, porque é desse jeito. É isso, e isso flui!

Eu já estava na psicossíntese quando comecei a me interessar pelo budismo. Fazia sentido para mim, lia muito as coisas, mas eu não tinha um trabalho pessoal desenvolvido. Nessa época foi criado o instituto **Nyingma** aqui no Brasil. Vinha um mestre dos Estados Unidos e fazíamos vários retiros. O primeiro retiro que fiz foi em 1984.

E aquilo foi para mim um casamento muito feliz. O Nyingma tem o grande nome nos Estados Unidos, Tarthang Tulku Rinpoche, que trouxe uma técnica chamada Kum Nye, que quer dizer massagem sutil. É um trabalho corporal, respiração e corpo fantástico, isso eu uso muito, muito. Eu não fiz nenhuma formação dentro do budismo. Li muito a psicologia budista tibetana, e ela acrescentou muito a todos os trabalhos que fiz.

Fiz um outro "casamento" com os florais de Bach. Uma amiga minha, da família da psicossíntese, me disse que tinha um grupo de estudos sobre florais de Bach. Participei algumas vezes desse grupo. Daí a Carmen

Monari, que é uma médica homeopata de Campinas, lançou um curso, e fui. Ai, que bonito! A filosofia do dr. Bach é uma preciosidade. E eu ouvia ali algo muito parecido com que o Assagioli fala e com que o budismo fala. Então, eu fiz todos os cursos da Carmen.

É interessante: na verdade, eu sou judia de nascimento, e é a religião que eu tenho formalmente, mas o que o budismo diz faz sentido para mim. Muita coisa no espiritismo, dos escritos do Allan Kardec, faz sentido para mim também. E, no judaísmo, se lido claramente, tem muita coisa que também faz muito sentido. No catolicismo, se ficar não naquilo que os homens fazem, mas na mensagem, também faz sentido. Então, eu não sei dizer o que eu me sinto: eu não me sinto judia, não me sinto católica, não me sinto budista; eu me sinto aquilo de bom que eu peguei de tudo e que me forma, me compõe.

Caminho de volta

Eu fui professora da PUC de São Paulo durante muitos anos. Dei aula lá e, ao mesmo tempo, comecei os cursos de formação de psicossíntese. Eu adoro passar conhecimento, eu não aguento segurar o conhecimento. Se é válido ou não, depois cada um que faça sua triagem.

Eu moro há vinte e poucos anos em Itapecerica da Serra. Quando nós construímos a casa, construímos um consultório também; então, eu dou lá os cursos de formação em psicossíntese. E também lá era meu consultório.

Quando eu olho para os meus grupos de formação do início, eu fico: "Ai, ai, ai, ai!" Eu comparo com hoje e vejo tantas falhas, mas foi o melhor que eu pude fazer naquela época. E é interessante, tem pessoas que fizeram os primeiros cursos comigo e agora estão refazendo. Porque hoje é outra coisa!

Ressignificado

Eu acho que hoje eu sou essa busca de ampliar aquilo que eu vivo, aquilo que eu sinto. Sou essa busca de ampliar porque isso traz outro sabor para a vida, só por isso.

Agora, há dois anos eu sou avó, e é a coisa mais deliciosa deste mundo. Não tem palavras. Não encontro palavras para descrever o que eu sinto. Quando nasceu meu primeiro neto, no momento em que eu vi esse bebê, primeiro tive um choque, porque era o meu filho escrito, levei um susto. O Patrick estava do meu lado, peguei no braço dele, e aquilo me remeteu a trinta e tantos anos atrás. E aí me veio uma coisa muito forte: o milagre da vida. Meu Deus do céu, esse serzinho, a perfeição, tudo. É o milagre. Milagre!

Eu estou saboreando cada transformação dele. Com os meus filhos, eu também fiz isso. Eu fui uma mãe muito presente, apesar de estudar e trabalhar, mas com os netos isso tem outra dimensão. Tem uma dimensão que absolutamente eu não tinha antes. Eu quero acompanhar essas crianças e quero passar para elas um pouco do que eu sou. Se servir, ótimo; se não servir, ótimo do mesmo jeito.

A idade permite isto: perceber que há coisas muito boas para serem saboreadas e usufruídas nesta vida. Reconhecer esses milagres – e aí tem muito sabor, o sabor da vida.

Dádiva ao mundo

Meus alunos pediam muito para criar um Centro de Psicossíntese no Brasil, mas eu tinha muita resistência. Eu dizia que meu trabalho não era criar centro, nem associação, nem coisa nenhuma. Meu trabalho eram cursos de formação e consultório. Criar um centro implicava lidar com administração, e eu não tinha energia para isso, minha energia era para o trabalho que eu fazia.

Mas aí começou a vir à minha cabeça: "Você está dando cursos e quem assina o curso não é você, pessoas estão vindo em confiança, talvez esteja na hora de pensar em uma instituição, em alguma coisa que tenha outro caráter, que dê um certificado..."

Então, num dos congressos que eu fui, conheci a presidente do Instituto de Psicossíntese da Itália e fiquei amiga dela. Todos os centros de psicossíntese se reportam, de certa forma, a esse instituto. Num outro congresso, no Canadá, nós nos reencontramos. Uma noite, fomos jantar. Estava ela, uma outra italiana e uma americana. E então eu disse que estava começando a sentir necessidade de criar esse instituto. E ela, a presidente, me disse para ir com muita calma, pelo nível de exigência de energia e o desgaste que a criação de um centro iria exigir de mim. Eu disse que sabia, mas estava sentindo que precisava fazer isso.

Nesse meio tempo, estava sendo organizado pelo instituto da Itália o Congresso Internacional de Psicossíntese do ano 2000. Ela me pediu para eu ir ajudar a organizar esse congresso e lá fui eu. E eu com aquela ideia de criar o centro dentro de mim, estava ficando cada vez mais claro que eu tinha que fazer, mas às vezes você precisa de um empurrão para concretizar. As coisas estavam indo bem para mim, eu me perguntava também para que me meter numa empreitada tão difícil como aquela.

E estávamos eu e a canadense preparando as coisas para o congresso quando ouço a Maria Graça, a presidente do instituto, dizendo para mim: "Eu estou indo para São Paulo para a inauguração do Centro de Psicossíntese". Disse que isso veio a ela em meditação e que teria que ser ainda naquele ano, 1999, porque em 2000 estaríamos muito ocupadas com o congresso.

Foi o empurrão de que eu precisava.

Eu voltei para cá, chamei um contador e disse: "Olha, vou fundar um Centro de Psicossíntese, eu não sei nada sobre as partes legais, burocráticas, vê para mim". Estavam envolvidas quatro instâncias, e uma era o Conselho Regional de Psicologia (CRP), que era do qual eu tinha o maior medo. Mas o CRP me mandou um certificado, até hoje eu estou sem entender, reconhecendo o Centro de Psicossíntese. Me rendo! É isso.

Eu estava dando um curso de formação em psicossíntese nessa época e cinco alunas disseram que estavam ali para ajudar no que fosse preciso. Esse grupo se reuniu nos quatro anos consecutivos, toda quarta-feira à tarde. Então, esse Centro são estas pessoas.

Hoje, minha secretária e secretária do centro tem com ele a mesma relação que eu tenho: ele também é "dela". Ela cuida das coisas daqui com o carinho e a dedicação que eu tenho. É a minha aliada.

Eu sinto que recebi muito, tive o privilégio mesmo de conhecer a psicossíntese e quero, de certa forma, com este centro, retribuir. Aqui é o meu consultório. E todo o restante da casa é o Centro de Psicossíntese.

Eu quero que esse centro continue comigo ou sem mim, porque se ele não continuar sem mim não serviu de nada. Não é para mim. Então estou formando as pessoas como multiplicadoras. É isso que eu quero.

É isto: que este centro caminhe de fato sozinho.

O mundo está precisando. A jornada tem muito esse sentido. É que realmente tem tanta coisa boa! Às vezes, conversando com amigos, você está num aniversário, a pessoa não está bem, você dá uma dica para ela, aquilo traz uma luz! O que ela vai fazer depois com aquela luz eu não sei, mas você traz uma luz.

Bettina Jespersen

A conversa com Bettina se deu no dia 23 de setembro de 2006, na casa da Cristina, pois a entrevistada mora na Escócia e preferiu não fazer a entrevista na casa da mãe, onde está hospedada.

Bettina é loira, cabelos cacheados bem longos, olhos azuis, bonita. Fala muito com o corpo, especialmente braços e mãos, tem um ligeiro sotaque e às vezes usa palavras em inglês. Doce, sorri muito. Senta em semilótus, tira os sapatos e propõe um momento de silêncio e meditação antes de começar a entrevista. Tomamos cappucino e comemos chocolates Bis.

Bettina Jespersen tem 39 anos, é brasileira, filha de europeus. Não tem filhos. Mora há oito anos na Escócia, na comunidade de Findhorn. Hoje é focalizadora (a principal responsável) de um time de gerenciamento, papel importante e de grande responsabilidade em Findhorn. Vem constantemente ao Brasil para "abastecer-se".

Bettina busca seu lar, sua família humana, no mundo, na diversidade e multiplicidade de culturas e numa atitude generosa com o próximo e o planeta.

Mundo cotidiano

Fui uma menina nascida na classe média alta, de pais europeus. Meu pai era dinamarquês, minha mãe é austríaca. Estudei em colégio inglês em São Paulo. Fiz administração de empresas na Fundação Getulio Vargas (FGV).

Por um lado, tive uma excelente educação, tive confortos materiais, em muitas coisas meus pais me privilegiaram. Mas algumas coisas trouxeram o ser adulto antes: por exemplo, eu ter lidado muito cedo com o fato de os meus pais terem problemas. Eu era uma filha única que não tinha onde buscar orientação.

Durante a infância e adolescência, em muitos momentos eu percebia que não podia contar com meus pais como num desenvolvimento normal, onde a mãe tem o papel tal, apoia de tal maneira, e o pai idem. Eu tinha isso em alguns momentos e em outros momentos não. Eu fui amada, fui cuidada, mas ao mesmo tempo tive muitas decepções.

De certa forma, no final das contas, eu tinha a impressão de que só podia contar comigo mesma. E por isso, acredito, me tornei uma pessoa melhor, capaz de tomar decisões numa idade precoce. Jovem, eu já estava em condições de resolver as coisas.

E teve a questão cultural. Meus pais são europeus e eu nasci e cresci no Brasil e estudei num colégio inglês. Minha mãe é austríaca, meu pai dinamarquês, todos os meus parentes são europeus. Eu sou a única que nasceu aqui. Então, tendo toda uma educação e cultura europeia e nascendo aqui, se criou certa dicotomia, que se acentuou na faculdade, porque eu saí de um colégio inglês e entrei numa faculdade brasileira, onde tinha amigos brasileiros, todas as matérias em português... Eu tinha aprendido em inglês, então estudar matemática em português... Fiz faculdade de administração de empresas na FGV [Fundação Getulio Vargas] e comecei a trabalhar.

Meus pais são ateus, mas minha avó lia uma Bíblia infantil em alemão para crianças. Ela lia as histórias para mim e eu adorava, pedia para contar várias vezes. Então, de certa forma, minha educação religiosa vinha dela. Em casa, nunca íamos à igreja nem nada do gênero, e na escola inglesa a gente tinha reuniões duas vezes por semana, onde era lido um texto curto da Bíblia e a gente cantava o hino, mas era uma coisa meio formal, não era uma coisa sentida para mim e imagino que não era para as outras crianças também.

Quando eu tinha talvez uns 11 anos, passava na TV uma novela chamada *A viagem,* a respeito de espiritismo e reencarnação. Eu assistia com a empregada e não entendia muito bem, mas me encantava. Tinha uma música-tema maravilhosa, foi uma etapa importante para mim.

Durante minha infância e adolescência, eu rezava em alguns momentos da minha vida, como de noite, antes de dormir. Na época da adolescência, tive um período meio de rebeldia.

Tive períodos de contato e períodos de fechamento com a dimensão da espiritualidade.

Por volta dos 20 anos, comecei a trabalhar. O meu chefe era espírita, uma amiga também, e os dois começaram a me falar bastante em reencarnação. Para mim, era um conceito em teoria novo, mas na prática muito familiar, fazia sentido absoluto. Então comecei a ler Shirley MacLaine, espiritismo, diversas coisas. Foi ótimo; eu lembrei daquela novela que tinha assistido quando criança e consegui juntar esses dois pontos e falar: "Ah tá, a sementinha estava plantada lá sem que eu soubesse".

Depois, a espiritualidade estava mais presente através de leituras, através de cursos, através de práticas pessoais, mas era sempre uma jornada meio solitária. Eu buscava uma coisa aqui, buscava outra ali... Era eu comigo mesma, acender uma vela, acender um incenso, meditar, mas não tinha nenhuma prática diária organizada.

Chamado à aventura

Com 23 anos eu fui para a Europa. Já tinha me formado na FGV. Uma das minhas motivações para viajar era que estava tudo estável, estava tudo resolvido na minha vida. A maioria das pessoas quer essa vida moderna, quer um trabalho onde possa crescer, quer um relacionamento, quer ter uma casa, um apartamento... e com 23 anos de idade eu tinha todas essas coisas, com muita estabilidade. Já estava namorando há cinco, seis anos.

Pensei: "É muito cedo para começar o resto da minha vida". Aí, fiz esse corte e veio essa vontade de viajar e vivenciar mais o mundo. Era uma sede de conhecimento e de experiência. Fui uma criança e uma adolescente muito adulta. Eu tive que crescer muito cedo, já era uma adultinha quando criança. Então, aos 23 anos, eu não precisava de maturidade ou de qualquer coisa assim, mas queria uma liberdade que talvez eu não tenha tido antes.

Meu pai queria muito que eu fizesse administração e seguisse uma carreira. Então, para ele, se eu fosse para a Europa, teria que ir para estudar, teria que ser para alguma coisa que contasse no meu currículo. Só que ele faleceu. Então, eu percebo que o fato de não ter que ir contra a vontade forte do meu pai foi uma coisa que me apoiou nessa trajetória mais alternativa. Fico imaginando como teria sido minha trajetória se meu pai ainda fosse vivo. Provavelmente, eu teria feito o que fiz de qualquer forma, mas teria sido mais sofrido, mais difícil. A minha mãe nunca foi uma pessoa de ter vontades fortes. Em relação à minha mãe, eu sou incrivelmente independente: concorde ou não concorde, eu vou e faço; com meu pai, eu já não era assim.

Eu tenho uma coisa muito cinestésica, eu aprendo através de experiências. Eu preciso estar no lugar, eu preciso ver, preciso sentir o cheiro, tocar e ter a experiência, até para internalizar isso. Eu não consigo lendo, não é o meu ponto forte ler um livro, ouvir uma descrição. Eu preciso me expor às coisas. Então eu fui.

Travessia do primeiro limiar

Morei um ano na Europa, em Londres, na Alemanha, na Áustria, e o resto do tempo, uns três ou quatro meses, eu passei viajando. Fiquei na Áustria e Alemanha para aprender alemão, e em Londres eu trabalhei. Eu queria vivenciar os países, as culturas, não só viajando, mas ver como é acordar, ir ao supermercado, ir à padaria, como é o ritmo, que jornal essas pessoas leem. Não era uma coisa de turista, eu queria sentir.

E com 24 anos eu fui para a Ásia. Eu tinha alguns medos, e minha mãe e minha avó ficaram me perturbando: "Onde já se viu ir sozinha para a Ásia? Você está maluca? É perigoso!" Isso fez com que eu colocasse o sonho na prateleira. Só que, quando eu tenho um sonho, uma vontade, eu posso até colocá-lo na prateleira, mas em alguns meses ele volta. E ele voltou à tona quando eu estava morando na Inglaterra.

Aí eu resolvi ir, e me organizei para fazer uma excursão durante vinte dias, viajando num caminhão convertido, para aprender como me virar em questões de segurança, água etc. Enfim, aprender como viver na Ásia, porque eu não sabia, e daí continuar sozinha.

Foram oito meses viajando sozinha, de mochila. Foram muitos países, muitas coisas, ficar sozinha durante oito meses sem conhecer ninguém... Se eu conhecesse uma pessoa durante três dias, ela já se tornava uma pessoa bastante familiar e amiga. Então, foi uma época de me voltar bastante para dentro e perceber os meus recursos, me conhecer realmente. E esses oito meses na Ásia foram fantásticos para eu me encontrar como pessoa. Descobrir quem eu realmente era.

Fui para Nepal, Índia, Indonésia, Tailândia, Singapura, China, sozinha. Do Nepal para Singapura eu fui de avião, mas o resto, a Índia inteira, foram dois meses só de ônibus, trem... Foi uma época muito boa.

Isso foi em 1991, 1992. A China estava começando a se abrir; tinha lugares em que você começava a ver o capitalismo, tinha outros ainda não tocados. Foi uma época bastante interessante; eu acho que a Ásia está muito mais desenvolvida comercialmente hoje em dia do que era naquela época. Eu dormia por um dólar e meio a viagem inteira.

Na Ásia descobri minha identidade verdadeira, que eu não era nem inglesa nem tentava me adequar ao mundo brasileiro, que naquele momento não era o meu. "Quem eu realmente sou? Independente das nacionalidades, do contexto no qual eu vivo, quem eu sou? No que eu acredito?"

Então, ir para a Ásia talvez tenha sido o buscar fora, o sentir a minha força, a minha capacidade de sobrevivência em países onde eu não falava a língua, ser uma mulher sozinha.

Voltei para o Brasil com 26 anos de idade e, através dessa experiência, deu para sentir minha capacidade de sobrevivência.

Quando eu voltei para o Brasil, meus amigos da FGV estavam todos com emprego, eram gerentes disso, gerentes daquilo, estavam casados e com filhos. Já eu tinha terminado a faculdade, trabalhado alguns anos numa empresa e depois ficado na Europa um ano, depois na Ásia oito meses... De certa forma, eu rompi com meu grupo, porque eles estavam seguindo um caminho muito diferente do meu. E eu não quis voltar para a administração, porque não queria ficar trancada numa empresa das 9 às 17 horas, tendo que pedir permissão para fazer qualquer coisa.

Eu estava com uma bagagem enorme, com uma visão de mundo grande, com uma cabeça diferente.

A minha ideia era ficar no Brasil, então comecei a dar aula de inglês. O interessante é que eu dei aulas durante muitos anos para as mesmas pessoas, e passou a acontecer uma mistura de aula com amizade. A palavra não é terapia, mas era uma coisa de autodesenvolvimento, uma jornada da pessoa e minha, partilhada até certo ponto. Claro que a ênfase estava no aluno, mas era uma jornada que a gente compartilhava.

E a maior parte dos meus alunos estava interessada em espiritualidade, ecologia, autodesenvolvimento sustentável etc. Eram pessoas bastante interessantes, na mesma sintonia. Não era uma escola, eu dava aula particular para indivíduos que trabalhavam em empresas. Fiz isso durante muitos anos.

Ajudei também a organizar um grande evento, em São Paulo, chamado Imaginarium, que reuniu pessoas das áreas de arte, economia, espiritualidade, política, ecologia, de diversos países. E participei de diversos cursos, até que fui assistir a um workshop da May East (que morava em Findhorn), organizado pela associação Palas Athena. Ao final, a May estava distribuindo um endereço sobre um curso em Findhorn. Em menos de um ano, fui para Findhorn, fiquei duas semanas e me senti acolhida, entre iguais, voltando para casa.

Travessia de novos limiares

Eu sempre dizia que voltaria para Findhorn em algum momento, para passar lá um tempo mais longo. E, depois de uns sete anos aqui no Brasil, senti que, na verdade, eu não tinha plantado raízes como queria ou as raízes ficaram mais superficiais... Sei lá, não sentia que eu iria passar o resto da vida aqui.

Resolvi voltar para Findhorn para passar quatro meses lá e depois ir morar com meu namorado nos Estados Unidos.

Só que, quando cheguei lá, no primeiro dia, eu achei que não iria mais para lugar nenhum. Mas pensei: "Calma, o entusiasmo é passageiro, vai passar, o entusiasmo já passa". E o tempo foi passando, e o entusiasmo não passou. Aí meu namorado falou: "Escuta, se você quer ficar aqui, eu estou indo fazer o MBA; vamos terminar o relacionamento". A gente terminou mesmo, e eu fiquei em Findhorn.

Então, em vez de escolher morar nos Estados Unidos, casar, ter um marido que faria MBA, teria sucesso, carreira (minha mãe nunca entendeu que eu tivesse aberto mão desse caminho), eu escolhi morar em Findhorn.

Bliss

Então, os quatro meses acabaram se tornando oito anos e meio. O que Findhorn trouxe para mim é difícil de explicar... É a questão da internacionalidade, a questão das pessoas preocupadas com o bem-estar do planeta, com algo maior; é a coisa ecológica, um contraponto ao que eu vejo em termos de mundo, que está cada vez mais individualista, consumista, egoísta.

E o fato de cada um lá estar buscando algo em termos de espiritualidade, acreditando em algo maior do que si, que ao mesmo tempo é muito diverso e não é definido, me atrai muito. Em vez de ser uma religião somente, cada um tem a sua. É uma grande mistura.

Tem pessoas lá que são budistas, tem pessoas que têm uma linha cristã, tem pessoas que têm um guru na Índia... Não existe um certo e um errado, mas existe um querer servir ao outro e servir ao planeta, buscar o bem maior, sempre.

Com certeza, para mim é muito importante o fato de termos diversas culturas, diversas nacionalidades. Isso é uma necessidade minha muito profunda, muito básica.

Findhorn tem uma dimensão, tem uma variedade, tem uma riqueza que advêm do número de pessoas que moram lá. É diferente uma comunidade de 10 pessoas e uma comunidade de 120 ou 500. E o que tem muita importância para mim é essa questão da multiculturalidade, de ter gente de muitos países. Vamos dizer, uma comunidade nos Estados Unidos, ou na Alemanha, ou no Brasil, provavelmente não atenderia essa minha sede.

Findhorn tem dois campos: tem o Parque e tem o Cluny. Cluny é um ex-hotel que tem por volta de 100 quartos; tem 30 ou 40 pessoas morando lá, e a cada semana passam entre 20 e 120 hóspedes. No começo, eu escolhi morar em Cluny, porque era mais quente. Quarto, cozinha, refeitório, sala de meditação, trabalho, é tudo embaixo do mesmo teto. Então, para mim, brasileira, me pareceu uma decisão sábia para conseguir morar na Escócia. Eu pensei: "Deixa eu encarar meu primeiro inverno aqui; depois eu vejo".

Eu tinha um quarto meu, e vamos dizer que o quarto era o meu mundo. Em vez de ter um apartamento em São Paulo, eu tinha um quarto, com minha piazinha, minha lareira, roupas, tudo no meu quarto.

Eu trabalhava na casa também, mas lá no escritório dividia o espaço com outras pessoas.

Morei em Cluny durante seis anos e meio. Era como um refeitório, comíamos numa sala de jantar com 50, 100 pessoas, todos os dias, café da manhã, almoço e jantar. Quando veio me visitar, minha mãe falou: "Você está num colégio interno, com horário para café da manhã, horário para almoço..." Mas, como eu nunca morei num colégio interno, para mim estava ótimo.

Digamos assim: a minha necessidade de individualidade ou não era tão forte ou estava numa boa medida. Eu consigo dividir o meu espaço. Eu curti, eu adorei, eu sou aquariana, para mim essa coisa coletiva é gostosa. Eu gosto. Ao mesmo tempo, eu também fui perfeitamente feliz morando sozinha em São Paulo.

Caminho de volta

Em Findhorn há uma vida comunitária que, para mim, faz muito sentido e está voltada para o futuro. E eu só percebo o quão futurista ela é quando volto a um contexto como São Paulo.

Porque, por exemplo, para mim, dividir uma máquina de lavar roupa com diversas pessoas faz sentido, cada pessoa não tem que possuir sua própria máquina de lavar. Aqui, conversando com pessoas à minha volta, ouço: "Imagina se eu vou dividir minha máquina". Você a usa só uma vez por semana, precisa ter uma máquina na sua casa?

São conceitos como esses que para mim são naturais e que, quando volto para cá, percebo que na verdade são bastante revolucionários.

Mas, na minha jornada, aconteceu de eu entrar nisso tão completamente que, vamos dizer, eu me dissolvi no coletivo.

Uma vida em comunidade é uma vida bastante absorvente, na qual tem muita coisa acontecendo tanto em termos de lazer, amizade, amor, como em termos de trabalho. Existem muitas reuniões para discutir diversas coisas, porque as decisões são todas feitas de maneira coletiva; então isso demora, toma tempo. É muito mais fácil uma pessoa ser um indivíduo e resolver.

E o meu trabalho lá, que era gerenciar Cluny, era também um trabalho que me consumia muito, eu estava muito envolvida com as pessoas o tempo todo.

E eu disse "sim" para coisas demais. Hoje em dia, quando olho para trás, vejo as coisas que eu tinha assumido naquela época, em termos de responsabilidade de trabalho, e penso: "Que loucura, como é que as pessoas à minha volta acharam que isso poderia funcionar?"

Eu estava tão entregue ao coletivo que me perdia até certo ponto no coletivo, e a divisão entre a vida pessoal e o trabalho e a comunidade era tênue demais. E, no momento que eu estava próxima dessa dissolução, eu estava exausta, tudo para mim era demais. Minha capacidade de absorver e lidar com essas coisas de comunidade, críticas etc. estava muito baixa.

Então, eu tive que me retrair para me reenergizar, para poder me reengajar.

O que eu percebi é que, quando eu saía de férias, voltava para Findhorn mais no eixo, tipo: "Ok, eu, Betina, pessoa física, o que sou? O que eu penso? O que eu quero?" E, quando eu voltava, entrava de novo no coletivo.

Eu percebi que não tinha mais contato nenhum com minha alegria, e minha alegria é um fio condutor na minha vida, é energia, eu diria que é uma das coisas mais fortes em mim.

Na época, eu não tinha mais a mínima capacidade de achar *joy*, alegria. Foi assim que percebi que tinha sido uma dissolução, que eu tinha ultrapassado os meus limites e precisava de regeneração.

Eu precisava fortalecer essa demarcação e ter mais espaço para mim. Agora, isso é uma dança, o coletivo absorve, eu quero existir como indivíduo, mas quero a vida em comunidade: eu estou disposta a buscar um casamento perfeito. Então, foi uma jornada!

Essa regeneração se deu através de três coisas.

A primeira é que eu queria passar dois meses no Brasil, no inverno. Quando eu recebi o "sim" para passar dois meses no Brasil, as outras coisas ficaram mais leves. A nuvem se abriu bem.

Não saí do meu trabalho, pelo contrário, eu assumi mais responsabilidade. Mas me dar um tempo para vir para cá e não passar o inverno inteiro lá foi muito bom!

A **dança dos cinco ritmos** também me ajudou a fazer essa transição. Eu fui encontrar o eixo novamente. Através de cursos e workshops regulares da dança, eu tenho momentos de pausa e reflexão, e de volta ao eu. Então, isso me ajudou a criar mais espaço.

E, enfim, resolvi que queria parar com esse trabalho (em Cluny) e criar um trabalho na área de educação. Queria ter mais tempo para mim, ter mais vida pessoal, para criar espaço na minha vida para um relacionamento, que eu não tinha, e por quê? Porque eu não tinha tempo, não era prioridade. Se sobrasse tempo seria para mim, não tinha para uma outra pessoa.

Isso foi bom, e tornou cada vez mais claro que era isso que eu queria. Passei a trabalhar na área de educação e comecei um relacionamento. Foi todo um colocar a intenção e conseguir manifestar o que eu queria. Fiquei mais um ano ainda em Cluny, e há um ano e meio estou morando no Parque, numa casa que divido com mais duas pessoas. Também faz parte dessa jornada de ter mais espaço para poder fechar a porta, ter mais individualidade.

Hoje em dia, eu saio da comunidade quatro vezes por ano e fico fora entre uma semana e um mês e meio, no Brasil ou na Europa. Essas idas e vindas me ajudam a fazer a reconexão.

Ressignificado

É difícil lembrar como é que eu pensava antes. É uma coisa evolutiva.

Mas eu diria que hoje eu tenho mais fascinação, mais compaixão, mais entendimento das nuances do ser humano; eu tenho mais vivência, mais curiosidade de buscar o que está além daquilo que eu vejo na fachada. Mas acho que, em termos de tendência, eu já tinha isso antes. E eu acredito num ser maior, acredito que eu sou... a palavra em inglês é *hold* – como que "segurada", "contida" por uma energia amorosa que tem a visão maior da minha vida.

O alinhamento e a sincronicidade acontecem se eu me permitir me alinhar com essa energia, se eu me abrir a essa colaboração, ou cooperação, e não achar que tenho que definir tudo só com a cabeça. Quando eu me permito me harmonizar, me sintonizar, perguntar "Qual é a minha vontade, qual é a vontade do universo? Como eu estou servindo essa energia? Como estou servindo o universo? O que está acontecendo? Por que está acontecendo, qual é a minha participação nisso? Por que eu estou precisando dessa situação agora? Qual o significado?"

Para mim, a vida é uma universidade, é uma escola. Acho que todo mundo tem capacidade de criar o que quer, desde que tenha clareza. Então, eu vejo uma coisa de cocriação com o universo, com Deus.

Sinto que estou aqui para ganhar experiência e para servir, para criar um mundo melhor nas pequenas e médias coisas. Eu sinto que estou aqui para aprender coisas, para desenvolver coisas e voltar para uma energia maior, como uma individualidade.

Voltar a um todo, como uma singularidade dentro da unicidade.

Dádiva para o mundo

Fiquei dois anos na área de educação, respirei etc., e no final já estava me sentindo ok. Estava na hora de me engajar novamente, porque o trabalho na área de educação é voltado aos hóspedes, mas não tão especificamente à comunidade. E eu sentia vontade de voltar para essa área mais central.

Então, agora estou voltando, e vou trabalhar como focalizadora (a principal responsável) de um time de gerenciamento da fundação que está por trás da comunidade de Findhorn. Por enquanto, estou na porta de entrada, prestes a entrar.

Quando eu saio de Findhorn, vou fazer cursos de dança dos cinco ritmos para me aprimorar, para continuar crescendo, para me movimentar.

Viajo para participar de cursos e, às vezes, para dar cursos, como o que eu dei este ano na Livraria Triom. Eu gosto de dar aulas, pois para mim é uma maneira de ajudar as pessoas a ampliarem seus horizontes.

Quando falei sobre abrir o mundo para as pessoas, além da língua, com os cinco ritmos também as pessoas conseguem mais liberdade, conseguem mais vocabulário de movimento, novas maneiras de se movimentar, de se expressar para o mundo. Para mim, é um paralelo ao ensinar inglês.

E, depois, a questão de trabalhar com as pessoas em seu crescimento pessoal e espiritual também é uma abertura de outros horizontes, outros mundos, outras possibilidades. No meu trabalho em Findhorn, também faço isso, de outra forma.

Poder, no meu trabalho, ajudar os outros a ampliarem os horizontes é uma coisa fundamental para mim.

Cida (Maria Aparecida Martins)

A entrevista com Cida foi realizada no começo da noite de 20 de julho de 2006, em sua clínica de mediunidade, Oficina Universal, que fica num sobrado no bairro do Ipiranga.

Nós a conhecemos poucos dias antes, fazendo seu workshop sobre mediunidade, lá mesmo, num domingo de manhã. Nesse trabalho, ela é extremamente didática e conduz o grupo com muita perspicácia. Trafega com conhecimento e liberdade conceitual sobre as diferentes manifestações relatadas ou vividas pelas pessoas.

Cida é falante, extrovertida, cheia de energia, muito simpática, bonita, expressiva.

Maria Aparecida Martins Crispiniano, a Cida, é pedagoga, tem 60 anos, é aposentada como professora de ensino fundamental, casada, quatro filhos adultos. Fundou e dirige uma clínica para lidar com os diferentes aspectos da mediunidade, dos dons paranormais, das chamadas emergências espirituais.

A clínica não professa nenhum credo religioso. Sua abordagem desses fenômenos é quase a de uma cientista: aproximar-se sem ideias preconcebidas para tentar entender o que os fatos estão dizendo. E estudar, buscar explicações tanto na ciência quanto nas tradições, para depois ajudar as pessoas que vivem esses fenômenos a entendê-los. Sem medos, sem preconceito e como caminhos de aprendizado.

Mundo cotidiano

Eu sempre gostei dessa coisa espiritual, desse clima, do numinoso. Quando eu era pequenininha, estudava num colégio de freira, no colégio São José. Eu adorava estudar a história sagrada e, mais tarde, o catecismo.

Eu tenho uma tia que era de outra religião. Um dia, fui à igreja dela, acho que batista, não sei, não me lembro, e comecei a ler a Bíblia daquela igreja. Aí eu percebi: "Isso aqui eu já li na história sagrada". Eu comecei a perceber a relação entre as coisas. E fui gostando.

Quando eu cheguei ao curso normal, o professor de filosofia me apresentou um deus absolutamente diferente de tudo aquilo que tinha conhecido até então. Eu franzi o nariz para aquele deus, porque me chocou muito. Ele disse: "Deus é o determinismo das coisas".

Eu estava acostumada com aquele deus para o qual a gente ajoelhava e rezava. Esse conceito de divindade foi sempre muito presente na minha vida, mas foi passando por metamorfoses.

E eu fui vivendo isso cada vez mais perto, até que começaram a acontecer fenômenos de mediunidade na minha família.

Começou com minha mãe. Uma das poucas vezes que eu vi minha mãe em transe eu achei estranhíssimo. Comecei a indagar, comecei a procurar. Uma das coisas que me chamou a atenção foi uma ocasião em que ela estava muito mal, estava doente, e queria que fosse ao centro espírita para benzer uma roupa sua. Ela não podia ir porque estava ruim, de cama, então eu levei a roupa dela para benzer. E, quando eu voltei, foi ela quem abriu a porta para mim. Eu achei aquilo tudo muito estranho.

Estava de novo mexendo com meus conceitos e comecei a me interessar por aquela história. Comecei a perceber que outras pessoas acreditavam nas mesmas coisas, mas de outro jeito, tinham outros rituais.

Fui agregando tudo, e foi ficando assim: era o mesmo deus, era o mesmo espaço sagrado, era a mesma coisa. Uns cultuavam Iemanjá, outros Jesus, mas todo mundo estava falando da mesma coisa, do numinoso por trás. E isso me atraía muito, então eu comecei a pesquisar. Porque, além de gostar disso, eu tenho uma mente meio inquiridora, meio curiosa.

Nessas andanças, eu casei, tive um filho, dois, três, quatro.

Chamado à aventura

Minha quarta filha nasceu com um quilo e pouco, pequenina, fora de tempo. E ela tinha uma febre muito estranha, ninguém sabia o que era aquilo. Nessa época, eu assistia a umas palestras sobre pirâmides. E o professor mostrou umas fotografias kirlian que ele fazia com as pessoas antes de entrar na pirâmide e quando saíam.

Então, fui buscar a história das pirâmides e das fotografias kirlian para ver se descobria o que minha filha tinha, porque ninguém descobria o que era.

Claro que junto com as pirâmides você fica emanando em cima, mas a mãe não quer saber, o que ela quer saber é que o filho sare.

Aí a menina começou a melhorar, e a melhorar bastante.

Travessia do primeiro limiar

Esse professor tinha a máquina de tirar fotos kirlian. E ele me disse que, na verdade, não estava mais interessado nesse assunto e que, se eu quisesse, ele passava a máquina para mim.

Imagine, com a curiosidade que eu tinha! Eu saí com a máquina debaixo do braço e fui fotografar tudo em todos os lugares: no centro espírita, no terreiro, na escola. Eu era professora de pequeninos. Na hora do recreio, eu perguntava: "Quem quer pôr o dedinho na máquina?" E fui fotografando tudo.

Aquilo foi mexendo com as minhas estruturas. Eu fiz fotografia de um aluno; e ele, que tinha prova no dia seguinte, não veio porque ficou doente. Depois eu perguntei o que tinha acontecido, porque no dia anterior ele estava bem. A mãe disse que, no final da tarde, o menino tinha ficado febril e não estava bem.

Na minha teoria era assim: a doença primeiro tinha que atingir o campo energético para depois atingir o corpo físico. Se essa teoria estivesse certa, e se a aura é o campo energético, e se eu tinha fotografado ele antes de ele manifestar a doença, isso tinha que estar na fotografia. Eu não dormi aquela noite. Eu precisava revelar aquele filme para ver. E, de fato, quando a fotografia chegou, mostrava a alteração.

E aí eu comecei a fotografar transes. Antes do transe, durante o transe. E, durante o transe, pedia para a entidade modificar o teor energético para ver se saía alguma coisa. Começou a ficar muito interessante.

Fui fotografando em vários lugares, na umbanda e em centros espíritas. E as fotos são diferentes, são diferentes umas das outras. Mas não existe um padrão nas entidades: é como nós mesmos, cada um é um.

Então, ficou claro para mim que o psiquismo dos encarnados e dos desencarnados é o mesmo.

Eu percebi que não são as pessoas que têm um padrão, são os estados que têm um padrão.

Quando estavam alegres, tranquilas, despojadas, a fotografia das pessoas saía de um jeito, tudo cheio, um aro bonito, fechado. Quando elas estavam depressivas, preocupadas, com raiva, iradas, saía tudo com uns buracos.

Então, eu comecei a ver que não era a pessoa, mas o estado em que ela estava. Que havia padrões nos estados, e que eles mudavam quando os estados mudavam.

E, quando percebi isso, e percebi pelas próprias fotografias, eu abandonei a prática de tirar as fotografias.

Foi para ver isto que as fotografias serviram: para chamar a minha atenção e para ficar bem registrado que uma pessoa oscila muito.

Então, não interessava mais a fotografia, interessava a oscilação. Eu tinha feito esses estudos com a fotografia kirlian por dez anos. Aí, comecei a me interessar pela educação da emoção das pessoas. Tudo isso aconteceu há vinte anos.

Travessia de novos limiares

Mas, para educar a emoção dos outros, eu precisava educar a minha. E esta é a história do laboratório: você é o seu laboratório, eu sou o meu laboratório. Mas, para aprender, eu precisava do apoio da psicologia.

Eu não me formei em psicologia, mas fui fazendo todos os cursos de psicologia a que tinha acesso como pedagoga. Estudei com professores nas suas clínicas, fiz grupos de estudo, li muito. Fiz muitos cursos de pós-graduação.

E também precisava entender um pouco do sistema muscular, e precisava entender um pouco do sistema neurológico para poder entender o processo. Aí me coube fazer uma pós-graduação em neurologia.

Como eu não tinha nenhuma base, não entendia nada do que o professor falava. Eu pedi licença, gravava todas as aulas. Comprei um dicionário médico, vinha para casa, transcrevia as aulas e procurava os termos como quem procura uma outra língua.

Aí, eu fui buscar tudo o que achei que era importante. Descobri o professor Sérgio Felipe, que é mestre pela USP, e a tese dele fala desses fenômenos e da glândula pineal. Comecei a participar de congressos médicos, de médicos espíritas.

Encontro com o mestre

Eu conheci o Luiz lá atrás, quando ele não era o Gasparetto ainda. Ele era um menino que estudava na classe do meu irmão. E a gente era vizinho de bairro.

Eu acho o Luiz uma pessoa muito generosa, e eu conheço bem o Luiz, porque a gente trabalha junto há mais de quarenta anos.

Ele abriu as portas da editora para mim, e da clínica, para que eu fosse fazer as fotografias kirlian; ele sempre deu aquela "colherona" de chá.

O Luiz fez uma série de cursos fora do Brasil e, a cada vez que vinha de fora, ele trazia os cursos para cá. E eu fiz todos esses cursos. Um dia ele me convidou para trabalhar com ele. Eu já tinha trabalhado com ele, quando ele tinha um centro espírita eu dava aula lá. Depois, quando ele fechou o centro, me convidou para trabalhar num de seus núcleos de estudos. Eu fui. E nos cursos que ele dá, de formação de terapeuta, eu trabalho junto.

Eu tenho no Luiz um espelho, e se tem alguma coisa que eu admiro nele é a coragem. Com ele eu fui ficando mais corajosa. Um dia, eu liguei o rádio e o Luiz estava falando que era homossexual. Aí eu pensei: "Se ele pode falar isso na rádio, eu, que sou hétero, o que eu não posso, então?" (rindo).

Ele tinha coragem de enfrentar as questões dele; certo ou errado, não interessa – o que importa é o que é verdade para ele.

E fui me contaminando um pouco com isso.

Eu diria que ele é um amigo, ele foi orientador, ele foi meio que terapeuta, mas mais do que isso ele foi uma pessoa muito autêntica, e eu acho que faltam exemplos de autenticidade.

Então, eu me mirei muito nisso, ele fez muito espelho para mim, e não sei nem se ele sabe disso.

Um dia, depois de um espetáculo no teatro dele, quando os microfones já tinham sido desligados, eu o ouvi falando quase que para ele mesmo: "É perigoso ensinar sem viver".

Aí eu pensei que ele tinha descoberto uma verdade muito importante: o professor transmite, o mestre torna-se.

Também teve um professor que foi muito importante para mim: o professor Eliezer Cerqueira. Ele não tinha o discurso, ele era só emoção, sabia mexer com a emoção na gente muito intensamente.

Foi a hora de eu acordar de que sentir não era feio nem pecado. Que sentir era natural.

Eu não me permitia nem dizer, nem expressar, nem coisa nenhuma as coisas que eu sentia.

Então, com o Luiz, eu aprendi a me imbuir da coragem do intelecto e, com o Eliezer, eu aprendi a me permitir sentir as coisas.

Assim, consegui juntar as duas asas: a do saber e a do sentir. Porque, mesmo se sua asa tiver uma plumagem riquíssima, se você só tiver uma, você não voa. E deu para eu alçar voo.

Situação-limite

As coisas vão acontecendo assim na minha vida. Primeiro, foram acontecendo na busca de tentar entender o processo da minha mãe. Minha mãe era doente, tinha bronquite, asma. Eu corri muito com ela por causa disso. Ela não se beneficiou dessa corrida, porque ela não queria correr. Ela não teve uma melhora, mas eu lucrei com toda aquela correria que eu fiz com ela.

Eu descobri que estava disposta a crescer, estava disposta a estudar, eu estava disposta a pegar os desafios, pegar o abacaxi e descascar. Sabe aquela moda de pegar um limão e fazer uma limonada? Aquilo é verdade, verdade verdadeira.

E depois foi com meus filhos. Foi assim: sempre que meus filhos tinham algum problema, eu corria feito uma louca para ajudá-los, e sempre sobrou para mim um saldo muito positivo, sobrou um rescaldo disso.

Na operação rescaldo da minha pequena, ficou a fotografia kirlian.

Na operação respaldo do filho número dois, porque ele não pronunciava as palavras direito, fui aprender tudo sobre psicologia.

Buscando ajudar meu filho, fui aprendendo a trabalhar com as dificuldades. Durante esse período, eu fui percebendo que ele tinha uma dificuldade emocional grande. Era assim: quando ele estava aprendendo, ficava nervoso; e, quando a emoção tomava conta, ela turvava o intelecto. Me disseram para eu não ficar cobrando nada, que se esse menino chegasse até o ginásio já era para eu ficar contente. Mas para mãe não é assim. Eu briguei com tudo e com todos, e foi uma luta para ele estudar. Aí é que eu fui fazer a primeira pós-graduação. E nesse rescaldo eu fiquei com essa aprendizagem.

Esse menino, que disseram que não ia aprender muito, que foi muito difícil na escola, hoje foi fazer pós-graduação na Inglaterra.

Eu tenho outro filho que tem mediunidade. Aí, se eu já estudava com seriedade esses assuntos, isso ficou ainda mais sério.

Ele foi dormir um adolescente absolutamente comum e acordou médium. Acordou sabendo o que o outro pensava, o que o outro sentia, acordou participando de alguns fenômenos. Foi tudo muito estranho. Eu já conhecia isso teoricamente e de trabalhar com as outras pessoas, mas com filho é outro departamento. Eu já via isso no centro há anos, mas dentro da minha casa era diferente. Era meu filho. E então cuida, cuida, cuida.

E aí eu comecei a me interessar sobre quando ele entra em transe: "O que acontece com o corpo dele? E como é essa história de transfiguração?"

Então eu fui aprender sobre o sistema nervoso, porque queria saber com profundidade o que estava acontecendo com meu moleque.

Aí, quando descobri o que estava acontecendo com ele, descobri para todo mundo. E eu comecei a observar isso nos meus clientes depois.

Então, tudo que era problema – do menino que não falava direito, da menina que não tinha peso, do menino que acordou médium – era altamente desafiador, era altamente estimulador.

Eu entendo assim: se você não tem nada para correr atrás, você vai ficar mais quieto, você vai ficar no seu marasmo. Já se a vida te solicita, eu acho que Deus não é sádico: se Ele dá alguma coisa para você, é porque você tem condição de fazer. Se Ele deu umas crianças que precisavam de ajuda, é porque decerto achou que dava para eu dar conta do recado. E, se Ele acreditou em mim e nas crianças, por que eu vou desacreditar?

Bliss

Eu me defino como educadora, não como curadora. Eu acho que a cura só acontece de dentro para fora, só a pessoa se cura.

O que me moveu foi a curiosidade e a fé, o numinoso. Sempre teve um empurrão para esse lado. E eu sempre senti isso. Eu sempre tive a mais absoluta certeza do que vim fazer no planeta.

Eu me acho uma educadora do espírito.

Eu acredito em reencarnação e em aprendizado cumulativo de algumas habilidades, que a gente leva de uma vida para outra.

Certamente, não é esta a primeira vez que eu sou professora. E também não é a primeira vez que eu estudo mediunidade. E não é a primeira vez que eu lido com psicologia.

Eu sou muito professora, porque eu acredito muito, muito mesmo, na aprendizagem. Sempre a vida está trazendo uma lição. E, depois, eu acredito que aprender está acima do seu arbítrio. Quantas coisas você não buscou aprender e mesmo assim aprendeu?

Caminho de volta

Eu queria um lugar onde pudesse dar aulas, onde pudesse falar o que eu quero, mas eu não queria uma escola, queria uma clínica de mediunidade. Se você não estuda um pouco as leis da percepção, como você pode estudar a mediunidade? É preciso conhecer seu processo mental. É por isso que os médiuns chegam aqui e dizem não saber distinguir se o que estão sentindo é deles ou do mentor. Claro, se eles não sabem, não conhecem o que é deles, como vão saber distinguir?

O centro não sabe trabalhar isso, porque o centro não aprendeu com a universidade. E na faculdade você não pode falar sobre mediunidade. A parapsicologia só nomeia os fenômenos, e também tem muito preconceito.

Para trabalhar com esses fenômenos em clínica é preciso ter inteligência, é claro, mas é mais importante ter coração. Então são duas facções.

E eu decidi que nem a gregos nem a troianos, que eu era Maria Aparecida, que minha cabeça era livre, eu ia estudar o que eu quisesse, do jeito que eu quisesse, onde eu quisesse e que eu ia trabalhar do jeito que eu quisesse.

Eu comecei a pensar na clínica quando trabalhava no centro do Gasparetto. Eu trabalhava também em outros centros espíritas, ou de umbanda, o que fosse.

Um dia, eu estava na minha casa, preparando as aulas para o próximo semestre, que eu dava no centro, quando veio à minha cabeça a seguinte coisa: "E se não tiver mais esse centro, o que você irá fazer? Você vai dar aula? E se não tiver mais aquela sala bonita, aquela estrutura, mesmo assim você vai dar aula?" E a minha resposta foi positiva, eu ia dar aula de qualquer jeito, porque a capacidade de dar aula é minha.

E nesse dia mesmo o telefone tocou, era a mãe do Luiz, Dona Zibia Gasparetto, chamando para uma reunião à noite. Ela disse que o centro tinha acabado.

Quer dizer que aquilo estava no ar, aquilo estava chegando. E aí, como ele fechou o centro, a ideia da clínica foi ficando cada vez mais forte. E, além disso, eu já estava me aposentando como professora.

Eu quis mesmo chamá-la de clínica de mediunidade, pois eu trabalharia com mediunidade clínica. É uma clínica, não é um centro espírita. Porque um centro está cheio de ideias limitantes, de dependência, de um mentor; depende de passe, disso, daquilo... e eu não quero isso. Eu quero que cada um faça por si.

Mas, para usar o termo mediunidade, eu tive que me ajustar primeiro. Porque todo mundo espera que, quando se fala em mediunidade, ninguém cobre nada.

Eu tinha de novo que lidar com preconceito. É complicado, porque os médiuns que estão acostumados com centro espírita não vêm; você é visto como charlatão, porque você tem uma meta profissional. E as pessoas que não acreditam em mediunidade não vêm, mesmo que apresentem o fenômeno.

Então, foi um desafio isso também. Tem hora em que bate a insegurança. Aí eu pensei: "Bom, se não der certo, eu vendo o imóvel e vou fazer outra coisa".

Tem gente que vem aqui buscar uma mãe de santo, tem gente que acha que aqui é um shopping center de mediunidade e que eu vendo para ele o tipo que ele quiser. Esses clientes saem frustrados, porque o que eu faço é ensinar a pessoa a trabalhar com a mediunidade dela.

Eu pedi ao papai do céu só para me mandar clientes cinco estrelas, porque senão eles nem entendem o que eu falo. Hoje, um conta para o outro, e é assim que eles chegam. Gente já pronta para me entender, já madura.

Eu sou muito, muito grata aos centros que explicaram todo aquele lado do fenômeno, porque sem aquilo eu não poderia fazer a integração. E eu sou muito grata aos meus professores, que me ensinaram todos os conceitos, todos os conhecimentos que eles tinham. Mas tudo isso e ainda mais eu misturei no meu caldeirão.

Aí não tinha onde trabalhar isso, porque no centro não pode, na igreja não pode, na faculdade não pode. Então, na minha clínica pode.

Ressignificado

Eu não tenho nenhum fenômeno nem nada, mas eu tenho uma voz muda, de um amigo espiritual, eu sinto uma corrente de pensamento junto da minha. Eu não me preocupo muito se é alguma coisa que veio do meu eu profundo ou de outro ser. Eu transfiro isso para minha consciência que peneira: o que funciona? Se funcionar, vamos adiante.

A consciência tem que filtrar tudo. Então, muitas vezes eu não sei o que a voz muda quer falar e, quando não sei, eu ponho na caixinha de observação. E deixo lá. É a tal da gestação psicológica. Aí vai amadurecendo e vem o *insight*. É como se eu pegasse um monte de pecinhas e, quando sou capaz de encaixá-las, eu a entendo.

E se, de um lado, o pai do céu me deu desafios através dos problemas dos meus filhos, por outro lado, eu encontrei profissionais de um gabarito fantástico. Aí, eu percebi que tinha uma engrenagem.

No dia em que eu percebi que tinha essa engrenagem eu chorei, eu tive uma crise de choro, porque essa engrenagem existia. Que o que está acontecendo com você é um ajuste de situações, que você pode atuar e que você tem poder de atuação, sim. Quando eu percebi isso, de relance, eu tive uma crise de choro, aquilo foi um transe. Eu vi a teia da vida, o "www".

Senti isso de novo quando fui a Foz do Iguaçu: "Meu Deus, como a água pode ter essa força? Mas não é a água, é quem está por trás disso, quem elabora isso". E eu comecei a chorar, chorar. Mas não é que eu quisesse chorar, eu estava chorando. Era uma integração tão grande, eu e aquela água. Foi uma coisa muito grandiosa. Era só perceber, era o numinoso.

Aquilo sempre esteve ali, e de repente você percebe. Na maior parte do tempo, a gente nem percebe.

É como se abrisse uma cortina e você percebesse, você conseguisse ver conexões que no cotidiano você não percebia. Essa hora é você com a essência.

Mas a gente não tem nem estrutura corpórea para aguentar esse estado, porque dá uma coisa no corpo.

Naquele dia em Foz do Iguaçu, eu não tinha domínio sobre minhas lágrimas, elas escorriam. Era um outro estado. É um portal, você percebe uma conexão que sempre esteve ali, mas aquele momento foi o seu momento de perceber.

Eu acho que estou no meu melhor momento; e, se parar agora, tudo que eu angariei vai ser perdido, e isso não pode. É para continuar. E, quando eu faço meditação, eu pergunto e a voz muda diz: "Continua". Eu tenho um gás interno, um dinamismo. Eu percebo que se eu deixo esse gás queimar está tudo bem. Mas se não deixo, eu vou me prejudicar. Tem coisas que eu gosto de fazer, tem coisas que eu faço prazerosamente.

E hoje, com mais maturidade, mais estabilidade emocional e um pouco mais de dinheiro, que dá para o arroz e feijão, você já pode se dedicar mais ao que você gosta, àquilo que te completa.

Quando, às vezes, as pessoas perguntam minha religião, eu digo que é o trabalho. Eu vejo o trabalho como uma questão de transcendência.

Eu percebo que transcendência não é um portal lá longe; transcendência é aqui, nas ações cotidianas.

E o pai do céu, para mim, é um grande colo divino que aconchega. Eu nunca perdi essa fé. Quando estou aflita, vou para o pai do céu, porque eu estou aflita e ele tem que dar jeito na situação. E quando eu estou morrendo de felicidade, eu digo a ele: "Pai do Céu, nós dois juntos formamos uma grande dupla!"

A fé me acompanha 24 horas por dia, desde sempre. Tudo para mim gira em torno do pai do céu. Eu acredito que existe uma inteligência maior, não é um pai do céu que está tomando conta de mim, é mais uma inteligência maior. Para mim o pai do céu é uma inteligência suprema que a tudo provê.

Se tem uma coisa que posso passar para as pessoas é a fé. Esse é o subtexto do meu trabalho. Essa fé é o que eu sempre tentei passar para os meus clientes e alunos.

E minha definição de autoestima como confiança no Deus interno não é uma frase de estilo, mas um estilo de vida. É uma confiança no Deus interno.

Dádiva para o mundo

Eu tenho esta clínica há oito anos, neste endereço. Quando vim para cá, eu já tinha idealizado um modelo de clínica, que era para falar de mediunidade, era para ter cursos, era para fazer atendimento individual.

Minha proposta é trabalhar com a pessoa que tem mediunidade e não lida bem com isso. E também com as pessoas que incorporam, mas que não querem fazer isso em público, em um centro, ou não se afinam com a filosofia de um centro.

Isso porque a clínica não tem conotação religiosa. O que eu faço é uma terapia onde não deixo a parte espiritual sentada na sala de espera. E o cliente pode entrar em transe e ficar tranquilo que eu não vou brigar, não vou internar, eu vou é acolher. Porque, quando você explica e dá meios de a pessoa equilibrar isso – e é ela quem tem que equilibrar –, ela vai aprender a lidar com seus fenômenos.

Além da clínica, eu mantenho um site (www.mediunidade.com) e já escrevi três livros sobre os assuntos que estudo: *Primeira lição: uma cartilha metafísica*, *Conexão: uma nova visão da mediunidade* e *Mediunidade e autoestima*.

Helô (Heloisa Paternostro)

A entrevista com Helô foi a primeira, e foi feita na residência da entrevistada, na noite de 9 de junho de 2006. A entrevistada é simpática e extrovertida. Recebeu-nos, com café e canjica, no confortável apartamento nos Jardins onde mora com a mãe. Entre um cigarro e outro, foi contando sua história entremeada com gostosas risadas.

Heloisa Paternostro é formada pela Escola de Arte Dramática (EAD-USP), divorciada, mãe de uma filha e um filho, ambos adultos. É representante no Brasil da tradição **dzogchen** do budismo tibetano e do Namkhai Norbu Rinpoche. Heloisa é uma mulher corajosa: foi sempre atrás do que mandava seu coração e não teve medo de fazer os sacrifícios necessários, de abrir mão, de desapegar-se.

Mundo cotidiano

Acho que minha ligação com o sagrado começou desde que nasci. Quando criança, eu tinha um amiguinho invisível, o Manoel, com quem conversava; também costumava conversar com espelhos... Por causa disso, minha mãe me colocou na ludoterapia. Isso era uma espécie de duplo, que eu entendo já relacionado com o sagrado. E, afinal, quem disse que o Manoel não estava lá?

Cursava artes plásticas na FAAP [Fundação Armando Alvares Penteado] quando uma amiga me convidou para fazer a cenografia de uma peça na USP, do Carlos Solano, com direção do Beto Silveira. Quando se é jovem, tudo é fácil, queremos nos meter em todas as experiências. No fim, eu acabei fazendo a cenografia, o cartaz, o figurino, o programa e até um personagem da peça. E nunca mais voltei para a faculdade de artes plásticas... Entrei para a EAD e, durante os anos seguintes, fiz de tudo no teatro. O pessoal brinca comigo, dizendo que só faltou eu ser pipoqueira. Isso foi na década de 1970, e o teatro que fazia era bastante experimental: trabalhei em pesquisa de linguagem e gestual, fiz teatro butô etc. Trabalhava com o Antunes Filho, quando ele estava fazendo pesquisa numa linha oriental.

Chamado à aventura

Para melhorar minha concentração, o Antunes me aconselhou a intensificar a prática de tai chi chuan, além das aulas que todo o elenco já tinha. Assim, fui procurar o professor Roque Severino. Além de ensinar tai chi, o professor Roque passava noções de budismo, de maneira muito simpática e sem explicitar que era budismo. Ele dava workshops com temas como "como lidar com a raiva", que eu achava interessantes, até para introduzir no teatro. Assim, fui sendo apresentada a noções budistas como a roda da vida, os sete reinos da existência...

Travessia do primeiro limiar

Nessa altura, eu já estava separada do meu marido, com quem fiquei casada de 1980 a 1990. Meus filhos eram adolescentes e já não precisavam tanto de mim.

E, depois de um ano, eu estava indo para a Índia com o professor Roque. Fomos para Nova Délhi e de lá para Bihar, o estado mais pobre da Índia, num ônibus com as malas amarradas na capota e dois guias malucos que mal falavam inglês... Chegamos em Bodigaya, um centro importante de peregrinação budista. Na época, ainda anos 1990, as diversas linhagens budistas estavam determinadas a explorar o local de forma mais turística; todos estavam construindo templos, mosteiros etc.

Nós ficamos num hotel da linhagem kagyu; acordávamos às cinco da manhã, fazíamos tai chi até as seis, tomávamos café e às sete já estávamos recebendo ensinamentos de Bokar Tulku Rinpoche. Recebi várias iniciações, como de Mahakala, instruções de mahamudra e tomei votos de *bodhisattva* embaixo da árvore Bodhi, onde Buda se iluminou.

A essa altura eu já estava convencida de que meu caminho era espiritual, era mesmo o budismo tibetano. À medida que Bokar me apresentava às deidades, fui tendo um sentimento de reconhecimento: "Ah! Esse é Cherenzi, esse é Mahakala!" É como se eu os fosse relembrando...

Recusa ao chamado

Como o carma da gente sempre dá umas viradas, na volta para o Brasil eu acabei me desentendendo com o professor Roque por questões administrativas da academia. Fiquei com aquele monte de compromissos, monte de **sadhanas**, e sem um instrutor. Então pensei: "Quer saber? Essa é uma complicação dos budas; eles que resolvam". E fiquei durante algum tempo sozinha, fazendo apenas a prática do altar.

Não tenho propriamente dúvidas, mas tenho momentos de saturação. Fiquei algumas épocas sem praticar. Numa delas, ficamos sem empregada. Um belo dia, apareceu uma negra linda, que contratamos. E não é que ela era budista? Nós duas passamos a meditar todos os dias, às 5 da manhã. Veio essa *bodhisattva* para minha casa, e eu voltei a praticar por causa dela. Sincronicidades...

Travessia de novos limiares

Segui fazendo apenas a prática do altar, até que um dia vi no jornal uma matéria sobre Chagdud Rinpoche, um grande mestre que vivia no Rio Grande do Sul. Não precisava ir para a Índia para achar outro Rinpoche. Liguei para a Lama Tsering, sua representante em São Paulo, que me aceitou como discípula depois de me fazer pedir permissão para a mudança de linhagem a meus antigos mestres kagyu. Assim, comecei tudo de novo, recebendo iniciações e práticas da Lama e do próprio Chagdud Rinpoche.

Nessa altura, já era final dos anos 1990, meus filhos moravam sozinhos e eu também. Tinha uma pensão que me permitia viver modestamente e pude me dedicar inteiramente a meu caminho espiritual. Acordava todos os dias às 4 da manhã e ia para a casa da Lama Tsering, onde fazíamos a prática de Tara Longa e depois a prática Ngöndro; ia almoçar em casa e depois voltava para lá de novo, onde eu era a responsável pelo altar.

Durante dois anos, vivi só para isso. À medida que fui me entranhando no budismo, fui me desligando do teatro e das outras atividades, em favor dessa viagem tão significativa e transformadora para mim.

Situação-limite

Um dia, minha amiga Muriela, uma artista plástica que pinta **stupas**, me pediu para ajudá-la a organizar um retiro para seu mestre, Namkhai Norbu Rinpoche, que viria ao Brasil pela primeira vez. Além de ajudar, eu acabei hospedando aqui em casa o professor de ioga que o acompanha, Fabio Andrigo, e participando do retiro. Eu, que estava fazendo as longas práticas preliminares para receber a iniciação dzogchen da linhagem nyngma, que é da Lama Tsering, de repente já estava fazendo retiro e tendo iniciações dzogchen com um professor qualificado! Mas não percebi isso imediatamente e achei que tinha que terminar as práticas de ngondro.

Mas, quando Namkhai foi embora e eu voltei às práticas na Lama Tsering, percebi que estava me desligando de lá, que outro caminho me chamava. As práticas ngondro são muito rigorosas, consistindo de milhares de prostrações, recitações de mantras etc. No entanto, terminei todas antes de me ligar à comunidade dzogchen.

Tive uma alteração de consciência que me certificou de que esse era mesmo meu novo caminho, e fui fazer práticas na casa da Muriela.

Bliss

Depois viajei até a Itália e a Argentina para conhecer melhor e receber iniciações de Namkhai Norbu, e reconheci que ele era, definitivamente, o meu mestre.

Eu e ele temos uma identidade de personalidade. Seus ensinamentos calam fundo em mim, e eu entendo perfeitamente o que ele fala. Mesmo na Itália, onde não havia tradutor, eu não falo italiano nem inglês, eu entendia tudo. Ele é muito forte, honesto, sincero. Ele me trouxe o que eu busquei todos esses anos.

Hoje eu considero que a briga com o professor Roque – com quem hoje me dou bem, já foi tudo resolvido – aconteceu para que eu mudasse de linhagem. Minha linhagem é o dzogchen e não o kagyu; esse é meu caminho cármico. O que me faz reconhecer isso? O próprio caminhar.

É preciso ter maturidade espiritual para seguir o dzogchen, porque Namkhai é um mestre que não está aqui, presente, e porque ele parte do princípio de que a pessoa que chega para ouvi-lo já tem algum conhecimento básico de budismo e de meditação. A linhagem dzogchen, na minha opinião, é o cume da montanha do budismo tibetano. Os ensinamentos dzogchen são muito antigos, são pré-budistas; vêm numa pura e ininterrupta linhagem de mestres.

Ressignificado

Em Três Coroas, onde está a sede do Chagdud Rinpoche, depois de muitas horas de prática e meditação, tive uma sensação de comunhão com a divindade, como a de um orgasmo, que durou muito tempo. De outra vez, eu estava em Viamão, na sede do Lama Padma Samten, para as comemorações do ano novo. Nessa data, o Lama faz as "72 Horas de Paz", um evento ecumênico, quando várias comunidades espirituais fazem suas preces e práticas religiosas. Depois de fazer as dzogchen, perdi o sono e comecei a sentir manifestações de energias perturbadoras. O Lama ficou comigo em meditação até as primeiras luzes da madrugada, quando elas se dissiparam. Nos lugares sagrados, as forças perturbadoras também ficam mais fortes.

Além disso, eu tenho tido sonhos significativos, reveladores, e sonhos lúcidos. Por exemplo, eu tinha um pesadelo recorrente, no qual chegava perto da morte. Uma vez, nesse momento do sonho, achei que ia morrer e comecei a recitar um mantra, "*Om mani padme hum*". Acordei ainda recitando o mantra, e nunca mais tive esse pesadelo.

Faço terapia há quinze anos. Hoje, eu faço a junção da terapia com o espiritual, pois acho que são ambos formas de autoconhecimento. O próprio Lama Padma Samten, que ensina budismo de um jeito científico e prático do qual gosto bastante, disse uma vez que minha terapia pode ser uma forma de meditação... Na meditação clássica, o objetivo é calar os pensamentos; na psicoterapia, a gente deve deixar que eles venham sem se prender a eles.

As práticas budistas acentuaram minha paciência em relação aos outros. No entanto, claro que ainda sinto raiva, angústia, mágoa. Mas acho que temos que compreender a nós mesmos para conseguir compreender os outros. E nunca sentir pena de ninguém, mas sim compaixão – pena indica uma relação de superioridade, compaixão é entre iguais. Na morte, acho que ficamos entregues ao nosso fluxo mental, como num sonho, e depois ao nosso carma. Eu acredito que, se conseguir reencarnar como ser humano, poderei continuar nesse caminho de liberação. Se dá medo? Ao contrário, dá certa segurança. Claro que não se tem certeza de nada, mas eu acredito, e essa fé me dá certa tranquilidade em relação à morte.

Dádiva ao mundo

Hoje dedico 80% da minha vida ao sagrado. Todos os dias faço práticas formais e trato da Comunidade Dzogchen.

Fui me desapegando de tudo, até voltar para a casa de minha mãe... Hoje o que tenho é meu quarto, a cama, o altar e o computador. O que virá no futuro não sei. Procuro viver o aqui e o agora.

Quando o Dalai Lama veio aqui dessa última vez e eu me vi com ele na mesma sala, conversando, de repente me caiu a ficha: "Como vim parar aqui?" Não sei. Acho que na satisfação pessoal de fazer as coisas, apesar das dificuldades.

Jerusha Chang

A entrevista com Jerusha foi feita em duas etapas. A primeira ocorreu no dia 24 de agosto de 2006, no Espaço da Associação de Tai Chi Pai Lin, Vila Madalena. Entrada por um agradável corredor de paralelepípedos e vários arcos de ferro para trepadeiras. Um grande salão vazio para a prática do tai chi chuan, com fundo de tijolos e espaço com plantas. Tudo bonito e clean. Chá, numa garrafa térmica, para os alunos. A segunda, no dia 11 de setembro do mesmo ano, na sede da Umapaz, no parque do Ibirapuera.

Jerusha é, fisicamente, uma típica chinesa: magra, pequena, leve, cabelos bem pretos presos numa longa trança, calça branca, camiseta com o logotipo do seu espaço, sapato confortável, parece pronta para fazer tai chi. Fala baixo e suave e sorri muito, palavras fluindo como num riacho manso.

Jerusha Chang tem 52 anos, é casada pela segunda vez, tem três filhos, dois adultos e uma garota de 10 anos do segundo casamento. É arquiteta, trabalha há muito tempo como funcionária pública municipal. É filha de pais chineses, nascida no Brasil. Hoje é presidente da Associação Tai Chi Pai Lin, substituindo o Mestre Pai Lin, de quem foi seguidora e intérprete durante 23 anos, até sua morte. Dá aulas de tai chi na associação, em outras instituições e no parque do Ibirapuera.

O mundo cotidiano

Meus pais vieram casados da China e, aqui no Brasil, tiveram cinco filhos. Em casa, a gente tinha uma educação chinesa; meus pais falavam chinês. É lógico que teve certo conflito pela educação e pelo convívio com outra cultura, com o Brasil. Mas foi muito interessante, porque, talvez em função desse conflito, sempre procurei me situar como uma ponte entre China e Brasil.

Minha mãe sempre foi um modelo de mãe. Era superdedicada, embora tenha vindo de uma família erudita, burguesa, de muita independência para as mulheres, tido formação universitária, o que não era comum na China naquela época. Aqui no Brasil, ela passou por dificuldades, encarando uma vida fora do seu país, longe da família, totalmente dedicada a cuidar do marido e dos filhos.

Ela foi um grande modelo, sem dúvida. Ela foi uma grande referência para mim porque tinha essa ligação com a China, mais do que meu pai. Ela tinha família lá e se comunicava com eles, escrevia para os irmãos, estava sempre em contato. Então, para mim, essa questão de buscar as raízes sempre foi muito forte.

Depois que me formei, eu queria muito ir para a China, justamente para encontrar um pouco dessas raízes chinesas.

Meu pai tinha um cargo importante no governo chinês da época. Por isso, com a revolução de Mao Tsé-Tung, eles precisaram sair da China. Calhou de virem para o Brasil, porque meu pai encontrou um amigo na rua que falou que vinha para o Brasil, que conhecia alguém que tinha uma fábrica aqui. Com espírito aberto e aventureiro, ele quis vir. Minha mãe ficou apavorada, porque nunca tinha ouvido falar do Brasil.

Mas, enfim, vieram e formaram uma família – como minha mãe mesma falou – que fluiu bem...

Desde menina eu tinha muita intuição, de certa forma já vivenciava o mundo do não visto, dessa coisa do Tao que é invisível, inaudível. Sempre busquei isso; adorava ficar de olhos fechados, deitada, desligada. Gostava muito disso.

De pequena eu escrevia poesias, escrevia bem. Lendo, hoje, vejo que expressava muito do que estava no meu interior.

Acho que sempre fui mais céu... Puxei isso do meu pai, sempre fui mais aérea, mais céu. Meu pai era tanto céu que, quando se foi, foi tão fácil para ele... E até para a gente parece que foi fácil esse desligamento dele, justamente porque ele já era muito assim, céu. E eu acho que também sou igual.

Chamado à aventura

Decidi fazer faculdade de arquitetura porque uniria minha facilidade com exatas e meu interesse em humanas. Dentro da arquitetura, interessei-me particularmente por paisagismo. Quando estava no quarto ano da faculdade e tinha 20 anos, tive contato com o tai chi chuan, que é uma prática marcial chinesa, através do meu pai e do meu irmão, que estavam fazendo essa prática no quintal de casa. Ver os dois praticando me calou fundo. Eu nunca tinha visto aquilo, mas olhei e falei: "Bom, vou junto".

Todo final de semana eles faziam essa prática na Missão Católica Chinesa. Eu resolvi acompanhá-los e, durante dois anos, aprendi com o professor deles. Fiquei dois anos com esse professor, até meus 22 anos.

Minha tese de formatura do Mackenzie (do curso de arquitetura) foi a oportunidade de pesquisar sobre a relação interior/exterior. Do mundo interno com o mundo externo, a relação do espaço psicológico com o espaço arquitetônico, como estar realmente realizando a unidade, integrando dentro e fora. A proposta da tese foi essa, e o caminho também.

E nisso, mais uma vez, meu irmão foi uma pessoa muito importante para mim. Ele me emprestou um livro do Jung e da dra. Nise da Silveira, que fala da questão dos símbolos universais, do inconsciente coletivo.

Fui fazer a pesquisa da minha tese no Rio de Janeiro, no Museu de Imagens do Inconsciente, da dra. Nise, porque precisaria buscar conteúdos do inconsciente coletivo para entender como acontece essa relação interior/exterior. Justamente porque os esquizofrênicos rompem com essa barreira eles desenham esse mundo interno. Então, acabei entrando no mundo dos símbolos.

Foi um grande encontro, e a dra. Nise foi uma referência muito importante. Ela conduzia grupos de estudos no Rio de Janeiro e eu, como morava aqui em São Paulo, ia aos fins de semana ou passava alguns dias da semana lá durante esses meses de 1977, o último ano da faculdade.

Pesquisei a arte dos esquizofrênicos e a arte. A ideia era chegar depois num projeto, porque no Mackenzie isso era necessário para defender a tese. Acabei fazendo um projeto de uma clínica terapêutica no qual eu pudesse utilizar essas formas simbólicas. Cheguei à questão das formas que simbolizam o céu, a terra e o homem, que é a tríade de base da filosofia taoista.

A dra. Nise apostou no meu trabalho, acreditou nessa proposta, realmente abriu as portas.

De certa forma, meu irmão abriu muito caminho para mim, abriu frentes para mim. Por exemplo, para viajar, coisa que meu pai não permitia. Então, eu me aventurei mesmo. Fiz uma viagem para o Peru e a Bolívia na passagem de 1979 para 1980, e outra de barco para o Rio São Francisco, meio na aventura... Essa foi uma viagem muito sozinha, em busca dessa natureza fora e dentro, em busca desse encontro. Isso foi logo depois que me formei, no ano em que fiquei meio parada, antes de casar.

Então, foram viagens importantes, um processo de descoberta. Sempre confiei na minha boa estrelinha; acho que tenho certa energia yang que me fez ir em busca das coisas.

Mais tarde, apresentei a dra. Nise pessoalmente para o meu irmão, e ela tornou-se uma mestra para ele. Ele, que tinha trabalhado dez anos como engenheiro, foi para Zurique e ficou lá cinco anos, fazendo curso de formação como analista junguiano. Quando ele voltou, ficou trabalhando com a dra. Nise. No final, ela o indicou para ser o presidente da Casa das Palmeiras, e ele ficou muito junto dela, até seu falecimento. Hoje, meu irmão é um analista junguiano praticante de tai chi.

Encontro com o mestre

Nas aulas de tai chi, na Missão Católica Chinesa, eu encontrei a Maria Lucia Lee, que foi uma grande companheira nesse caminho de busca das nossas raízes chinesas. Depois de algum tempo, nós duas estávamos ansiosas por um aprendizado mais profundo. Então, a gente soube do mestre Pai Lin, recém-chegado da China.

Fizemos um contato inicial com ele, fomos até sua casa, ele nos aceitou e, depois de um ano, fizemos a cerimônia oficial como discípulas dele. Nós tínhamos aula particular com ele, na sua casa.

Ele era um mestre taoista, não era um mestre apenas de tai chi chuan. Ele tinha um conhecimento muito mais amplo do tai chi como filosofia de vida, como prática de medicina, como uma prática para o movimento, como meditação no caminho espiritual.

E ele começou a responder a todas as questões que tive pendentes desde adolescente: a questão religiosa, quem sou, de onde vim, para onde vou.

Travessia do primeiro limiar

Tinha acabado de me formar, tinha 23 anos, fiz um concurso na prefeitura de São Paulo e fiquei quase um ano esperando para ser chamada. Foi ótimo. A desculpa para os meus pais de eu não estar trabalhando era porque eu estava esperando o resultado do concurso – então, só fiz aquilo que eu tinha vontade de fazer. Fiz vários cursos e fiquei acompanhando o mestre, que não falava português e não sabia se locomover aqui em São Paulo.

O mestre veio para o Brasil, a princípio, para visitar a família. Ele tinha 68 anos e já era aposentado na China. Estava viúvo, tinha alguns filhos na China e um filho e uma filha aqui no Brasil.

Mas logo as pessoas o descobriram. O próprio professor que ensinava na Missão Católica Chinesa se tornou discípulo dele e, quando foi embora para os Estados Unidos, deixou com o mestre todos os grupos que tinha. E o mestre foi ficando, ficando, porque sentiu que aqui tinha muito trabalho.

E ele gostou muito daqui do Brasil, gostou do clima, das frutas, das pessoas, e foi ficando cada vez mais envolvido. Começou a ter muito trabalho; esses grupos foram se desdobrando. O mestre começou a dar aulas diariamente.

A gente o acompanhava de segunda a segunda. A Lucia Lee e eu nos revezávamos na tradução e éramos suas assistentes. No ano anterior, a gente já tinha tido um convívio mais familiar com o mestre. Ele morava numa floricultura com o filho e a nora, na Vila Mariana. A gente ia ter aulas e ficava por lá, jantava com ele, já era da família. Então, foi tranquilo fazer esse papel.

Travessia de novos limiares

No ano em que eu me formei, comecei a batalhar uma ida para a China, na busca das raízes. Eu queria muito conhecer aquele ideal, viver um pouco o regime comunista e ter a experiência de ficar um pouco na China. Fiz uma série de entrevistas em Brasília, para realizar um trabalho como intérprete lá, ou ir como professora de português, no Instituto de Línguas Estrangeiras de Pequim. Todo esse processo durou um ano. Nesse ano eu estudei mais chinês e fiquei mais próxima dos meus pais. Tive muitas conversas com meus pais sobre a vida deles na China, coisa que até então a gente não tinha tido, porque eu não tinha muito interesse nisso. Com tempo mais livre, eu pude usufruir de um convívio maior com eles e adentrar mais fundo nessas coisas. E durante esse ano eu fiquei trabalhando com o mestre.

Então, saiu o resultado da prefeitura me convocando, e também fui aceita para ir para a China. Foi difícil escolher. Mas, no final, acabei optando por ficar. Nem tanto pelo resultado do concurso, o que pesou mais foi a questão do tai chi e de sentir que essa China, essas raízes que eu estava buscando, tinha encontrado na filosofia do Tao, no contato com o mestre.

Concluí que a China que eu estava buscando estava aqui.

Situação-limite

Fiquei trabalhando na prefeitura e dando assistência ao mestre. Em 1981, casei-me com um chinês e tive dois filhos, Íris e Daniel. O casamento e os filhos me ajudaram a "aterrar".

De todos os meus irmãos, fui a única que casei com um chinês. Casei, depois separei, fui novamente viver com meus pais. Fiquei um bom tempo com eles. Minha mãe me ajudou muito, inclusive no cuidado com meus filhos, que ainda eram pequenos. Isso foi muito importante para eu poder acompanhar o mestre.

Esse foi um dos motivos da separação, porque, por mais aberto que seja, o chinês tem uma formação mais tradicional e um modelo mais patriarcal. Ele não aceitava minha independência, a necessidade de certa liberdade. E eu teria que optar por um dos dois caminhos, o casamento ou o caminho que eu já tinha traçado, o meu caminho. Então, optei pelo meu caminho.

Bliss

Eu acho que, realmente, meu primeiro encontro com o que poderia ser Deus foi num retiro que a gente fez lá em Campos do Jordão. Lá, tive uma grande revelação de Deus como sendo a própria natureza. Eu tinha nessa época uns 16 anos, adolescente ainda.

Depois, com a prática do tai chi com o mestre, fui descobrindo que esse Deus que eu sempre busquei estava dentro do que a filosofia do Tao colocava. A própria energia primordial criadora da vida é o Tao, é Deus na visão taoista. É uma energia que nós temos dentro de nós, que a natureza nos dá. Todos nós temos esse potencial divino dentro de nós.

O Tao se percebe na prática, quando a gente medita, quando faz uma prática e sente Deus na gente; é essa a ligação.

Então, para mim, ficou muito claro: a religião como sendo o *religare*, a religação, coisa a que nem o catolicismo nem o protestantismo tinham respondido.

Quando comecei a acompanhar o mestre, não acompanhei mais meus pais nas reuniões da igreja, fiquei só na prática do tai chi.

Eu nunca tive dúvidas em relação a esse caminho interior. Desde que eu vi meu pai e meu irmão fazendo tai chi, e depois encontrei o mestre e essa filosofia, a identificação foi total.

Ele respondeu a todas as questões religiosas: sobre Deus, quem eu sou, de onde vim, para onde vou. Tudo foi respondido.

Quando bate no coração, a gente tem certeza de que é esse o caminho. Foi uma sensação de ter um verdadeiro encontro. Meio inexplicável em palavras.

Apesar de todos os percalços da vida, separação, dificuldades e tudo mais, eu continuei com ele, e ele me orientou em muitas outras coisas também.

Eu ficava muito disponível. Em quase todos os cursos que ele deu, era eu que fazia as traduções. De certa forma, o fato de não falar a língua dava certo espaço para ele que era necessário, porque as pessoas invadiam um pouquinho. Eu estava sempre de anteparo, porque tinham sempre que passar por mim primeiro, e isso dava para ele um pouco de resguardo.

Quando me separei e fiquei com meus pais, eu ainda estava amamentando minha filha Íris. O mestre alugou um apartamento no mesmo prédio e começou a dar seus cursos nele, para que eu pudesse continuar acompanhando e traduzindo para ele, já que amamentando uma criança eu não poderia ficar correndo para cima e para baixo. Então, para que eu pudesse continuar junto e não me desligar, ele se mudou para o mesmo prédio.

O mestre também fez um esforço para que eu pudesse estar junto. Ele começou a ser solicitado não só para as aulas de tai chi, como também para atendimento, porque ele entendia de medicina. Os mestres tinham muito conhecimento da medicina taoista, que é baseada na transformação da energia, tem um conhecimento vivencial da medicina. O mestre tratou algumas pessoas e começou a ser solicitado para dar cursos para formar terapeutas.

Ele sentiu que aqui o Brasil precisava disso, que tinha uma lacuna na medicina daqui. E ele deu muitos cursos, em diversas instituições pelo Brasil.

Foi uma identificação muito grande a minha com ele. Não era aquele mestre que você idealiza, sonha, totalmente recolhido, é um mestre muito vivo, muito humano. Ele fazia questão de fazer as pessoas perceberem que ele não queria que elas ficassem mitificando, colocando ele no pedestal. Ele era muito humano, muito da vida.

Se você for pensar, a parte mais produtiva da vida eu fiquei aparentemente só servindo a ele, mas na verdade eu tive uma verdadeira formação, uma orientação de vida. Ele era uma pessoa muito boa, de alma muito boa.

O mestre foi meu pai espiritual. Coisas que eu não falava para o meu pai eu falava com o mestre. Às vezes, não precisava nem falar, ele olhava e já sabia tudo que estava passando, já me orientava.

Caminho de volta

Um grande mestre de quem ele gostava muito tinha dito que, quando ele chegasse aos 93, deveria se recolher. Então, ele deu seu último curso em 1999 e não agendou mais nada para o ano 2000. Falou que não iria passar do ano 2000. Foi avisando devagarzinho, avisando... Ele sabia. Falava: "Olha, a qualquer momento, agora, eu posso ir, mas vocês fiquem tranquilos que meu espírito está concentrado e pronto". Nos últimos tempos, ele falava assim: "Agora, o que me segura são só os laços afetivos". Então, a gente fazia um agrado nele, e ele dizia: "Com essa, vocês me seguram mais uma semana".

Na passagem do ano 2000, a esposa dele ficou grudada nele. Em janeiro, ele ainda deu um curso de dez dias lá em Atibaia. A gente sentiu que, na verdade, ele estava se preparando, porque ele gostava muito do clima de lá, do ar e do silêncio. O tempo livre ele ficava recolhido. Ele conduzia a prática do tai chi de manhã, dava as palestras e depois se recolhia; almoçava e se recolhia; dava mais uma prática à tarde e depois se recolhia sem jantar.

Ele voltou para São Paulo e continuou trabalhando e clinicando normalmente, até o último dia.

Ele fez a passagem na véspera do ano novo chinês.

Estava todo mundo distraído, ninguém esperava... e ele fez a passagem de noite. Foi encontrado numa posição de oração, na qual a gente faz uma postura de ligação com o céu. Ele tinha escrito no diário o último ideograma, que representa serenidade máxima. A esposa o encontrou de manhã.

Nessa madrugada, tive um sonho no qual ele me falou: "Acho que eu não tenho mais nada de novo para ensinar; tudo que eu tinha para falar eu já falei. E estou tão cansado!" E eu falei: "Puxa, mestre, o seminário mal está começando, tem uma semana pela frente..."

Logo depois toca o telefone, e a neta dele me avisa que ele tinha feito a passagem.

Depois, a gente viu que ele já tinha nos preparado para isso. Revendo todas as palestras naquela semana, vimos que ele só falou sobre a questão da morte, da passagem, dos treinos essenciais.

Foi realmente uma despedida, sabe? A gente sente que se ele quisesse poderia ter ficado mais, mas ele quis ir. Estava na hora.

Nesse primeiro ano, eu sonhava com ele praticamente todos os dias, e era tão vivo! Ele continuava me orientando e me ensinando nos sonhos. Então, parece que a separação foi abrupta, mas não foi. Foi muito suave. Porque ele continuou, e com isso você vai processando. A gente sente a falta física, porque a presença física dele era uma coisa muito forte, mas, por outro lado, era só começar a treinar e a gente sentia... sente ele muito vivo, a presença dele é uma coisa...

No segundo ano, ele começou a espaçar as visitas. No terceiro ano, vinha só na lua cheia.

Eu registrei a grande maioria desses sonhos, porque achei que eram muito importantes, coisas que eu iria entender só mais tarde... Foi muito importante a forma como ele manteve esse contato. Mostrou como ele se mantinha vivo.

Por isso, a gente fala que ele foi modelo para a gente em vida e é um modelo nessa passagem da morte. Ele foi modelo do que é o caminho taoista.

A gente sente que aqui no Brasil o mestre cumpriu sua missão, porque ele viveu aqui uma segunda primavera de vida.

Alguns anos antes de falecer, ele achou importante a gente criar a Associação Tai Chi Pai Lin aqui, para continuar com essa transmissão viva através dos cursos e das práticas.

Nós tínhamos aqui cursos regulares de tai chi, de meditação e cursos de formação em fins de semana. E tinham os massagistas que faziam depois o trabalho de tui-na (massagem chinesa que visa o equilíbrio do fluxo de energia). O mestre participava, e a gente mesmo tocava alguma coisa.

E, quando ele morreu, a gente achou que ia parar com tudo, não sabia se ia continuar, o que ia fazer.

Mas, aí, nós começamos a ter solicitação das pessoas para continuar esse movimento do mestre. Então, nós resolvemos continuar os cursos que ele dava.

E, agora, a gente vê que ele se foi no momento em que sentiu que nós estávamos conseguindo tocar sozinhos esse trabalho.

Sem dúvida, eu me sinto muito privilegiada, mas também com uma grande responsabilidade. Porque era muito confortável ficar na sombra dele, só acompanhando. Quando ele dava seminários, eu fazia as viagens e não precisava preparar nada, nem me preocupar com nada, só ia atrás e pronto. Era muito bom.

Agora não, é outra responsabilidade. Antes, ele falava, eu traduzia, tinha um tempo. Agora não. O tempo é outro, eu tenho que estar sempre atenta.

Mas foi tão bom dar continuidade!

Tentamos, no primeiro ano, para ver se ia dar para seguir sem ele, e já estamos com esse curso há seis anos sem o mestre, sempre com pessoas novas, com pessoas velhas que continuam, com pessoas de outras cidades.

Ressignificado

Eu me sinto bem taoista. O taoista é um ser mais natural, independente da raça, da cor, da cultura. E eu me sinto assim, universal. O taoismo é uma filosofia de integração, de comunhão.

Eu procuro passar isso para as pessoas. Algumas criam uma barreira, falam que para o oriental isso é mais fácil. Mas não é assim, porque o ser natural é o mesmo. Todos nós temos um lado original, natural, que é o mesmo; as nossas energias **yin-yang** são as mesmas, independentemente de raça.

O mestre não era um taoista de seita, ele era um taoista da natureza, que é o taoista original. Algumas pessoas precisam de rituais, e por isso se desligaram do mestre, porque ele não era nem um pouco ligado a cerimonial. E eu me identifiquei justamente com essa forma de ser. É religiosa, porque você está sempre se religando com a natureza. Eu faço essa prática de ligação com o sol nascente todos os dias. Isso é religião.

Toda essa filosofia que o mestre passou não era uma filosofia vazia, mas aplicada na vida. E a gente sente isso mesmo nas provas diárias, porque você supera as dificuldades. Você preserva o centro em todos os momentos.

Para a visão taoista, a paz é saúde. Porque saúde é equilíbrio.

Então, se você está com seu céu e terra integrados, naturalmente você está em paz. E, se você está em paz, você pode transmitir essa paz.

Se você está com seu céu e terra integrados dentro, você está com o céu e a terra maiores unidos em você.

Dádiva para o mundo

O mestre era presidente da associação; com a passagem dele, eu vou ficar no posto, dando a diretriz principal.

O mestre achava importante dar um curso de fim de semana, porque assim é possível passar a visão integral do Tao, como filosofia de Lao Zi, do I Ching, das práticas do tai chi, dos treinamentos de energia, de meditação e medicina. Integra tudo, é uma forma muito viva. Cada curso desses era uma renovação, uma motivação para continuar praticando.

E estamos muito contentes, porque as pessoas têm saído dos nossos cursos com esse mesmo ânimo. Então, a gente sente que o espírito dele está presente, sabe que ele continua alimentando tudo isso.

Meu segundo marido, Lucio Leal, foi discípulo do mestre durante vinte anos. Ele não é chinês. Tem o mesmo ideal que eu, segue o mesmo caminho e, por coincidência, ele também é arquiteto. Então, nós temos muitas coisas comuns, muitas afinidades. Hoje em dia, o Lucio praticamente só trabalha com arquitetura no âmbito familiar. Ele, hoje, administra a associação e dá muitas aulas, porque sabe que é isso que mantém a saúde e a vida dele.

Eu quis sair da prefeitura duas ou três vezes, porque a gente ganhava pouco, e tinha os trabalhos do tai chi com o mestre. Meus pais é que não me deixaram sair. E, no final, foi mesmo importante ficar, porque na própria prefeitura eu consegui juntar as coisas.

A partir de 1990, em parceria com a Secretaria da Saúde, a gente começou a trabalhar no centro de convivência do parque do Ibirapuera, aonde eram encaminhadas pessoas especialmente com problemas mentais ou problemas emocionais para práticas terapêuticas. E eu acabei indo lá fazer essa prática duas vezes por semana. Daí me pediram para fazer cursos de formação com funcionários da saúde. Em 1996, quando a Luzia nasceu, eu parei com o trabalho nos parques e uma outra moça, também discípula do mestre, continuou o trabalho no parque do Ibirapuera. Eu continuei dando supervisão e palestras de vez em quando.

Em 2002, foram retomados os trabalhos de formação de funcionários da saúde nas práticas terapêuticas chinesas, para que eles desenvolvessem trabalhos nos postos e nos centros comunitários. Foram 150 funcionários em 2002 e, de lá para cá, a gente está dando supervisão para esse grupo e formando grupos menores.

E, em 2006, começou a Umapaz, que é ligada à Secretaria do Verde e do Meio Ambiente. Existe um projeto que se chama Saúde nos Parques, que é levar essas práticas terapêuticas da medicina chinesa para os parques. Num dia da semana faço um curso de formação de monitores que são funcionários de parques ou agentes comunitários que possam depois fazer isso nos outros parques. E, em outro dia, integrando o projeto da Umapaz, a gente faz também uma prática aberta para a população no Parque do Ibirapuera.

Mônica Jurado

A entrevista com Mônica foi feita no dia 14 de junho de 2006. De aparência jovem e ágil, ela nos recebeu num fim de tarde em sua linda casa em Pinheiros. A entrada com bandeirinhas tibetanas leva a uma sala cujo piso é um verdadeiro tapete de mosaicos, formando desenhos geométricos com pastilhas brancas, azuis e verdes. Depois da escada e de uma cascata de plantas iluminadas por uma claraboia, fica a cozinha aberta, onde tomamos chá cercadas por seus quatro grandes gatos.

Mônica Jurado tem em torno de 40 anos, é arquiteta, divorciada e mãe de uma filha de 18 anos. Mônica é xamã, tem como mestres Oscar Ichazo e Namkhai Norbu Rinpoche e trabalha com cura. Mônica teve a coragem, ou a "loucura" (santa loucura?), de entrar praticamente sozinha no mundo do mistério, passando três anos em autorretiro, dedicados exclusivamente a práticas que buscam chegar a estados alterados de consciência. Passou mais três anos para aprender a sair de seu mergulho e a viver novamente no mundo cotidiano. Mas esse caminho lhe abriu imensos portais.

Mundo cotidiano

Desde pequena eu falava com as plantas e com os bichos. Estudei em colégio de freiras e passei por uma fase de negação completa do mundo espiritual, onde falar de Deus era abominado. Mas já na faculdade de arquitetura voltei a me ligar no sagrado.

Na faculdade de arquitetura, a busca pelo espaço sagrado, onírico, com textura, era algo que me trazia conflito e discussões com os professores.

Foi no teatro que achei esse espaço sagrado. No teatro você gera o espaço sagrado, você corre atrás da luz. Terminei a faculdade, mas fiquei trabalhando só com teatro: fiz *clown*, confecção de bonecos e de máscaras, *commedia dell'arte*, arte na rua, Sesc.

Para mim, o sagrado é uma coisa muito séria, e o teatro ficou tão sagrado que eu não podia profanar: a tal ponto que acabou ficando difícil trabalhar em teatro comercial para gerar dinheiro...

Mas, a essa altura da minha vida, minha filha já tinha nascido e era necessário ganhar dinheiro. Foi então que voltei a trabalhar em arquitetura.

Quando tinha 20 e poucos, fiz uma escolha: a que iria, algum dia, me dedicar somente ao sagrado.

Mas tive que criar minha filha, ter uma casa própria, separar dinheiro, fazer meu trabalho de ioga, até que, coincidindo com o desmoronamento do meu casamento (que durou dezoito anos), tive a possibilidade de parar tudo.

Chamado à aventura

Recebi um sinal e parei. Esses movimentos sempre surgem através de sinais... Foi num dia de Corpus Christi, há sete anos. Eu tinha ido dormir, quando o quarto ficou violeta. Vi uma montanha, um homem também vestido de violeta, e sabia que a cena era no Butão.

Isso foi tão forte que meu marido acordou assustado, como de um pesadelo, e gritou: "O quarto está violeta!"

Eu o acalmei, mas sabia que ali o casamento tinha acabado. Esse sinal desencadeou em mim um processo muito forte de alteração de estados de consciência.

Percebo que o que se passou comigo foi um trauma, uma questão enérgica muito forte, que trouxe processos de clarividência e clarisciência. Nessa hora, a pessoa que sente essas manifestações não tem onde se embasar. A medicina não tem respostas, as tradições religiosas não aceitam bem.

Travessia do primeiro limiar

Abandonei o trabalho e passei a viver intensa e exclusivamente esses processos internos.

Passei três anos em retiro: fazia práticas de ioga dos sonhos, passava dias – às vezes dez – em estado de transe, imóvel, em jejum, fazendo práticas do caminho interno.

Ficava por tempos só andando no escuro.

Estudei bastante também. Comecei a estudar astrologia, astronomia, ciências oraculares. Sabia o I Ching quase de cor.

Eu lia e meditava; não saía de casa. Meu único trabalho era fazer respirações, meditações, ioga e estudar.

Ficava mais de dezoito horas em processo de meditação, e aconteciam coisas como materialização de papéis... Tive visões onde eu entrava em cenas da vida das pessoas, e sabia de coisas que faziam as pessoas se espantarem que eu soubesse. Acho que isso acontecia como prova de que essas visões eram verdadeiras, de que eu não estava delirando.

Minha filha tinha 12 anos quando isso começou. Eu a entreguei nas mãos de uma psicóloga, porque ela precisava de um subsídio externo: uma mãe externa. Porque, apesar de eu estar presente o tempo todo, existe alguma coisa de assustador nesse processo. Você acorda de manhã e sua mãe está em meditação; você chega da escola, sua mãe está em meditação; você vai e volta, e sua mãe continua na mesma posição de meditação... Alguém precisava explicar e garantir a ela que estava tudo bem. E tinham aquelas questões que são difíceis de lidar: "Minha mãe é diferente? Mãe, você não vai tingir o cabelo?"

Meus pais sempre foram receptivos, sempre tiveram muita confiança em mim, e eu sempre fui muito lúcida, muito CDF. Mas tinham a preocupação de a filha estar entrando em um processo depressivo e não conseguir sair.

Para quem está de fora é difícil entender esse processo. Eu sumi. Era uma pessoa sociável e sumi. Não via nenhum amigo, não tinha contato com ninguém a não ser com minha família.

Sumi do mundo porque tinha urgência disso. Era como um bálsamo pensar: "Agora eu posso sentar e ficar em meditação. Nada vai me tirar daqui: minha filha está bem, os gatos têm comida, eu posso ficar".

Minha família ficou preocupada comigo, porque eu tinha muitos sintomas de depressão: não saía de casa, não tingia o cabelo (comecei só há dois meses), não tinha namorado... Dei todas as roupas que não eram de puro algodão, todos os sapatos de salto, toda a maquiagem, todos os cremes. Só usava óleo essencial. Era uma coisa muito radical.

Agora estou bem, já engordei doze quilos. Eu estava muito magra; perguntavam-me se estava anoréxica. Tinha dificuldade para comer, mas tinha muita vitalidade.

Às vezes ficava três dias sem dormir e ficava inteira. Não trabalhava, fiquei esses três anos só e exclusivamente fazendo práticas.

Encontro com o mestre

Fiquei mais tranquila nesse processo porque tive a assistência espiritual do meu mestre, que mora no Havaí. Ele é um filósofo, em parte sufi, e trabalha com eneagramas.

Na época do retiro, eu já vinha trabalhando com ele há mais de dezesseis anos.

Travessia de novos limiares

Eu tive que aprender na marra a lidar com o sagrado. Por exemplo, se eu não defumasse a casa, ela não entrava em harmonia. Acendia um incenso, e a harmonia voltava.

Comecei a aprender como lidar com a energia, e a respeitar o sagrado a partir da necessidade objetiva, prática, de sobrevivência, para estar num ambiente onde a solicitação era essa.

Eu fui limpando tudo, começando pelas coisas cotidianas: revendo tudo, revendo tudo, revendo tudo. Aí, chega um ponto em que a gente sente que está além disso. É quando o campo do inconsciente já não é mais pessoal, é arquetípico.

Em certo sentido, eu acredito que, limpando e clarificando aquele arquétipo em mim mesma, eu favoreço a todos.

Limpava a casa também. Às vezes, eu acordava à uma da manhã e pensava: "Opa, isso não está legal". Pegava a mangueira e lavava a casa inteira, defumava tudo.

E o corpo tem limites. Quando se está em estado alterado de consciência, você fica muito frio. O corpo tem limites, a vida tem limites. Eu sempre tive disciplina de cuidar de mim mesma, e meus gatos e minha filha me ajudaram a me manter nesses limites.

Houve uma vez em que minha filha viajou; ela ficou um mês em Londres, e eu fiquei um mês sem sair de casa. Na época, eu tinha treze gatos; eles me controlaram... Eu me expunha ao tempo e deixava as portas e janelas sempre abertas. Como era inverno, quando eu me deitava, todos eles vinham deitar empilhados em mim. E, quando estava meditando e os gatos acordavam juntos, eu sabia que era hora de alimentá-los; então, eu também comia. Eu era escoltada pelos gatos... Entreguei, naquele mês, a guarda do meu corpo para os gatos. Eles me deram o ritmo do meu corpo, da terra, da vida.

Situação-limite

Fiz esse retiro em outra casa, que acabei de vender, que tinha sido construída em cima de um cemitério indígena. Ela tinha certos portais — tenho até fotos disso — que, em estados alterados de consciência, eu via como tubos, dos quais saíam e entravam espectros.

Isso me ajudou a lidar com o sagrado nesse percurso de conhecimento, porque para lidar com o sagrado a gente tem que se pacificar com a morte.

A clara luz é a luz da morte... É inevitável: a gente tem que se pacificar com as passagens. Morte e renascimento, morte e renascimento, o tempo todo.

O caminho interno é solitário, é similar ao caminho da morte. Acompanhei as minhas etapas usando o *Bardo Thödol*, o Livro Tibetano dos Mortos, o que me dava tranquilidade de saber o que estava fazendo. Esse é um processo arriscadíssimo, é muito sério.

É só porque o chamado vinha da voz da alma que eu tive coragem de fazer.

Durante o retiro tive medo, claro, porque é um caminho muito, muito só; é um caminho de extrema solitude. É quando você está abrindo mão de tudo e não sabe exatamente onde se apegar.

Eu sentia uma urgência de fazer isso, e ao mesmo tempo é uma coisa muita estranha, é um mistério. Dá medo da loucura. Tem um certo se perder para se encontrar, e esse se perder é assustador.

Por isso, a gente vai buscar refúgio: em Buda, no **Dharma**, na **Sangha**; no Pai, no Filho, no Espírito Santo. Se esse refúgio for seguro, o caminho é seguro.

Mas é assustador... e simbólico, porque a gente entra no espaço do inconsciente profundo.

Com todos esses portais abertos, era difícil lidar com o mundo. Tem uma imagem de que gosto muito: quando a gente entra profundamente no mundo interno, nosso coração fica como uma couve-flor: se uma borboleta pousa em cima, dói.

Você fica muito sensível, qualquer ação grosseira dói muito. A dor do outro é absurda, você fica extremamente empático. Se eu entrasse num ônibus e visse uma pessoa em sofrimento, eu entrava em sofrimento também. Processava o sofrimento do outro...

Às vezes, eu ia ao Ceasa e escutava as plantas cortadas urrando. Dava desespero... Às vezes, eu chegava até lá e voltava sem entrar.

Quando você está aberta, andar no mundo é como andar num cemitério: há muito sofrimento. Eu ouvia o sofrimento da comida, não conseguia comer. Só tomava chá, frutas, castanhas.

Era difícil.

Nesse caminho, faz parte mergulhar no sofrimento e escutar a sua fonte, para ir além dele.

A gente normalmente se esconde disso, a própria psicologia tem varias técnicas para esconder isso...

Existe uma natureza de tristeza, porque a gente fica em sintonia com tudo que existe, embora exista também muita paz.

Bliss

Depois de três anos, minha mente alcançou um estado de grande estabilidade. Se eu trouxesse uma imagem do sonho e congelasse essa imagem, ela permanecia dias como uma única imagem, fixa. Aí, então, já era a hora de voltar para o mundo para levar o que tinha recebido.

Meu voto foi o de *bodhisattva*: "Não quero nada para mim, mas para benefício de todos os seres". Eu tinha essa urgência de curar (não gosto dessa palavra, mas ainda não achei outra melhor).

O processamento de meu trabalho se dá em casa, mesmo que eu atenda a pessoa fora daqui.

Trabalho fundamentalmente em sonhos. É como nos mistérios de Elêusis, quando eles botavam as pessoas para dormir e assim faziam as curas.

Meu animal de poder é a aranha, que está ligada às tecelãs, às sonhadoras do mundo, ao tear. Essa compreensão facilita nossa compreensão do cotidiano. Fui achando uma linguagem simbólica para o simbólico experimentado – e essa é uma linguagem muito antiga.

Caminho de volta

Depois desse retiro, levei três anos para voltar mesmo.

O mundo interno é tão mais rico que o externo! É mais estável e mais tranquilo. Por isso é tão difícil voltar para o mundo externo...

Quando estava retornando, tive vários medos. Medo de não conseguir voltar ao mundo, de como retornar, de não conseguir trabalhar, ter uma vida comum, ir ao cinema.

Foi passo a passo que fui saindo do recolhimento.

Eu tinha ido tanto para o céu que estava sem parâmetros para voltar para a Terra...

A gente vai aprendendo a colocar cercas, e a estender os limites dessas cercas, para proteger o espírito. No processo de lidar com a ideia da morte, você tem que acabar com tudo, imaginar que seu corpo não existe mais, que não há mais nada a fazer.

Não há desejo que me atenha a ficar aqui. Mas, de repente, você descobre que o desejo existe para além de você.

E aí começa a fazer cerquinhas de novo, com um, dois, três metros; recomeça a atender ao telefone, porque o telefone já não te abala tanto...

Encontro com o novo mestre

Fui em busca da resposta do que fazer a seguir.

Um dia, quando estava em processo de meditação, eu me vi num campo cheio de presenças de seres vivos e não vivos, todos realizados. Pensei, então: "Estou aqui, com meu corpo, no aqui e agora. Se tiver algum ser iluminado, eu estou disponível para buscar o que tenho que fazer".

Nessa hora vi uma bola de cristal se aproximando de mim, e tivemos uma conversa diretamente de coração para coração. Percebi que era a emanação de uma pessoa viva, mas não era meu mestre Oscar. Era uma emanação diferente.

Três dias depois, uma vizinha me chamou para tomar um café, dizendo que tinha que me mostrar uma coisa. Era a canção do vajra; e ela me falou da tradição do budismo vajrayana e de Namkhai Norbu. Eu já estava começando a estudar xamanismo, por isso sabia que ele era um guardião da **tradição bon**. Pensei: "Foi ele quem me chamou".

Quando tive contato com o Rinpoche na meditação, coração com coração, ainda não o conhecia pessoalmente.

Já conhecia os quatro grandes caminhos da ioga, e o dzogchen é a culminância deles; é a culminância de qualquer tradição espiritual. É anterior e é além do budismo.

É um sistema que é praticado em outros treze sistemas solares, é para além do planeta Terra. É a prática da contemplação, que eles chamam de Grande Perfeição.

Mais tarde, fui para a Argentina encontrar o Rinpoche. Lá, ele me deu explicações claras sobre o que ainda não entendia ou tinha dúvidas.

Por exemplo, aprendi a prática de **phowa**, que é (também) como acompanhar uma pessoa que está morrendo. Eu já tinha feito isso espontaneamente, sem muitas certezas.

Rinpoche deu respostas que me tranquilizaram e mostraram que eu estava no caminho correto.

A partir da meditação onde encontrei o Rinpoche, comecei a fazer cursos de xamanismo com a Carminha Levy. A coincidência me levou para uma casa que lida com o **xamanismo matricial**, com a Grande Mãe, a Madona Negra, a Deusa.

Aprendi mais técnicas do xamanismo com mestres; e me qualifiquei como uma xamã.

A escolha do xamanismo foi a forma de eu manifestar o que havia aprendido. O encontro com a Madona Negra foi o segundo grande encontro; o Rinpoche e o xamanismo de alguma forma andaram juntos.

Ele me entregou, num sonho, meu tambor — e o meu tambor é um tambor de espírito feminino. Ele é meu instrumento de cura.

Hoje eu digo que o Oscar, o mestre do Havaí, é meu pai e Rinpoche é minha mãe, porque ele me trouxe o tambor, o xamanismo, a roda, a tradição dos espíritos da Terra, a tradição bon, a tradição dos indígenas.

O Rinpoche, a Carminha, outros professores e aquilo que estudava foram me ajudando a voltar.

Tudo isso foi se tornando concreto. Aprendi as técnicas, fui ganhando respaldo intelectual. Esses encontros, esses cursos, junto com minhas leituras, foram me ajudando.

Mas principalmente tinha o conhecimento de dentro. A gente busca o conhecimento de fora para garantir que o de dentro é real, mas o conhecimento é interno, vem através da intuição.

Ressignificado

Eu não aceitava muito ser humana; é muito, muito difícil encarnar. Estar na condição humana significa comer, significa ouvir a comida gritar. "Ah" — eu dizia — "não quero comer, quero viver de luz."

Mas, ao mesmo tempo, é um encanto estar aqui. Estar no aqui e agora é a fonte da felicidade.

E, para mim, estar só tem uma urgência muito grande. Por mim, ficaria num lugarzinho, de pé descalço, sem muita roupa.

Mas, por estar na condição humana, a gente não encontra paz de espírito enquanto todo o mundo, e tudo mais, não entrarem em harmonia.

Por isso é que a gente continua voltando para o mundo, porque esse é um percurso que a humanidade tem que passar.

É o desejo, a vontade, que sustenta a gente. Na verdade, nossa condição material é imaterial. Somos 70% água, e mesmo a maior parte da matéria não é feita de elementos sólidos, mas de vazio. Então, não existe a condição de matéria; então, a gente se sustenta pela vontade.

Uma coisa que eu identifico no sagrado é a intenção clara, a direção que se escolhe, e para onde o caminho vai nos levando.

As coisas estão correndo de maneira correta? Então seu caminho está certo, porque o sagrado te leva para a ascensão.

Hoje, eu aprecio estar numa condição humana, e vou também apreciar quando já não estiver. Eu não tenho medo de quando não estiver mais viva; tudo bem se entrar numa condição de morte.

É só uma passagem, um portal, é sereno. Na verdade, é um nascimento, um começo para outra estrutura não visível.

De certa forma, a gente vai sempre vivendo, nas várias encarnações, o mesmo arquétipo. Eu estou sempre às voltas com o sagrado, às vezes como freira, como mulher do campo, como prostituta, mas sempre com o mesmo tema.

É como se você tivesse que nascer sempre na mesma carruagem, até a sua evolução final.

Hoje, para ficar calma, eu sustento minha energia fora do planeta, porque a Terra está contaminada, ruim. Se aterrar minha energia nesse planeta, sinto um mareamento.

Mas hoje acho as coisas todas lindas, as plantas maravilhosas...

Sou uma mulher que trabalha sobre o sagrado. Digo que fui arquiteta, atriz, cozinheira e comerciante para hoje poder lidar com a energia, restabelecendo a energia entre o masculino e o feminino.

Mas, para me definir hoje, eu prefiro o *neti neti neti* (dos **Upanishads**: "não é isso, não é isso, não é isso").

Dádiva ao mundo

Sinto que o principal caminho do sagrado é o das transformações, a alquimia, onde está a minha atuação de cura. A pessoa chega com a dor e se transforma em outra coisa; chega com o sofrimento e entende a fonte do sofrimento; uma coisa muda para outra, como numa cozinha.

Hoje, quem chega para trabalhar comigo está com uma emergência espiritual, normalmente coisa muito aguda. Primeiro as pessoas vão procurar os psiquiatras, psicólogos, médicos, remédios, e não alcançam a cura. Quando já não resta mais recurso nenhum, alguém fala: "Olha, eu conheço uma pessoa que toca tambor, quer tentar?" Aí a pessoa diz: "Tá bom, eu vou". Vem e sai feliz.

Às vezes faço coisas simples; às vezes faço resgates de vidas passadas; e às vezes trato de camadas tão antigas que as pessoas ficam patinando bom tempo com isso sem resolver.

Como trabalho acima da linha do tempo, a gente leva e traz de volta. É um estado de transe.

Eu gosto muito de trabalhar com grupos, porque neles o processo individual se acelera. Muitas vezes, a circunstância de vida de um cura ou ajuda o outro.

E sempre chegam pessoas para um grupo com o mesmo assunto, mesmo que não se conheçam, como se fosse combinado...

Eu não me apego a formas; hoje toco tambor, faço rodas xamânicas, mas não me apego a isso; não precisa necessariamente ser isso.

Tenho uma resistência muito grande porque vou ter que ganhar a vida com isso. Entra a violência de envolver o dinheiro com o sagrado, e é muito difícil ter que cobrar das pessoas. Mas sei que faz parte; a gente tem que fazer trocas, faz parte de nossa condição na Terra.

A gente é um instrumento, um canal. Tenho um nível de preparo que permite a manifestação, no qual eu tenho acesso à qualidade de energia e técnica que isso traz. Mas tem uma parte que não sou eu quem realiza as curas...

Por isso, talvez, para ganhar dinheiro, eu preferisse dar aulas, porque aí é a Mônica quem está dando aulas.

Eu tenho um sonho, que é trabalhar com o sagrado sem que as pessoas tenham a percepção de que estou fazendo isso.

Por exemplo, se eu tocar um tambor para uma pessoa evangélica, ela vai ficar escandalizada. Mas se ela for a um teatro ou um show, ela vê um espetáculo, e o trabalho está sendo feito.

Nesses termos, eu digo que tenho a esperança de fazer um trabalho de cura fazendo qualquer coisa. Pode até ser num jantar...

Nesse meio de campo entra a arte.

Eu sinto que existe uma trilha aí, ainda que nesse momento não esteja completamente clara. Mas sinto que tem a ver com uma forma simples de ajudar muita gente de forma efetiva.

Monika von Koss

A conversa com Monika foi realizada no dia 15 de setembro de 2006, numa tarde ensolarada e de muito calor, em sua casa e espaço de trabalho, chamado Espaço Caldeirão, situado numa pequena rua da Vila Madalena. Foi feita numa sala ampla, que é seu consultório. Tem dois divãs/cama baixos, onde sentamos, uma grande estante de livros, com inúmeros títulos sobre a Deusa, em diferentes línguas, e algumas estatuetas. Essa sala se abre para um jardim gramado, uma fonte e flores, aonde pássaros vêm com frequência.

Monika é alta, magra, mas de ossatura grande. Cabelos grisalhos, compridos, sem nenhuma maquiagem, roupas simples, descalça. Objetiva, franca. À medida que se descontrai, sorri mais e seu semblante severo fica mais doce.

Monika von Koss nasceu na Alemanha, naturalizou-se brasileira, tem 60 anos, é psicóloga, psicoterapeuta, divorciada, sem filhos. Escreveu três livros sobre o feminino e as deusas, e é referência sobre esses assuntos no meio psicológico e de pessoas que trabalham com o simbólico e o mitológico.

O encontro com a Mãe, em todos os seus aspectos, sempre esteve na base da sua busca.

Mundo cotidiano

Nasci na Alemanha. Aos 3 anos, minha mãe morreu, meu pai logo voltou a se casar, teve outra filha e, com 7 anos, nós imigramos para o Brasil.

Chamado à aventura

Dos meus 3 aos meus 7 anos, eu passei por uma série de perdas, de rompimentos. Perdi minha mãe, meu pai casou de novo, nasceu uma irmã, nós deixamos a Alemanha e viemos para o Brasil, ou seja, perdi língua, perdi os parentes, perdi o mundo que eu conhecia.

E eu sei que saí de lá de um jeito e cheguei aqui de outro.

Isso já é o começo de um caminho, apesar de que eu era absolutamente inconsciente.

Eu sempre rezava para a mãe do céu, que era onde minha mãe estava.

Sou uma pessoa introvertida. Desde que eu me conheço por gente, minha vida acontece dentro de mim.

Meu pai e minha madrasta foram pessoas que fizeram o melhor que puderam fazer e não era nada trágico, mas não tinham a sensibilidade que eu necessitava.

Então, essa minha trajetória interior foi feita absolutamente sozinha, sem nenhum tipo de compreensão ou suporte.

A vida era difícil. Na minha adolescência eu chorava toda noite. Adormecia toda noite chorando, rezando para a mãe do céu.

Quando eu terminei o ginásio (atual ensino fundamental), tinha 17 anos, resolvi parar de estudar e trabalhar, porque eu queria o meu dinheiro, não queria a mesada do meu pai, não queria ter que dar satisfação, queria minha independência.

Então meu pai falou: "Você vai um ano para a Alemanha. Lá você tem sua avó e vai aprender melhor o alemão. Assim, você volta com mais condição para trabalhar".

Hoje, eu vejo que foi uma atitude razoável, mas para mim, na época, foi uma deportação. Mais uma vez, a vida me mudava de lugar.

Então, foi terrível. A minha avó e a minha tia, irmã do meu pai, com quem eu fiquei em Berlim, são pessoas muito interessantes. Depois, mais tarde, me falaram: "Você era tão infeliz, não tinha nada que a gente pudesse fazer por você".

Porque elas perceberam que eu já não estava mais aberta para nada, eu estava completamente dentro de mim.

Voltei da Alemanha e comecei a trabalhar como secretária. Devagar, fui me abrindo para o mundo e para outras pessoas.

Depois de cinco anos, resolvi fazer o supletivo e terminei o segundo grau (atual ensino médio). Mas conheci um homem e decidi me casar.

Adiei por dois anos a decisão de fazer faculdade, pois não tinha condições econômicas para casar e estudar. Depois de dois anos, resolvi fazer faculdade de psicologia. Apesar de não saber direito o que e o porquê estava fazendo as coisas, hoje percebo que sempre fui intuitiva e que algo interno estava me guiando. Para mim, hoje é claro que eu tinha uma direção, porque eu sabia que ia fazer clínica, mesmo sem saber direito o que era isso. Na verdade, retroativamente é que fui me dando conta disso, porque eu pensava que estava indo às cegas. Quer dizer, tinha algo em mim que sabia exatamente o caminho que estava percorrendo. Mesmo que eu, conscientemente, não tivesse a menor noção!

Eu me formei aos 33 anos e comecei a atender como psicoterapeuta. Meu consultório sempre esteve cheio de pacientes. Não parei de estu-

O feminino e o sagrado   165

dar e de me trabalhar. Fiz muitos cursos sobre as diversas correntes da psicologia e terapia pessoal.

Travessia do primeiro limiar

Eu estava trabalhando morte de mãe numa terapia corporal. Eu já tinha trabalhado isso em várias terapias, porque a gente trabalha e não acaba nunca, mas eu estava trabalhando isso naquele momento, e meu casamento rompeu exatamente ali. Era 1984, tinha 38 anos.

Nós tínhamos feito uma sessão e, naquele dia específico, eu trabalhei morte de mãe e a minha resignação diante disso. Aí rompeu uma camada, e a única coisa que eu podia fazer era chorar.

Quando cheguei em casa, na volta dessa sessão, recebi um telefonema dizendo que minha sogra tinha sido internada no hospital.

Então, quando meu marido chegou, eu falei: "Você vai, eu não vou, porque não tenho a menor condição".

Eu sabia exatamente o que ele podia estar sentindo, mas eu não tinha a menor condição para ajudá-lo naquele momento. Eu tinha me dado conta de que sempre me fiz de forte, se tinha que fazer eu fazia. Me fortalecia para dar conta, porque ninguém podia fazer nada, enfim.

Eu falei, então: "Desta vez eu não vou, desta vez eu vou sentar e vou ficar aqui, entendeu? Se quiser, vamos sentar no chão e vamos chorar a noite inteira, não tem problema nenhum, mas não vai dar para ser forte desta vez".

Fiz isso com consciência, foi uma opção consciente. Foi uma libertação, sem dúvida.

Mas aí ele disse que desse jeito não dava para ele. Porque, no fundo, quando você sustenta as pessoas, elas contam com isso.

Enfim, ali a gente decidiu acabar. Mais tarde, entendi que ele tinha muito medo do caminho que eu estava indo. Eu estava indo para esse caminho e ele ficou muito assustado, ele não dava conta, era muito ameaçador para ele. E a gente não estava feliz.

Foi um rompimento. De novo, mais um rompimento, esses cortes contínuos, mas já num processo de cura, já num processo de resolução.

E, é claro, ao longo da minha vida, eu volta e meia caía em depressão. Nunca em depressão como um estado patológico, mas nessa época, quando o casamento se desfez depois de catorze anos, teve momentos de total loucura.

Travessia de novos limiares

Aproximei-me da arte como expressão e do xamanismo. Em cada um desses caminhos, encontrei algumas respostas, mas não exatamente seu lugar.

Aí eu conheci o Centro de Dharma, do budismo tibetano. E fiz dois retiros, um com Lama Zopa e outro com Lama Gangchen.

No retiro com o Lama Gangchen, ele disse que iria nos mostrar uma relíquia, que era um pedaço do crânio de uma outra encarnação dele. E nos disse para fazer as perguntas que quiséssemos; acreditando ou não, que perguntássemos.

E eu estava numa das minhas encruzilhadas da vida: "O que eu estou fazendo? Para onde eu vou? O que eu vou fazer com a minha vida? Qual o sentido?"

Eu estava num momento de crise mesmo, estava num período em que trabalhava dez horas por dia, todos os dias, e dava cursos. E era conhecida, mesmo sem sair da minha casa.

Perguntei: "Eu fico no budismo? Ou faço outra coisa? Para onde eu vou? O que eu faço?"

E lembro que foi muito clara a resposta: de que não era para seguir, não era o budismo.

E eu tive que ir para outro lugar.

Situação-limite

Era o início dos anos 1990. Meu pai faleceu em fevereiro, o presidente Collor assumiu em março, todos ficaram com R$ 50,00, e ainda roubaram meu carro.

Eu tinha o hábito de ir à **Comunidade de Nazaré**. Tive até um grupo de estudos lá. E já tinha estado em Findhorn por uma semana, tinha feito uma experiência.

Eu estava naquela crise, pensando no que fazer: "Compro carro? Que carro eu compro? Ou não compro carro? Vou para Findhorn ou vou para Nazaré? Compro carro para ir para Nazaré? Compro ou não?"

A Sonia Café me falou que achava que minha jornada passava pelo campo, pela montanha, não pela cidade.

E aí, um dia, naquelas filas intermináveis de banco que a gente ficava, me veio a decisão: "Eu vou para Findhorn. Qual é o problema? Não tenho

O feminino e o sagrado 167

filho, não tenho marido, não tenho nada, estou trabalhando dez horas por dia para juntar dinheiro, que não tenho nem tempo de gastar. Como se gasta, se você trabalha desse jeito? Não faz sentido trabalhar tanto!"

E decidi ir para Findhorn!

Dispensei, encaminhei meus pacientes, fechei o consultório, consultório lotado.

Eu tinha comprado minha casa, fechei a casa. Fechei em julho, fui em agosto, passei pela Alemanha e em setembro estava em Findhorn.

Pensei: "Vou, não sei se volto".

Em Findhorn, há vários lugares para se ficar. Tem uma pequena comunidade que chama New Bold. É uma casa, na verdade um palacete.

A primeira vez que fui lá, eu senti que era um lugar para voltar. É uma comunidade, e eles fazem um programa de três meses, para preparar futuros moradores definitivos. Então, por um curto espaço de tempo, você faz parte da família, você vive lá.

Eu sabia que era diferente de Nazaré. O trabalho em Nazaré, que é apropriado para o Brasil, é um trabalho onde cada um está no seu espaço individual.

Isso era algo que eu tinha vivido na minha vida inteira. Eu precisava ir para um lugar diferente.

Lá em Findhorn, você tem um dormitório com quatro ou cinco pessoas. E eram quinze pessoas morando juntas. Tudo decidido por unanimidade: "O gato dorme fora ou dentro de casa? O queijo é admitido na dieta vegetariana ou não?"

Era infindável. Na verdade, a aprendizagem é o que é importante. Se o gato está dentro ou fora, para mim tanto faz...

Enquanto todos não concordarem, não se toma a decisão. Isso é um exercício fantástico, e eu precisava justamente disso.

Foi uma experiência muito forte.

Eu estava muito mal, sem referência, sem saber o que seria de mim quando saísse dali. Eu estava desmanchando. A cada dois minutos eu despencava no choro, e não tinha ninguém ali para me ajudar.

Eles também não sabiam o que fazer comigo. Eu era a mais velha de todos lá na casa; eles eram todos muito jovens.

Eu sentia uma dor profunda e não sabia de onde vinha isso.

Eu sentia uma dor profunda que desaparecia apenas quando eu saía da casa e passava no que eu chamei de bosque das fadas, para ir para a cidade.

E, no final dos três meses, eu ainda estava muito mal, sem chão. E nós tínhamos que ir embora depois do natal, pois a casa fecha no inverno.

A gente ainda tinha um passeio para fazer, para encerrar o grupo. Muitos começaram a não querer fazer esse passeio, mas aí eu não abri mão.

Era tudo que eu queria, ir para as montanhas, para as terras altas.

Nesse passeio, eu entendi a minha dor.

A gente fazia caminhada, atravessava rio, passava por floresta. A natureza lá é fantástica. Então, eu me dei conta de que, assim que saía da casa e estava na terra, a dor desaparecia.

E eu vi que, na comunidade, os trabalhos não tinham nada a ver com aquela terra.

Não se trabalhava a tradição celta. Vi que meu caminho não era lá na comunidade, era a terra. Era a terra e a tradição da terra. A tradição celta!

Então, a dor que eu sentia era de uma terra, de tradição celta, onde a Deusa reina soberana – e ninguém trabalhando essa tradição. Essa era a dor!

Bliss

A tradição celta é uma tradição feminina. De todas, é a única que está preservada como uma tradição feminina. O que caracteriza os celtas, diferentemente dos semitas que se agregaram em torno de um Deus masculino, é que eles se agregaram em torno da Deusa.

Aí eu encontrei meu tema: as deusas, o feminino.

E eu só podia chegar à Deusa: a minha vida inteira eu rezei para a mãe do céu. A minha busca, a vida inteira, foi do feminino.

Eu tive um pai que cuidou de mim e que me deu estrutura. Mas a minha busca sempre foi a da mãe!

E me lembrei de uma experiência muito forte, de quando fui a primeira vez para Findhorn. Eu fui de Londres para lá de trem leito. Demora doze horas para chegar.

De madrugada, acordei com a sensação de que estava chegando em casa. Olhei para fora da janela e era a fronteira entre Inglaterra e Escócia.

Então, aquela terra eu conheço; tenho a forte sensação que aquela terra eu conheço de fato.

Eu tinha 43 anos, e foi a virada. Eu percebi que em Findhorn eu mudei de lado: eu fui como aluna e voltei como mestra.

Caminho de volta

Eu decidi: "Tenho que voltar para o Brasil, lá é meu lugar". Voltei no carnaval. E ainda fiquei até julho sem trabalhar, sem atender.

Mas, quando eu voltei, as pessoas aos poucos foram sabendo, clientes foram voltando e novos sendo encaminhados.

Eu comecei atendendo no consultório de uma amiga, atendendo uma hora, duas horas, três horas.

E, conforme fui precisando de mais dinheiro, para comprar um carro, fazer a reforma da minha casa, mais pacientes foram aparecendo. Em dois tempos o consultório encheu.

Antes de ir para Findhorn, eu tinha um grupo de estudo com o pessoal de Nazaré.

Um dia, a Sonia Café veio de uma conferência e trouxe o livro *A deusa interior*, de Jennifer e Roger Woolger. Começamos a estudá-lo, e eu me achei.

Quando voltei de Findhorn, fui procurar esse grupo, mas ele tinha se desfeito e ninguém estava mais interessado nesse assunto.

E eu voltei de Findhorn com um workshop pronto, configurado. Procurei minha amiga Ruth e montamos o workshop "Uma nova luz sobre o feminino", trabalhando a relação mãe e filha.

O tema da Deusa tinha ficado comigo, e eu trouxe essa coisa do feminino de lá.

Fizemos esse workshop e foi um sucesso total, tem gente que até hoje me procura por causa dele.

Também nessa época, a Carminha Levy me chamou para dar um workshop sobre as deusas gregas. Eu fiz e depois fui criando outros trabalhos para serem feitos com a Deusa. Eu tinha achado o meu caminho!

Claro que os livros foram fundamentais, eu devorei todos, tudo que eu podia achar. Fui buscar em livros de qualquer tradição. Falava da Deusa, falava do feminino, lá ia eu.

Eu lia em inglês, português, alemão, tudo que saía. E tive que separar o joio do trigo. Mas mapeei esse universo, tudo que se escreveu.

E fui fazendo e desenvolvendo vivências. Comecei a inventar trabalhos: me inspirava, olhava, fazia, adaptava. Sempre com a Deusa e o feminino. Virou tema.

Ressignificado

Minha vida foi muito difícil. Nada foi com muita leveza, foram processos muito profundos, muito difíceis, muito trabalhados. Muito **Perséfone**. Como Perséfone, quando a terra se abre e ela é raptada, algo parecido acontecia comigo.

As coisas estavam indo bem, de repente lá estava eu caindo em depressão. Volta e meia eu deprimia, volta e meia eu entrava num buraco.

A minha vida inteira foi assim.

Eu olhei para a morte muito cedo!

Aos 3 anos eu tive que encarar a morte. Sair da Alemanha, outra morte. Perda das conexões, perda das tias, perda da avó, perda de qualquer vínculo que pudesse ter com mãe, com pessoas ligadas a ela. Foram quebras mesmo.

E, em algum momento, bem mais velha, eu reconheci o positivo de não ter espelho. Em todos os espelhos que eu olhava, eu não me reconhecia. Então eu tive que buscar dentro da minha profundeza, tive que me espelhar em mim mesma.

Tem uma solidão muito grande nisso, porque você olha e vê que não tem turma. Mas isso também me faz única, específica.

Eu sempre me senti muito menos que qualquer outro.

Mas isso não era verdade. Eu leio, eu tiro conclusões, eu penso, as coisas brotam. É uma sabedoria que eu já tenho. Eu passei por vários momentos da minha vida em que tive que reconhecer a minha competência.

Eu tive que me reconhecer. Foi um processo de me reconhecer, e foi por etapas.

Eu sempre fui sábia. A minha alma é anciã. Retroativamente, fui percebendo: sempre fui "uma velha sábia", só que não tinha a menor consciência disso. Por isso, como sábia, como anciã, foi terrível ser jovem. Era terrível ser jovem, porque eu não sabia o que fazer com aquilo. Então, até a anciã emergir, foi muito difícil.

Eu lembro com muita precisão do dia em que eu acordei e falei: "Hoje faço 50 anos de idade. A partir de agora, não devo nada a ninguém. Acabou a minha dívida com qualquer coisa; agora só vou fazer o que eu quiser".

Por isso que os 50 anos, para mim, foram tão bons!

Eu pensei assim: "Agora acabou, não preciso mais corresponder a nada, não preciso mais justificar nada. Posso usar roxo com amarelo. Posso fazer o que eu bem entender".

Porque, no fundo, a vida fica fácil quando você é o que você é!

Dádiva para o mundo

Devagar, fui reformando e ampliando este espaço onde moro e trabalho. Eu construí um lugar bom, um lugar grande. Em 1993, ficou pronto.

E comecei a planejar umas vivências, uns workshops. Pensei que nome iria dar a este espaço, para constar dos folhetos, dos convites.

E resolvi chamar de Caldeirão. Caldeirão corresponde a esse trabalho, ao meu trabalho.

Criei um site, também chamado Caldeirão (www.monikavonkoss.com. br), e escrevi vários textos para ele.

Desenvolvi iniciação à Deusa, porque as pessoas pediam. Então, montei um esquema com vários módulos. Sempre é vivencial e teórico. Eu misturo as duas coisas, porque acho que as pessoas têm que vivenciar, mas têm que ler a respeito. Eu acho fundamental.

E fui percebendo, com o tempo, pelo *feedback* das pessoas, que eu falo do feminino a partir do feminino. Normalmente, as pessoas falam do feminino mas da perspectiva do masculino. Eu não! É do feminino na perspectiva do feminino. E esse é o diferencial. E faz toda a diferença.

Quando estava fazendo os workshops sobre deusas gregas, eu e uma amiga que trabalhava comigo sonhamos com a deusa Hera. Então, resolvemos entender melhor essa história. Quem era Hera?

E fomos ver que, de todas as deusas gregas, ela é a mais distorcida, porque é o poder. Ela lutava porque tinham tirado o lugar dela, não porque Zeus a traía. Ela é uma rainha. Tem poder próprio, ela não é uma rainha consorte. Na verdade, ela era tão poderosa quanto Zeus, e por isso brigava com ele o tempo todo.

Eu fui me dando conta de que eu tinha muito de Hera. Não daquela descrita como a esposa ciumenta de Zeus, mas da que coordena, que organiza, que tem o poder.

Eu sabia que ia escrever alguma coisa sobre essa história porque, além da Deusa, estava descobrindo que justamente era isso que se faz com o que chamamos de feminino. Era isso que eu ia abordar.

Resolvi fazer um artigo sobre Hera. Estava claro na minha cabeça. Mas começou a vir material, começou a vir material, e o texto vinha, o texto vinha, e de repente já tinha escrito o suficiente para um livro.

E aí surgiu o livro *Hera, um poder feminino*. Foi em 1997, eu tinha 51 anos. Esse é um momento em que você pode começar a falar daquilo que você sabe.

Eu nunca pensei em escrever, foi vindo. Como sempre, as coisas chegam na minha vida de forma intuitiva.

Depois de *Hera*, escrevi mais dois livros: *Feminino + masculino: uma nova coreografia para a eterna dança das polaridades* e *Rubra força: fluxos do poder feminino*.

Sempre que escrevo, procuro me fundamentar em pesquisa, livros, no que já foi escrito.

Mas tem também meu processo interno. Eu escrevo muito calcada, baseada, na minha experiência, dentro da minha perspectiva.

Não estou dizendo que é a verdade, estou dizendo que é a verdade para mim. E, em muitos momentos, eu contradigo pessoas de gabarito. Ou mostro alguns aspectos ainda não mostrados.

E eu me surpreendo com a repercussão dos livros, porque as pessoas, às vezes, me encontram e dizem: "Nossa, você diz uma coisa, nunca vi ninguém dizer isso. Nossa, é tão importante isso que você está dizendo!"

Para mim é uma surpresa!

Vou continuar escrevendo. Já sei que as pessoas apreciam o que eu escrevo, porque sempre tem um olhar que é diferenciado.

Com outras três pessoas, começamos a estudar cada vez uma deusa e criar um ritual para ela. Chamamos algumas pessoas interessadas e começamos a fazer esses rituais aqui no meu espaço.

Foi um sucesso absoluto! Na primeira vez, vieram as onze pessoas que nós convidamos; na segunda vez, vieram quinze; na terceira vez, vieram trinta. Chegaram a participar 43 pessoas.

O feminino e o sagrado 173

E, durante sete anos e meio, toda última sexta-feira do mês, tinha um ritual. Era aberto, era gratuito. Mudou o grupo que criava o ritual comigo, mas toda última sexta-feira do mês, durante todos esses anos, aconteceu um ritual aqui para alguma deusa.

Ficou tão marcado que as pessoas vinham sem escrever, sem avisar, sem nada, sem saber o que é que era. Só diziam: "Olha lá, tem um ritual lá na Monika, vamos lá". As pessoas vinham sem saber, não importava o que fosse.

Então, tivemos que organizar, com inscrições antecipadas, limitando a participação a 25 pessoas.

Nós fazíamos uma programação de semestre. A gente se reunia no começo do semestre e definia os temas de cada mês. Fazíamos um folheto e também anunciávamos no site.

Até que eu comecei a sentir que aquilo estava me consumindo tempo demais. Afinal, foram sete anos e meio. E aí, um dia, eu disse para as pessoas que para mim tinha dado, estava na hora de parar. Todo mundo sentiu, mas entendeu.

Eu tenho hoje todo esse material, os rituais e um texto sobre cada deusa. Estou pensando em editá-lo, mas de forma caseira, em fazer pequenos livretos.

Enfim, é uma longa trajetória.

E há quatro anos me perguntei o que iria estudar de novo. Então, resolvi fazer uma roda de deusas egípcias.

Chega uma hora em que as deusas gregas se esgotam. Elas têm um limite, porque são muito próximas da personalidade.

Juntei um grupo de pessoas que também queria estudar, começamos a selecionar algumas e a fazer umas vivências, para inventar uma nova história.

Estamos há quatro anos elaborando o universo das deusas egípcias, escrevendo. Este ano nós vamos acabar esses textos.

Quando você puxa a energia para um espaço, a energia se organiza. Essa é a minha experiência. Se você coloca um tempo, a coisa acontece dentro desse tempo.

Meu trabalho terapêutico acabou também se transformando. Eu olho diretamente para a energia, eu trabalho diretamente como flui a energia.

Eu uso uma infinidade de recursos, mas a visão, a perspectiva, é como o ser se manifesta. Como ele está lidando com as diversas dimensões, onde é que a energia está circulando e onde não está, no corpo e na totalidade da pessoa.

As pessoas falam muito de energia, mas não têm a menor ideia do que seja essa energia verdadeiramente. Não sabem mover essa energia pela vontade.

Para você mover energia, você tem que saber mover a energia. Se não, você brinca e não acontece nada. Se você acessa a energia, a energia mexe com você, a energia muda a sua vida.

Neiva Bohnenberger

A entrevista com Neiva foi feita na tarde do dia 8 de novembro de 2006, em seu consultório nos Jardins. Sua sala é bastante ampla e tem uma janela que dá para o jardim de um prédio, onde se veem verde e árvores.

Neiva é uma mulher alta, de estrutura óssea grande, bonita e muito calorosa. Passa a sensação de uma grande e doce força da natureza.

Neiva Luci de Oliveira Bohnenberger é psicóloga e psicoterapeuta há 28 anos, tem 61 anos, é casada há 37 anos, sem filhos. Nasceu em uma pequena cidade no interior do Rio Grande do Sul, de família simples. Sua jornada começa quando, por causa de seu casamento, muda para São Paulo e se vê arrancada de suas referências, raízes, lugar no mundo. Passa por longo período depressivo e vai, passo a passo, curando suas feridas ao mesmo tempo que cura as feridas dos outros.

Neiva e sua história ilustram perfeitamente o **arquétipo do curador ferido**.

O mundo cotidiano

Eu nasci num lugar muito simples, interiorzão do Rio Grande do Sul, com fazenda, rio à margem. A festa era brincar no rio, era correr atrás dos bichos, era gastar o milho do paiol do avô.

A gente era muito simples. Minha mãe era de origem alemã, mal falava português, e meu pai era de origem portuguesa, gente simples. Eles lutavam com dificuldades financeiras. Minha mãe cultivava para a gente comer, meu pai trabalhava com caminhão, era uma luta diária para ter comida na mesa. A gente não percebia, mas faltava para eles e não faltava para nós.

Eu sempre a traquina da casa, a ovelha negra da casa. No início da adolescência, começaram os problemas. O início da adolescência foi um turbilhão, porque eu tinha fogo e não sabia lidar com isso.

Eu vivia roxa de tanto beliscão que minha mãe me dava, porque eu era exagerada, extravagante, exuberante, era moleque – porque, na realidade, eu era mais menino do que menina. Era menina quando convinha.

Quando chegou um momento dos estudos em que a cidade onde vivíamos não oferecia mais opções, eu e minha irmã fomos para um colégio interno de freiras em outra cidade, fazer o curso normal (hoje magistério). Foi um período maravilhoso pelas oportunidades de estudar, fazer teatro, descobrir a criatividade. Fui uma líder no colégio.

Eu cheguei ao colégio cheia de alegria de chegar. Tudo era uma aventura e eu tinha um espírito meio aventureiro mesmo. Foi um período maravilhoso da minha vida, pelas oportunidades. Foi fantástico: tive a oportunidade de estudo, oportunidade de fazer teatro, oportunidade de tudo – e, principalmente, de afrontar as freiras. A maior parte do povo que estava lá era bolsista, e eu a única que não era bolsista. Então, em tudo que era reivindicação, lá estava a Neiva com a bandeira da reivindicação.

Após a formatura, fui trabalhar como professora primária em minha cidade e por cidades próximas. Tornei-me uma professora muito ativa, ousada para os parâmetros locais e para a época. Participei do concurso de miss, fui eleita em minha cidade e fiquei em segundo lugar no concurso de miss Rio Grande do Sul.

Sempre fui uma pessoa muito ativa, criativa no meu trabalho e ousada. Na cidade onde vivia, eu tinha o respeito das pessoas, tudo que eu fazia era superimportante, eu era inovadora para a cidade. E tinha grande apego a meu núcleo familiar.

Chamado à aventura

Então, eu me casei. E, por causa do trabalho dele, fomos morar em Porto Alegre.

As coisas ficaram muito difíceis para mim. Fui dar aula em Porto Alegre e tudo que eu fazia estava fora de moda, era piegas, era infantil. Fui chamada diversas vezes na secretaria, porque no intervalo eu ia brincar de roda com as crianças. Eu tinha mais facilidade com as crianças do que com os adultos, claro.

As professoras me desafiavam para que eu aceitasse a minha ignorância: eu não tinha conhecimento da cidade, tinha conhecimento do interior. Tinha essa coisa da vida simples, da vida com bicho, da criança ocupando um lugar, da importância de ver uma formiguinha caminhar. Não era a vida da cidade. Foi um choque cultural muito forte.

Nós ficamos uns dois anos em Porto Alegre.

Apesar das dificuldades, lá fiz concurso público e me tornei professora efetiva do Estado. Eu já estava com a vida arrumada para me aposentar como funcionária pública, igual às minhas tias, igual a toda a família do lado do meu pai. Meu pai dizia: "Eu não tenho dinheiro para dar tudo, mas todas as filhas saem de casa professoras primárias".

Daí, meu marido veio transferido para São Paulo e eu larguei tudo. Eu tinha 24 anos, mas parecia ter, de mentalidade, 14 anos, porque de uma cidadezinha do interior do Rio Grande do Sul para São Paulo a mentalidade é completamente outra.

As coisas foram piores, porque minha família estava longe e nós só podíamos nos comunicar por correio, porque a gente nem tinha telefone, não tinha isso, não tinha aquilo...

Então, eu comecei a andar pela cidade. Eu olhava para os prédios, sentava na calçada e chorava, chorava, porque eu pensava assim: "Quem sou eu aqui? Se eu morrer aqui, ninguém sabe quem eu sou. Eu não faço a menor falta, eu não tenho a menor importância aqui, ninguém precisa de mim, estou completamente perdida".

Mas como era para a gente ir embora, a transferência era para ser temporária, eu ainda conseguia levar.

Situação-limite

Mas, depois de cerca de um ano e meio, meu marido diz que a transferência para São Paulo seria definitiva. E quando ficou definido que ficaríamos em São Paulo definitivamente, eu entrei em depressão. Eu caí num buraco enorme: era a visita de Perséfone ou até mais do que isso.

Eu tentei dar aula aqui em São Paulo, fui conversar com o secretário da Educação, mas ele disse: "Olha, você vai dar aula numa periferia longínqua e você não precisa. Eu sugiro que você espere um pouco, vê que outra coisa vai surgir na sua vida".

Meu marido passava o dia inteiro fora, e eu ficava sozinha dentro do apartamento. O que me salvou é que eu fazia crochê das 7 até as 20 horas, quando ele chegava. Eu "crochetava" que nem louca, como uma insana, esperando a hora da morte.

Eu levantava todo dia de manhã pensando que a morte ia chegar e eu ia ser livre, porque eu não via condição de sair daquela situação a não ser morrendo.

Às vezes, meu marido viajava e ficava um mês fora. Ele é auditor, então passava um tempão fora. E eu ficava um mês sozinha dentro do apartamento. Sem nada, sem ninguém. Nem uma viva alma conhecida.

Eu tive até um problema nas cordas vocais porque eu não falava. As minhas cordas não vibravam mais.

E eu era muito envergonhada e muito desconfiada, era realmente um bichinho do mato que de repente caiu aqui.

As contradições são muito engraçadas: lá, eu era um exagero para fora; aqui, eu era o exagero para dentro. Na verdade, o grande me intimida.

Na minha cidade, eu tinha um lugar muito bem definido, bem posicionado, de destaque. Fui rainha dos calçados da cidade, fui premiada com um trabalho de arte na escola. Eu era muito requisitada, era desfile, era chefe da banda, estava sempre na primeira fila porque era a mais alta da escola, estava sempre no brilho, aí chega aqui e você não é nada! Anonimato total, você não existe aqui. Você não tem a mínima importância para o universo aqui. Que coisa difícil.

Fiquei uns dois anos numa depressão terrível: de dor, de desamparo, de falta de identidade, é como uma morte! Como se eu tivesse interrompido a minha história anterior e nada mais fizesse sentido.

Travessia do primeiro limiar

Eu sempre me lembro com tristeza e prazer desta história. Eu queria muito ir à rua José Paulino comprar tecidos. Um dia, peguei um ônibus para ir até lá. O ônibus passava nessa rua, mas na volta, e eu o peguei na ida; então, claro que ele foi para o outro lado. Quando percebi que estava perdida, entrei em pânico. Além de tudo chovia.

Eu briguei com o cobrador: "Como você me diz que o ônibus está indo para o lugar errado?!" "Mas ele vai para José Paulino, só que vai na volta." "Mas na volta eu não sei ir..."

Era como se eu não soubesse como me virar na volta. Aí, chegou no fim da linha do ônibus. Eu chorava, de sombrinha aberta, chorava o desamparo, o abandono... Não era nem a ignorância, era a inexistência. Você não existe, porque você não sabe viver. Eu fiquei parada lá pensando assim: "Meu Deus, todo mundo sabe para onde ir, só eu não sei". Todo mundo sabia os caminhos, menos eu.

Era dor, mas era engraçado, também havia força de vida dentro de mim. Aí, chegou o ônibus que vinha no sentido contrário. Entrei no ônibus e pensei: "Se eu for agora à José Paulino vai ficar muito tarde, mas se eu descer em Pinheiros, no primeiro quarteirão, eu aprendo como é que é".

Então, eu desci e andei o primeiro quarteirão, o segundo, o terceiro.

Quando eu conheci aquela região, peguei o mesmo ônibus, parei no mesmo lugar de antes e voltei para a minha casa.

Descobri que esse era um jeito de conhecer a cidade. Então, eu pegava um ônibus, parava na metade do caminho, andava um pouco em volta daquilo e pegava o mesmo ônibus de volta. E assim eu fui experimentando conhecer São Paulo.

Nessa época também eu escrevia muito e fazia meus trabalhos de crochê muito coloridos. Mandalas coloridas, colchas feitas dessas mandalas. E tudo tinha que ter um monte de cor! Tudo tinha que ser lindo. E eu pensava como os quadros e as lãs coloridas com que eu tecia contrastavam com o luto da morte que eu carregava dentro de mim! Era um contraste com o que estava dentro. Dentro estava muito feio, muito triste. E naquela coisa de ficar sentada, fazendo crochê, esperando a morte. E, como a morte não vinha, eu pensei: "Já que você não vem e eu tenho que viver, tenho que ver o que vou fazer".

Travessia de novos limiares

Ouvi em um radinho que ia haver o vestibular de psicologia. Foi a coisa mais maluca: eu parecia um autômato. Eu lembro que peguei minhas linhas, meus crochês, agulha, botei de lado, peguei a bolsa, levantei e fui à avenida Paulista me inscrever. Me inscrevi, primeira opção psicologia, que eu não sabia bem o que era, segunda opção comunicação.

Quando cheguei em casa, contei para meu marido e ele achou fantástico. E lá fui eu fazer o vestibular de psicologia.

Passei na primeira tentativa – e fui dez vezes confirmar se era o meu nome mesmo. Eu não acreditava. Parecia impossível, porque no meu projeto de vida não havia faculdade, isso não era para gente como eu, era muito para mim.

E, de repente, eu ia fazer uma faculdade. E em São Paulo.

Começou uma grande mudança. E tem uma passagem muito maluca. Indo para a faculdade a pé, eu passava numa construção. Todos os dias os funcionários mexiam comigo, porque eu era bonitinha. Mas falavam grosserias, e eu não sabia lidar com aquilo.

Um dia, eu cheguei à faculdade transtornada. Um professor, que já tinha visto meus desenhos cheios de sombra, tinha falado: "Neiva, você tem que cuidar com carinho de você, tem uma coisa muito suicida". Nesse dia, o professor perguntou o que tinha acontecido. Eu contei que não aguentava mais ouvir as coisas pesadas que os homens daqui falavam e que não sabia o que fazer, porque tinha que passar por ali para ir à faculdade.

Ele falou: "Neiva, na próxima vez que você passar, volta e diz tudo que você tiver vontade de dizer, não segura isso dentro de você". No dia seguinte, quando eu ouvi aquelas grosserias – eu nunca vou esquecer –, eu não voltei, eu dei ré, eu caminhei com os passos para trás. As primeiras três palavras foram os palavrões que o professor tinha sugerido, as outras eu não sei onde eu tinha aquilo na minha cabeça, porque o que eu disse para aqueles caras...

Eu gritava no meio da rua tudo que eu podia gritar pelo desrespeito com uma mulher. Como que esses homens se atreviam a não respeitar uma mulher? Estava enlouquecida. E o pessoal da frente, do bar: "Bem feito, um dia vocês iam ter que ouvir".

Quando caminhava para a faculdade, parecia que não estava no chão. E quando eu cheguei lá, roxa, o professor olhou para mim e disse: "Hoje você está com uma aparência melhor".

A faculdade foi me fazendo devagarzinho. Quase no fim da faculdade, eu fui fazer terapia. Tinha que achar o meu lugar: eu tinha que encontrar a Neiva, e isso se tornou a direção da minha vida.

Bliss

Assim que eu me formei, a Irede Cardoso tinha um programa na Rádio Mulher e acabei indo fazer o tal programa. As pessoas ligavam para fazer perguntas, ela te fazia uma pequena entrevista, perguntando quem você era, que mensagem você tinha para dar...

Ah, aí eu descobri minha verve de expressão. As ouvintes eram só mulheres deprimidas. E, porque era o que eu sabia, eu falei de depressão, e foi o maior ibope do mundo.

E elas começaram a vir para o consultório, e eu comecei a atender só mulheres deprimidas. Eu atendia muitas delas quase que de graça, porque eram pessoas que vinham por causa do programa do rádio e eu estava começando.

Acabara de me formar e já tinha o consultório cheio, só com deprimidas. E eu deprimida. Era o consultório perfeito.

Uma médica foi uma das minhas primeiras pacientes. Eu estava formada há seis meses. Ela tinha passado por cinco tentativas de suicídio. Tinha se jogado embaixo de um carro.

Quando ela começou a contar essa história, eu não sabia o que fazer. Quando ela disse que queria mesmo morrer, eu segurei a mão dela e falei: "Se quiser ser minha paciente, você não pode se matar, porque você não pode morrer. Se você fizer isso, você vai estragar a minha carreira profissional. Pelo amor de Deus, não faça isso. Se você quiser se matar, não seja minha cliente".

Voou isso da minha boca. Daí, eu saí do atendimento e fui correndo para minha supervisão: "O que eu falei para minha paciente?! Que coisa horrível, eu sou uma incompetente, eu não posso trabalhar! Como vou trabalhar se eu não tenho recurso? Se na hora H eu falo um negócio desses?"

Mas minha supervisora me disse que eu tinha salvado a paciente, porque tinha pedido a uma médica que cuidasse de mim e com isso tinha devolvido para ela sua função. E eu fiz isso intuitivamente. Eu não sabia por que estava fazendo. Eu tinha muita força do arquétipo, era uma coisa intuitiva. Eu era muito animal, muito vísceras. Quase primitiva. Eu me sentia como uma pessoa da natureza, guiada mais pelos sentidos, pelo corpo, que pelo intelecto.

Meu caminho como pessoa passou muito pela margem da profissional. Eu diria que, para procurar a Neiva pessoa, a Neiva profissional me ajudou. Como se eu dissesse assim: "Eu tenho motivo para procurar a Neiva: ela precisa ser uma pessoa para poder ser a profissional".

Sabe quando parece que você morreu e não tem história? A minha depressão era assim: era como se eu tivesse morrido e não tivesse história. Eu não me lembrava de nada de mim. Então comecei a atender e ouvir as histórias das pessoas. Cada história de cliente foi acordando dentro de mim a minha história. É como se através da história deles eu fosse recuperando a minha.

Eu acho que todo o tempo o que eu mais trabalhei foi realmente ser um curador. Eu sabia que cada história que eu escutava, cada história dos meus pacientes, era uma história que eu precisava trabalhar dentro de mim. É como se eu tivesse precisado, por muito tempo, dos meus pacientes para me reconhecer como uma pessoa. Cada grande problema que aparecia era um desafio para mim, eu ia atrás. E eu sabia que, se eu não tinha tudo para poder trabalhar com aquela pessoa, eu tinha que trabalhar mais um pouco em mim. Para reconhecer em mim uma ferida semelhante à dela que pudesse me fazer respeitar aquela dor. Porque se eu reconheço a minha dor em mim, eu posso respeitar, com muito amor, a sua dor.

Caminho de volta

Começou uma fase em que eu era uma extraordinária terapeuta. Porque eu tinha uma percepção como se eu fosse o próprio arquétipo do curador. Eu fazia diagnóstico pela voz. Começaram a me chamar de guru, porque eu acertava os diagnósticos. Era uma coisa maluca, maluca.

E entrei em desespero. Era possessão do arquétipo, e eu não conseguia me desvencilhar dele. Eu estava ficando doente, porque eu só servia ao arquétipo. Eu era toda dedicada. Toda minha força maternal, todo meu amor, tudo foi jogado no meu trabalho. Eu só existia lá.

Eu comecei a ver a luz no fim do túnel num workshop com o Al Bauman. Ele foi o maior terapeuta corporal de que já se escutou falar. Era discípulo de Reich, fez terapia com ele, mas foi mais ousado porque trabalhava, literalmente, com a energia do teu corpo. Ele colocava um colchão e você se deitava nele, nu, na frente de todos os participantes do workshop. Se você não se deitasse nu, ele não fazia o trabalho.

Nessa época nada funcionava no meu corpo, nada. Era como se meu corpo estivesse morto. Era a somatização total de pânico. E eu tinha ido para enfrentar o meu medo. Mas, ao mesmo tempo, eu achava que tudo era demais para mim, era imerecido, era uma coisa que não fazia parte da minha vida. Eu me sentia como uma pessoa com nenhum conhecimento de que existisse alguma coisa além da porteira da casa da minha avó.

E foi tudo muito louco! No último dia ele perguntou quem queria ir para o colchão. E eu falei: "Olha, eu tenho muita vontade de ir, mas eu não tenho coragem, eu tenho medo. Já fui na igrejinha, já rezei, rezei, estou com uma vontade de dizer eu quero ir, mas eu não tenho coragem". Ele falou para mim: "Deus deixou?" E aí todo mundo riu, ficou uma coisa leve e eu fui.

E foi a experiência mais maravilhosa de me descobrir, porque tu deita nu! Eu olhei para ele e falei: "Eu estou em pânico! Eu não aguento de medo!" Aí, ele pegou minha mão e segurou. Até hoje me lembro do olhão dele: "Você não precisa. Você pode ter o seu medo, mas você não precisa. Está bom, respira, respira". Na terceira respirada, eu comecei a rir, rir, eu urrava, eu gargalhava, a sala inteirinha ria. Durou uns dois minutos, sem parar, não conseguia parar. Eu me imaginava pelada, todo mundo me olhando, era a sensação de liberdade maior: "Agora eu estou nua e todo mundo pode ver".

Assim que eu parei de rir, ele falou: "Está bom, Neiva, agora já chega de rir. Bate duas vezes com a tua cintura no chão". Fiz isso e aí veio o choro, e quem parava o choro? Mas só sei que ali foi a primeira vez que eu senti que tinha vida de novo em mim. Era como se eu tivesse vindo daquela depressão toda e até então não achasse mais a linha do fio da vida, até ali tinha sido a morte total.

Eu já tinha feito uma série de coisas, mas tudo mais verbal, não uma coisa tão radical e expositiva.

Fiz vários trabalhos psicológicos com a Sukie Miller. Eu digo que ela foi minha mãe emocional, no sentido de achar um jeito legal de trabalhar. Ela vinha sempre ao Brasil e trabalhava com a questão de intimidade, relacionamento e sonhos. O que me ajudou muito foram os trabalhos com sonhos. Eu tenho cinco diários de sonhos.

Nesse período de depressão, eu deitava e falava: "Meu Deus, eu estou no seu colo, me embala para eu dormir". E passava a noite no colo de Deus. Eu dormia que era uma beleza, mas tinha sonhos, sonhos, sonhos... Comecei a levantar e escrever no meio da noite. Deixava um papel ao lado e escrevia sem acender a luz. No dia seguinte, passava a limpo. E, com isso, eu fiz uma jornada de sonhos.

Decidi que, realmente, o maior desafio da minha vida era descobrir quem eu era. Era a minha meta: descobrir o que eu vim fazer neste mundo.

Então, começou uma jornada novamente para dentro, mas com lanterna! Até então eu tinha caído dentro de mim, para um fosso absolutamente escuro, sem nenhum foco para me orientar. Eu sabia que precisava visitar esses lugares, mas com consciência, e voltar e tomar posse de todas essas questões difíceis minhas.

Ressignificado

Eu fiquei dez anos tentando trabalhar minha vitimidade, não fiquei parada nela. Eu transformei essa dor. Hoje, olho com profundo respeito para a mulher que fui. Que foi covarde, ou que foi frágil, ou que foi vulnerável, ou que foi dependente, não sei, mas tenho um profundo respeito por essa parte minha. Então, eu olho e falo para essa parte minha: "Neiva, eu te amo". É como se eu precisasse, ou ela precisasse, desse amor. Só que ela buscava no outro. Até que ela teve de mim esse amor.

Há cinco anos, fui fazer uma vivência da criança interior, que é mais ou menos o **processo Hoffman,** com a turma do **Osho**. Eu já tinha força para sustentar o que viesse como imagem. Já me sentia mais fortalecida para aceitar a imperfeição do pai, a imperfeição da mãe, a dor do abandono, o desamor de não ser mãe.

Eu tinha força para isso. Fui fazer o trabalho que agora eu faço nos grupos: porque é uma qualidade que te leva para um amor, para um amor por compaixão pelos seus pais, pela dor dos meus pais. Num primeiro momento, sente-se tanta raiva deles... e de repente se descobre tanta amorosidade, tanta humanidade que eles tinham, mas tanto despreparo, tão pouco preparo para a vida.

Dádiva para o mundo

Acho que eu sacrifiquei a minha vida pessoal em muitas coisas, porque na verdade o meu foco se tornou o caminho profissional. Mas um caminho profissional que tem que ter a força da maternagem. Se eu não vou ser mãe, o que eu fizer tem que ter a mesma dedicação. Isso para mim se tornou um compromisso de vísceras. Porque, para mim, em algum aspecto da minha vida, isso tem que ser igual a ser mãe, cuidar, abrir mão de uma série de coisas em nome do seu filho.

No último trabalho de **constelações familiares** de que participei, no ano passado, em que estava falando da minha dor de não ser mãe, o terapeuta me falou: "Aonde você vai a energia maternal caminha com você. A sua presença traz a todos nós a sensação da maternagem. Você não precisa de filho para ser mãe".

Então, eu sou realmente um curador ferido.

Regina Figueiredo

A entrevista com Regina aconteceu no dia 7 de agosto de 2006, em sua casa no Campo Belo, onde mora e faz seus atendimentos. A casa é clara e iluminada, parecida com a energia transmitida por Regina. Nos recebe na sala com móveis, tapetes e almofadas também claros, algumas pedras grandes de cristal em cima de estantes.

Ela é uma mulher pequena, que parece mais nova que sua idade, penteada com uma trança solta nas costas, grandes olhos claros, óculos sem aro. Aparência recatada, fala baixo, parece contida, só se solta um pouco ao final da entrevista. Passa a impressão de uma pessoa que tem "limpeza espiritual", "iluminada". Oferece caramelos na saída.

Regina Figueiredo tem 58 anos, é casada, tem duas filhas casadas, netos e um filho solteiro que mora com ela. Trabalha como terapeuta usando reiki, florais, cristais e outras terapias alternativas. Faz também trabalhos com radiestesia e com limpeza energética de ambientes. Sua grande questão, seu grande conflito, foi conciliar um profundo catolicismo com os inegáveis dons paranormais.

Mundo cotidiano

Eu tive uma formação católica. Meus pais não eram católicos praticantes, eu era mais praticante do que eles.

Eu fui filha de Maria e queria ser freira, mas meu pai não deixou. Eu tinha 15 anos, ia ser freira, estava tudo certo para entrar no convento.

Eu tinha essa vocação religiosa, mas papai não deixou de jeito nenhum. Eu não fui por causa dele, ele chorou, chorou, chorou porque não queria perder a filha. Então, por não querer fazê-lo passar por esse sofrimento, acabei desistindo.

Chamado à aventura

Foi na época em que eu casei (tinha 19 anos) que a minha mediunidade veio à flor da pele. Ela estava fluindo de uma forma que eu via o que as pessoas pensavam. Eu comecei também a ver espíritos, sentia espíritos querendo incorporar em mim.

Eu estava jantando com meu marido e, de repente, incorporava um espírito. E eu começava a falar como ele, e me via num lugar escuro. Eu pensava: "Para onde eu fui? O que estou fazendo aqui? O que estou fazendo aqui?" Dali a pouco voltava para o meu corpo outra vez, era uma coisa muito ruim.

Recusa do chamado

Eu não queria saber dessa mediunidade de jeito nenhum. Tive muita dificuldade para lidar com isso. Eu era muito católica, sou até hoje, imagine você como foi difícil lidar com esses fenômenos em mim, com o espiritismo. Foi dificílimo, porque eu sempre fui contra o espiritismo, sempre.

Foi o avô do meu marido, que na verdade foi um grande espírita, famosíssimo, escritor de livros, o Edgard Armond, que me ajudou nessa época. Eu, jovenzinha, com a mediunidade aflorando, fui fazer um trabalho em centro espírita para cortar a mediunidade. Mas eu me lembro que eles diziam no centro que eu tinha que trabalhar com isso, mas eu dizia que era católica, não queria trabalhar com espiritismo. Não queria nada daquilo.

Depois que eu fiz esse trabalho com eles parou tudo. Cortou mesmo a mediunidade, segurou a mediunidade.

Foi uma época boa, porque voltei ao meu normal. Antes estava atrapalhada, uma coisa horrível. Atrapalhava minha vida.

Como católica, mais difícil ainda de lidar, porque o católico não aceita essas coisas.

E aí eu custei muito, relutei muito para trabalhar com esse lado espiritual na minha vida.

Travessia do primeiro limiar

Minha busca começou quando eu tinha 25, 26 anos. Fui fazer um curso de parapsicologia com frei Albino Aresi, fui buscar o mistério dentro da minha própria religião.

Fui estudar com ele para olhar a paranormalidade dentro do conceito religioso da igreja, para estudar dentro do conceito católico.

Não queria saber de nada de espiritismo. Dentro do catolicismo, o que eu podia estudar para entender um pouco esse fenômeno era a parapsicologia.

Encontro com o mestre

Então fui procurar frei Albino, que sempre teve um nome muito conceituado, principalmente no exterior. Fiz com ele um curso de parapsicologia.

E ele então me convidou para trabalhar, fazer uns testes como sensitiva. Ele falou que eu era sensitiva, que é a palavra para médium no conceito católico.

Na época, ele me disse: "Olha, você tem uma sensibilidade muito grande e, se você quiser vir até a clínica Mens Sana, eu gostaria de fazer uns estudos com você".

Então eu fui e descobri um outro lado meu que eu não sonhava que existisse. Esse lado dessa sensibilidade de olhar, por exemplo. Ele me dizia: "Olha para a pessoa e vê o que você vê. Olha bem e veja se a pessoa tem algum problema de ordem fisiológica ou de ordem emocional, algum problema de ordem mental. O que você estiver sentindo, você estiver percebendo que a pessoa tem, você me passa".

Então, essas foram as primeiras experiências. Eu não pensei que visse, mas ele me passou tanta confiança de que eu era capaz que eu concordei. Se ele acreditava tanto que eu era capaz, iria tentar.

E foi muito gratificante, porque, já na primeira pessoa que entrou no consultório dele e que ele me pediu que descrevesse o que ela tinha, eu acertei.

Eu via, via sim. Não sei explicar, é tão difícil para a gente explicar algo que está além do visível. É muito difícil explicar a visão que a gente tem. Ela foge um pouco, está um pouco fora da nossa dimensão física. Ela está mais ou menos na dimensão do pensamento, mas você pode ver, é como se o pensamento captasse aquelas imagens todas e fosse te passando, é isso, é isso, é isso.

Talvez essa fosse a capacidade, a sensibilidade que ele detectou em mim naquela época.

Passei a ir todas as semanas lá fazer um trabalho com ele. Mas eu tive que parar com essas atividades, porque minhas filhas eram pequeninas e minha mãe não podia ficar com elas.

Eu fiquei muito triste, mas então ele me deu alguns livros dele e falou: "Olha, minha filha, você tem um futuro nessa parte. É bom que você trabalhe com isso e desenvolva. Tudo que você puder ler a respeito leia, estude".

Ele foi muito carinhoso, muito especial. Então, meu início foi com frei Albino Aresi.

Aprendizado

Então, eu comecei a estudar sozinha, em casa. Estudei de tudo, fiz diferentes cursos, buscando respostas para o que vivenciava. Eu estudava e tinha uma percepção desenvolvida. Sempre tive, mas já aceitando mais aquilo. Não era uma coisa que me espantava, eu já entendia mais.

Acho que, na verdade, eu fui buscar o conhecimento justamente para poder entender o que acontecia comigo. Isso foi muito importante.

Travessia de novos limiares

Quando eu estava com 35, 36 anos, acabei conhecendo o Cáritas, uma sociedade espírita que na época já tinha uns 40 anos, era uma sociedade antiga.

Fui conhecer o Cáritas por causa do meu marido, que não estava bem na época. Haviam recomendado que ele fosse a um centro espírita para receber uns passes. E ele, que não gostava muito dessas coisas, pediu que eu fosse com ele.

Eu fui, sempre muito curiosa, queria conhecer tudo e mais alguma coisa. E lá fui eu para o Cáritas. E passei a frequentar aquele centro.

Mal sabia eu que depois de um ano frequentando a casa, um ano só, já seria recomendada pelos diretores espirituais para trabalhar com eles. Achavam que eu tinha uma mediunidade forte, que eu tinha que utilizar a mediunidade.

Fui orientada para sentar e psicografar. E eu me encantei em fazer psicografia.

Eu trabalhei direto três anos fazendo psicografia toda semana. Era uma coisa maravilhosa, foi um trabalho lindo, eu tenho os escritos até hoje guardados, e eles são muito profundos, de muita sabedoria. Tem certas passagens que são até científicas demais para o meu conhecimento. Mas eram coisas muito profundas, muito bonitas, mensagens maravilhosas.

Eu ainda não sabia, mas já eram mensagens do meu mentor.

Situação-limite

Um dia, o sr. Nelson, que era o médium principal, o dirigente do grupo Cáritas, adoeceu. Devido à sua doença, precisou se ausentar do centro.

Então, ele me chamou e disse que eu ficaria no lugar dele. Eu fiquei até sem graça, porque tinha gente muito mais antiga de casa que eu e, sinceramente, eu sentia que não tinha a experiência mediúnica que ele tinha, e que era necessária. Eu só psicografava, não fazia mais nada.

Mas ele disse para eu aceitar, que eu iria atender e que não me preocupasse, pois eu teria uma assessoria espiritual especial. Que eu teria ajuda e orientação sobre tudo que teria que fazer. Que eu não deveria ter medo, que deveria me entregar àquilo.

Ali, naquele dia mesmo, ele já me pôs no lugar dele, na mesa dele. Ele já estava numa cadeira de rodas, enfermo, não podia mais atender direito, não tinha mais condições físicas. Isso foi em uma casa em Ribeirão Pires, onde a gente atendia os pobres.

Foi a primeira vez que eu comecei a atender as pessoas para a consulta espiritual.

Eu me lembro que tinha uma imagem de Jesus Cristo, e eu olhei para Jesus e rezei. Disse que me entregava nas mãos dele, porque eu não sabia o que iria fazer. Olhei para a imagem de Jesus e falei: "Estou aqui me entregando a você, neste momento, para servir a você como você quiser". Foram essas as minhas palavras.

Eu não tive mais medo, não tive receio; me entreguei mesmo, naquele momento, para servir a Deus.

Bliss

Foi nessa época, então, que eu conheci o meu guia espiritual, o Aureliano, que está comigo até hoje, trabalhando comigo direto. Sempre me orientando, sempre me enviando mensagens.

Foi nesse momento que eu ouvi a voz do mentor dizendo para mim: "Olha, minha filha, eu estou me apresentando para você".

Eu não via o espírito, mas o ouvia falar comigo: "Eu estou aqui com você, sou o Aureliano, esse que tem escrito as mensagens que você psicografa. Chegou a hora de você trabalhar de uma forma diferente a sua mediunidade. Vai mudar de psicografia para cura. Então, agora, tudo que eu falar você anota, escreve, fala. Não se preocupe, não tenha receio que eu estou aqui para te apoiar".

Eu sinto por ele um amor muito grande, para mim ele é um pai. Depois, eu soube que ele foi meu pai em outra encarnação. O Aureliano acabou dando continuidade ao tipo de relação que eu tinha com meu pai, de conversar, de perguntar, de ler um livro e perguntar o que as coisas significavam.

Eu tenho nele um mestre, um mestre que está sempre me ensinando. E hoje ele não é mais só o meu mestre, ele é mestre de todos os meus alunos. Ele é mestre de todos que me conhecem com mais intimidade. Tem pessoas que vêm todas as semanas conversar com ele. Conversam comigo e falam com ele através de mim.

Não é incorporação, é canalização mesmo.

Dádiva para o mundo

E foi assim que comecei a atender. Eu atendi sessenta pessoas naquele dia.

Em Ribeirão Pires, a gente fazia os trabalhos para os pobres e era maravilhoso. E em São Paulo a gente atendia também, uma vez por semana, pessoas de melhor situação socioeconômica. Lá também iam cinquenta, sessenta pessoas todas as noites. Às vezes, eu ia até 2 ou 3 horas da manhã atendendo direto.

Tinha problemas de toda sorte: de saúde, financeiros, desentendimentos, de relacionamentos, todos os tipos.

Mas eu nunca me preocupei, eu entregava e ia ouvindo o meu mentor, ia passando as informações.

Depois que seu Nelson morreu, ainda fiquei um ano à frente dos trabalhos espirituais do grupo Cáritas.

Mas depois começaram a aparecer incidentes, problemas, e ficamos sem lugar para atender. Foi aí que eu trouxe o grupo para a minha casa.

Depois que eu comecei a atender na minha casa, as pessoas começaram a vir todos os dias da semana, e a casa enchia de gente.

Eu comecei a ficar esgotada, não estava aguentando. Era uma quantidade enorme de gente todos os dias, não tinha hora, tomou uma proporção tão gigantesca que tinha que colocar ordem, se não eu não ia dar conta.

Foi aí que eu mudei a coisa. Faço uma reunião toda quarta-feira para atender as pessoas gratuitamente, e quem tiver posses e quiser vem durante a semana e, pagando um preço módico, eu faço uma consulta particular.

Eu tinha que trabalhar, não tinha outro jeito. Eu precisava ajudar a sustentar a casa, porque meu marido sozinho não dava conta. Foi aí que eu tomei essa atitude de dividir as coisas.

Eu me preparei, fiz muitos cursos. Foi meu mentor que me mandou buscar tais e tais caminhos, fui direcionando dentro daquilo que ele orientou e acabei escolhendo as coisas com as quais eu me afinei mais.

Hoje trabalho com reiki, cristais, radiestesia, regressão, entre outras coisas. E assim tem sido até hoje. Nunca mais parei.

Desde aquele primeiro dia de trabalho, nunca mais parei de atender as pessoas. Eu tinha 35, 36 anos, tenho 57 anos, são 22 anos, e eu nunca mais parei.

Ressignificado

Eu tenho estudado muito a religião católica esses anos todos para poder entender. Muito mesmo, com muita profundidade. Eu sou católica de ir à missa todo domingo e comungar.

É lógico que eu não posso chegar para o padre e falar: "Eu tenho um guia, um mentor que se chama Aureliano". O padre vai me excomungar da igreja. Então, eu fico quietinha e vou à missa. É uma coisa que me faz bem.

E o Aureliano endossa, ele acha que é maravilhoso. Ele acha que eu tenho que buscar minha religiosidade, praticar. Acha que é importante, é uma forma de me proteger espiritualmente. Ele diz que comungar todos os domingos, para mim, é uma proteção muito grande.

Ele vê a beleza e a sabedoria em todas as religiões. Eu tenho a graça e a felicidade de ter um mentor muito sábio, que me orienta e me mostra as coisas também.

Quando eu pego a Bíblia para ler, ele está junto, está em conexão direta comigo. Quando leio uma passagem e penso o que será que quer dizer, ele vem e me responde.

Ele é um espírito muito sábio, de grande luz. E ele respeita muito o meu catolicismo. Ele respeita meu catolicismo e endossa meu catolicismo.

Durante todos esses anos, eu percebi que a religião católica é feita por homens, e por isso ela tem um lado imperfeito; aqueles que a conduzem, a conduzem de uma forma errônea.

A verdadeira religião católica, para mim e para o meu mentor também, é a religião mais perfeita que existe. A religião católica, aquela religião que foi deixada pelos apóstolos de Cristo. A que foi deixada por Cristo é a religião mais especial que existe.

Tem a reencarnação, sim, existem várias passagens do evangelho dizendo isso. A reencarnação, como explicada por meu mentor, representa exatamente a necessidade espiritual que todos nós temos de aprendizado, porque uma vida só não é suficiente para você crescer espiritualmente. Você precisa de muitas vidas, milhares de vidas, para ir desenvolvendo seu espírito.

Mas o que eu acho a coisa mais linda deste mundo é que não existe só reencarnação, existe ressurreição. A Igreja católica só fala em ressurreição, que vai ocorrer no final dos tempos, quando Jesus vier separar o joio do trigo. Os espíritas acham que só existe reencarnação, e não acreditam em ressurreição.

Mas existem as duas: reencarnação e ressurreição.

Meu trabalho hoje está muito mais ligado à minha religião do que ao espiritismo.

A única coisa de diferente é que as pessoas que eu atendo, não todas, mas a maioria, sabem que eu tenho meu mentor, que é o Aureliano. E que ele me ajuda no diagnóstico de coisas.

Eu faço reiki, eu rezo, faço orações, acendo vela, benzo com água-benta, coisa de católico mesmo. Também converso e vem o lado terapeuta, porque eu estudei psicologia e, mesmo não tendo podido terminar a faculdade, faço uma espécie de terapia.

E o meu mentor me ajuda, ele fala dos problemas emocionais que a pessoa tem. Por isso, eu abro um caminho para a alma da pessoa muito mais depressa, e a gente resolve as coisas muito mais rápido.

Renata C. Lima Ramos

A entrevista com Renata foi feita numa tarde fria, no dia 28 de junho, na livraria Triom, numa sala cujas portas de vidro se abrem para um jardim onde uma romãzeira estava carregada de frutos.

Renata é uma mulher de fala mansa e alegre, que passa muita leveza. Ficamos nos perguntando se ela é leve porque lida com dança ou se lida com dança porque é leve...

Renata Carvalho Lima Ramos nasceu em julho de 1949, é divorciada, mãe de três filhos homens. É sócia da Triom, centro de estudos, editora e livraria, um local agradável que reúne em suas prateleiras livros filosóficos e espirituais e proporciona encontros, vivências e workshops sobre diferentes temas ligados a esses assuntos.

Renata é instrutora de dança circular sagrada. É uma das principais responsáveis por sua difusão no Brasil e uma forte referência nesse assunto.

Mundo cotidiano

Na minha família, a música fazia parte do dia a dia. Meu pai, muito musical, tocava "de ouvido" vários instrumentos, como violão e piano, e cantava, cantava muito! A dança, então, estava no sangue! Eu me lembro de meu pai e minha mãe dançando juntos nas festas de família.

Fui educada como católica, em colégio de freiras, e estudei no Iade (Instituto de Artes e Decoração). Casei-me, tive três filhos homens; trabalhei como *freelancer* com decoração e figurinos para uma escola de balé e fui sócia de uma confecção de roupas femininas.

Até 1989, era uma mãe de família em tempo integral, com algumas escapulidas para o mundo empresarial.

Chamado à aventura

Na verdade, meu caminho espiritual começou em 1989 com a astrologia. Na época, eu já não estava bem com meu marido: eu falava A e ele entendia B. Estava ficando difícil de conviver.

Eu estava com quase 40 anos, naquela fase em que ou você muda ou você muda. Astrologicamente, é um período muito importante na vida de um ser humano: quadratura de Plutão e Urano oposto.

Terminei com a minha confecção e fiquei pensando no que poderia fazer fora de casa. Foi um momento delicado, de busca interna.

Resolvi seguir pelo caminho mais conhecido por mim, o amor pela língua inglesa; em pequena, aos 3 anos, morei com minha família nos Estados Unidos por um ano, o que sempre me permitiu ter uma grande facilidade em entender essa língua. Dessa maneira, comecei a estudar para ser tradutora de inglês.

Mas um dia uma amiga me convidou para participar de um curso de astrologia que ela estava organizando e, como eu tinha tempo livre, resolvi aceitar.

Foi nesse momento que aconteceu a minha grande virada, quando comecei a penetrar em outro mundo, a perceber que havia muitos outros níveis de realidade para compreender e me aventurar.

Olhando para trás, vejo agora que fui muito abençoada por ter encontrado esse novo caminho quando estava terminando um ciclo importante da minha vida, o meu casamento.

Travessia do primeiro limiar

Eu tinha começado a estudar astrologia em 1989 e minha irmã em 1988. Nossos caminhos se cruzaram quando descobrimos na família um tio astrólogo. Como um lado da família tendia a ser muito científico, a astrologia não tinha espaço para existir...

Tio Martin era inglês, casado com minha tia-avó Marina, irmã de minha avó materna; soubemos depois que ele dava palestras na França sobre a astrologia que praticava, de cunho mais espiritualista.

Na época em que o "descobrimos", ele já estava com a saúde bem debilitada e minha tia queria muito publicar seu trabalho de pesquisa sobre os horários e datas de nascimento da realeza da Inglaterra e da França.

Então, em 1991, nasceu a Triom, Centro de Estudos Marina e Martin Harvey, uma editora que iria começar seu catálogo de publicações com a obra de tio Martin.

O nome Triom surgiu numa meditação e significa três vezes *OM*, o som do universo, como dizem os místicos. Nessa meditação, eu realmente firmei comigo mesma o compromisso de oferecer aos outros o que eu tinha encontrado: a alegria, o contentamento advindo do fato de ter tido um vislumbre da missão da minha alma.

Minha irmã Ruth estava navegando no mesmo oceano e, desse modo, resolvemos nos unir numa só embarcação; a Triom como um todo nasceu com o objetivo de proporcionar estudos e vivências que conduzissem as pessoas para o despertar de sua consciência espiritual.

Minha mãe, Renata, também pessoa intuitiva e generosa, esteve sempre muito presente em toda essa empreitada. Investiu financeiramente no prédio da Triom, juntamente com Vitoria, a nova sócia que se juntou a nós em 1995.

Aprendizado

Com Rodrigo Farias, meu professor iniciador nessa nova jornada, estudei muito astrologia, tanto a tradicional quanto a espiritual, na linha de Alice Bailey.

Gostei demais dela e enveredei pelo caminho da teosofia, dos sete raios. Estudamos durante anos um de seus livros, *Um tratado sobre magia branca*, que nada mais é do que a magia da alma. Eu transcrevia para o grupo as aulas que gravava e isso me proporcionou uma compreensão mais profunda do assunto.

Além da obra de Alice Bailey e da astrologia, eu me aprofundei nos estudos de mitologia, numerologia e outras sabedorias ancestrais.

Participar desses grupos de estudos, meditar junto com outras pessoas, foi um grande aprendizado; além do mais, me deu uma base espiritual, fornecendo o conteúdo simbólico que depois se tornou o diferencial nos grupos em que focalizo (instruo e coordeno) as danças circulares sagradas.

Travessia de novos limiares

Estudando a magia da alma, achei que nada seria melhor do que ir à comunidade de Findhorn, na Escócia, local conhecido por trabalhar o sagrado no dia a dia.

Primeiro foi minha irmã Ruth que ficou lá por três dias e voltou alegremente surpresa e encantada com o que vivenciou.

Chegou a minha vez de ir em 1992, quando participei da semana de experiência, programa em que entramos em contato com o ritmo da comunidade, com meditações diárias, palestras e passeios por uma natureza bem diferente da brasileira.

O feminino e o sagrado   199

Foi nessa semana, numa bela tarde de outono, que encontrei as danças circulares sagradas. Elas faziam parte do momento de integração do grupo. Dançando a *shetland wedding dance*, uma dança escocesa muito animada, me ouvi pensando em meio aos giros e palmas: "Gente, o que é isso mesmo?"

O contentamento tomou conta de mim, e eu soube naquele momento que jamais deixaria de dançar em círculo.

Bliss

Reconheci essa identificação com a dança circular na primeira vez em que a experimentei. Foi um encontro da alma mesmo. Sabe quando você tem a certeza de que encontrou aquilo que procurou a vida inteira?

Eu percebi que poderia expressar tudo aquilo que tinha estudado até então: astrologia, mitologia, muitos temas sobre os quais eu não gostaria de simplesmente e somente falar. Não sou uma palestrante nem uma professora que dá aula de texto...

Prefiro focalizar uma vivência de dança circular com a certeza de que estou oferecendo possibilidades de reflexão profunda aos participantes a partir do momento em que entram em contato com seu corpo físico e com suas emoções.

E então, com a dança circular sagrada, eu tinha descoberto a melhor maneira de me expressar e contribuir para a conscientização da humanidade.

Em 1993, fui de novo a Findhorn, com o objetivo de fazer o treinamento de danças com a Anna Barton, que focalizava as aulas naquele momento.

Considero Anna Barton a minha iniciadora nas danças circulares sagradas. Voltei encantadíssima, achando que precisava compartilhar com todo o mundo.

Tinha encontrado *tudo*!

A dança circular sagrada complementou meu trabalho com a Triom.

Posso afirmar que a minha jornada como ser humano, a partir do momento em que terminei um ciclo, me despedindo de um casamento que, como diz o ditado, "foi bom enquanto durou", e me aventurei no "novo", fluiu como um rio alegre e prazeroso.

Encontrei a astrologia, logo surgiu a Triom, depois veio Findhorn e a dança circular sagrada, fechando novamente um ciclo.

Caminho de volta

Quando voltei ao Brasil, reuni um grupo de amigos e disse: "Eu gostaria muito de poder compartilhar com vocês o que tem me encantado ultimamente!"

Comecei a ensinar as doze danças que tinha aprendido em Findhorn para esse grupo. Era tudo o que eu queria!

Mas, apesar de o grupo ter gostado bastante, percebi que eu mesma tinha um caminho autodidata a percorrer, pois precisaria descobrir por mim mesma a melhor didática para os diversos tipos de aprendizagem de que o ser humano é capaz.

Fui desenvolvendo minha capacidade de atenção, de suavidade para ensinar, de paciência, de abertura e de compaixão.

Não tenho formação em psicologia nem em pedagogia, minha formação é em artes e eu nunca tinha trabalhado com grupos.

Então tudo foi um abrir caminhos, uma aventura.

Durante todos esses anos, passei por muitas oscilações de personalidade, deixando para trás padrões antigos de atitudes e comportamentos, me ajustando ao momento novo da humanidade que vagarosamente começa a olhar e vivenciar os conceitos da física quântica.

Reconheço a minha "sorte" de ter a estrutura da Triom como apoio ao meu trabalho com as danças circulares sagradas: eu tive espaço para aprender o que fazer.

Foi um trilhar, um pé depois do outro.

Ressignificado

A minha serenidade, com total confiança no que faço, é uma conquista. Eu não era assim, com o tempo é que fui ficando mais e mais serena. Pessoas que me conheceram há muitos anos sabem como eu era mais autoritária, mais brava. Mudei muito! Mantenho a mesma força, mas é equilibrada.

Acredito que não mudamos a nossa personalidade, mas mudamos a maneira de nos expressar; mudamos a nossa comunicação. Mantemos a mesma personalidade e transformamos nossas dificuldades em potencialidades equilibradas. A dança me fez entender esse processo.

Eu tenho três filhos homens e sempre fui bastante independente, autoritária: "Não quer fazer? Tá bom, eu faço, vamos lá!" Mãe de menino se torna mais esportista, não tem aquele "ti-ti-ti" que vejo nas mães de meninas.

Isso influenciou muito na minha energia feminina. Não que ela não existisse, mas era uma energia bastante ativa, objetiva, linear e determinista.

Ser pioneira também requer uma força de líder que pode beirar a força masculina...

Mas, a partir do momento em que comecei a trabalhar com as danças circulares e com os grupos, minha energia se tornou muito mais suave. Aprendi a equilibrar a objetividade e a assertividade com as qualidades de envolvimento e compaixão; e, principalmente, comecei a amar mais.

Quando a dança entrou na minha vida, o feminino se tornou mais presente. Atualmente, posso dizer que sei entender a diversidade e respeitá-la; e a forma do círculo é essencialmente feminina, propiciando o reconhecimento de valores tais como inclusão, compaixão, amorosidade.

Eu tenho a certeza de que trabalho com o que eu gosto. Escrevi o prefácio do livro da Anna Barton, onde digo: "Estou respondendo a um chamado da minha alma, estou fazendo o que gosto de fazer".

Atualmente, tenho me permitido falar mais sobre alma e amor sem ter receio de parecer piegas. Pois sei que preciso dizer que é somente com a certeza de que estou "de bem" com a minha alma que consigo manter o centramento necessário para poder ser leve e alegre, mesmo quando os problemas estão rondando.

O ser humano precisa dessa certeza para viver.

Considero que tudo que vivi até agora contribuiu para chegar neste patamar da vida com um sentimento de preenchimento.

Mas é preciso também reconhecer que eu estava pronta para fazer as coisas na hora certa, ou seja, eu não deixei o bonde passar sem subir nele! Porque às vezes podemos dizer: "Deixa, o universo se encarrega de fazer acontecer". Não é bem assim... O universo traz, mas você tem que dar o *start*, estar pronta para a aventura e dizer "sim".

Isso é a intuição, é o feminino como eu o reconheço. É o meu ego, a minha personalidade, que responde a um chamado ou é de fato uma resposta da minha alma?

A grande dificuldade é saber reconhecer quem está respondendo... Mas quando está fluindo fácil continue por aí, porque deve estar certo.

Existe uma certa entrega, mas é uma entrega ativa. É ativa, mas sossegada.

Trazer o simbólico para a vida diária e caminhar junto, sem brigar, torna tudo mais fácil. A aceitação do que acontece à nossa volta fica menos dolorosa quando fazemos conexões com os sinais simbólicos que vamos encontrando.

E experimentar o contentamento através das conexões que nosso corpo, coração e mente fazem é a melhor coisa do mundo.

Fiz uma escolha de vida. A partir de 1998, fui a praticamente todos os festivais anuais de danças circulares sagradas em Findhorn. O prazer que sempre senti preenche a minha memória e faz bater mais forte meu coração de puro contentamento. E tenho a certeza de que carrego dentro de mim uma casa iluminada onde posso receber a todos e compartilhar do meu alimento.

Não tive uma formação de bailarina. Muitas vezes tive, e ainda tenho, que treinar mais uns passos que outros, até para poder ensinar. Mas acho que a grande história da qual faço parte não é somente poder e gostar de dançar; a grande história é poder amar as pessoas, é poder se relacionar.

Então, a dança para mim foi um instrumento de crescimento, pois me permitiu formar grupos, entender, aceitar e Amar as pessoas, com A maiúsculo. Para mim, esse é o objetivo da vida: é saber Amar, mesmo.

Dádiva para o mundo

Sempre foi muito claro que eu não queria que esse conhecimento ficasse só para mim. Eu sempre senti necessidade de dividir e compartilhar as danças circulares.

Eu sempre desejei mostrar aos outros aquilo que encontrei; e é interessante ver que os que trilham esse caminho acabam tendo o mesmo desejo. Daí eu concluo que esse trabalho é uma arte que expressa algo comum a todos; uma verdadeira obra de arte que não necessita de explicações no nível cognitivo. Por que não uma obra de Deus?

Há mais de uma década que a minha atividade principal tem sido a dança; tanto profissionalmente quanto como caminho espiritual.

Considero um caminho espiritual aquele que permite ao ser humano desabrochar para uma consciência de presença íntegra, que "dá" sem necessariamente receber nada em troca.

Dessa maneira, a dança circular sagrada e todas as nuances que envolvem pertencer a um movimento que se tornou mundial me fizeram crescer muito e continuarão a me fazer crescer ainda mais. É por ela e através dela que eu me reconheço fazendo parte da humanidade, do planeta, do universo.

Dou cursos de formação em danças circulares sagradas desde 1994. Atualmente, vêm pessoas de todas as áreas à procura desse instrumento maravilhoso: da saúde, da educação, das empresas, do social. Muitos que "beberam" comigo estão levando o que aprenderam para as diversas áreas em que atuam.

Porque as danças acessam aquela "molinha" da alegria; a chave da cura é o contentamento, a alegria. Alegria, beleza são qualidades da alma; e, se a alma ficar bem, o corpo vai ficar bem também.

Meu próprio filho, que é psicólogo e trabalha num hospital para dependentes químicos, me levou para focalizar as danças circulares sagradas com os pacientes. E eles também vieram dançar na Triom e disseram que foi muito bom, fez muito bem. Os terapeutas que os acompanharam ficaram impressionados com o poder de inclusão que as danças circulares sagradas têm.

Anualmente, organizo com mais duas parceiras das rodas o Encontro Brasileiro de Danças Circulares Sagradas: em 2008, acontecerá o VII Encontro e pretendemos continuar anualmente reunindo as pessoas de todo o Brasil. Relatos de experiência, palestras e muita dança circular acontecem durante cinco dias. Vem gente do Brasil inteiro.

Dança é tão fácil! Pode mexer muito com a adrenalina, mas o objetivo mais profundo é a integração dos corpos físico, emocional, mental e espiritual.

O movimento das danças circulares sagradas é muito novo; tem somente 35 anos nesse formato atual, como um instrumento de autodesenvolvimento.

Existe, portanto, uma bibliografia ainda pequena, mais calcada no simbólico, tendendo para o segmento "alternativo". Essa bibliografia é considerada incipiente, pobre em embasamento científico para a elite acadêmica.

Mas, a partir do momento em que as pessoas das mais diversas áreas começam a ter resultados mensuráveis e passam a escrever sobre isso, as danças circulares sagradas começam a adquirir uma força maior, passando a ser praticadas por mais pessoas.

Este é o grande objetivo! Implantar muitos círculos por todos os lugares. Em 1998, a Triom publicou o livro *Danças circulares sagradas: uma proposta de educação e cura*. Somos doze autores, de diversos *backgrounds* e diferentes áreas de atuação, que têm em comum o amor pelas danças circulares sagradas.

Em 2006, publicamos um livro da Anna Barton, que foi com quem iniciei a minha jornada dançante: *Dança circular, um caminho sagrado*.

Para contribuir com o bem-estar social e mental da comunidade, existem equipes que focalizam as danças circulares sagradas nos parques de São Paulo, aos domingos.

Eu mesma coordeno a equipe do Parque Trianon, na avenida Paulista, há mais de treze anos. Entram na roda do Parque Trianon, todo terceiro domingo do mês, em torno de oitenta a cem pessoas. Todas dão as mãos e, durante uma hora e meia, praticam essa saudável meditação ativa, nome também conhecido das danças circulares sagradas.

Eu pretendo continuar levando as danças circulares sagradas para todos os segmentos da sociedade. O Brasil todo já possui focalizadores íntegros e conscientes do poder desse "instrumento", que acreditam, como eu, na necessidade de expandir cada vez mais a consciência do círculo, das mãos dadas, da cooperação e da cultura de paz.

O movimento das danças circulares sagradas começou contemplando as danças dos povos, a cultura popular. E a dança de um povo é a expressão da sua alma. Dessa maneira, essa prática não fere nenhuma crença!

Além disso, ao iniciar uma roda com todos de mãos dadas, é feita uma harmonização que conecta a todos com seu corpo físico pela respiração, depois com o ritmo do coração, com a terra, com o céu, com a comunidade, com o planeta; o participante leva sua atenção para "pontos" universais, comuns a todo ser humano.

O termo "sagrado" não é mencionado. À medida que a dança vai acontecendo, os participantes vão se sentindo tocados e, ao final, todos conseguem falar sobre o que é o sagrado.

E surgem, invariavelmente, as mesmas respostas: "O sagrado é aquela conexão comigo mesmo. É estar presente no aqui e agora. É se sentir inteiro. O sagrado é uma conexão com a natureza. É a conexão com o todo. É viver o dia a dia. É não colocar Deus em cima e nós aqui embaixo". O sagrado é, realmente, a união de espírito e matéria.

Rosane Almeida

A entrevista com Rosane foi feita na tarde de 14 de dezembro de 2006, na sala de espetáculo do Teatro Brincante, na Vila Madalena. Sentamos na plateia e, apesar de o teatro não ser muito grande, o fato de estar vazio fazia parecer que éramos como peças pequenas naquele espaço.

Rosane é uma mulher miúda, de fala macia e baixa, parecendo quase tímida, muito diferente da força vital que aparece quando está atuando no palco. Mas, à medida que começa a falar, ela se solta e é muito engraçada. É uma atriz.

Rosane Almeida tem 43 anos e é casada desde os 17 anos com o músico, ator e artista Antonio Nóbrega. Têm dois filhos, já adultos. No palco, tanto só quanto com o marido, atua, dança, faz malabares e outras artes circenses. Estudou arte circense na Escola Picadeiro em São Paulo, na França e na Suíça.

Rosane tem uma jornada solitária, empreendida precocemente até acontecer o encontro com Nóbrega e a jornada tornar-se conjunta, na direção da expressão da arte em que acreditam. Um dia, ela sente necessidade de nova jornada solitária e, dessa jornada dentro da jornada, surge a peça *A mais bela história de Adeodata*. E o fio condutor de sua história é ser ela, desde sempre, uma atriz.

O mundo cotidiano

Nasci em Curitiba, de família classe média baixa, mas com ligação com a arte. Com 12 anos, eu já me virava bem sozinha, era bastante independente.

Chamado à aventura

Estava no primeiro ano do magistério, um período em que eu estava com muitas atividades. Além de estudar, fazia estágio na periferia, coordenava um grupinho de teatro com crianças e fazia parte de um outro grupo de teatro.

Eu acordava muito cedo e ia dormir muito tarde, sempre muito carregada de coisas, porque ou eu ia para o ensaio e levava o figurino, ou eu ia dar aula e levava os cenários dos meninos; enfim, estava sempre cheia de coisas.

E houve um dia em que eu fiquei muito cansada. Eu já tinha ido para a aula, tinha ido fazer o estágio e ainda faltava o segundo turno da noite.

Eu ainda ia ensaiar o grupinho de teatro da escola e depois ia para o meu grupo de teatro.

Eu comecei a lanchar entre o fim da tarde e a noite e me achei tão cansada, tão cansada e cheia de coisa... E ainda tinha que pegar tudo aquilo, pegar ônibus... E pensei: "Eu não quero, quero fazer alguma coisa diferente".

Eu estava na frente de um cinema. Decidi ver o filme que estava passando, que nem sabia qual era. Não avisei ninguém, comprei o ingresso e entrei.

Comecei a assistir, e era o filme *Irmão Sol, irmã Lua,* do Zeffirelli. No filme, tinha uma cena em que São Francisco tirava toda a roupa e saía nu pelo portal de Assis. Essa cena me tomou de um jeito que eu pensei: "Como é largar tudo e sair sem nada?"

E não fui para o teatro, não fui fazer nada. Fui para casa, e aquela imagem ficou me perseguindo, aquela imagem de você deixar tudo e seguir.

Eu fiquei defronte a um espelho e dizia assim para mim: "Como que é deixar tudo?" E alguma coisa me dizia: "É largar e seguir". "Mas como que eu vou fazer isso?" "Se ouvindo. Você não está conversando com você agora?" "O que eu tenho que fazer?" "Ué, pega suas coisas, dá as suas coisas e vai." "Mas vai para onde?" "Vai para onde essa voz mandar você ir." "Mas para onde eu vou? Não tenho nem dinheiro para sair." "Ah, não é assim, você tem o dinheiro do dentista."

Fiquei horas conversando comigo no espelho, e a "voz" terminou me convencendo de que era isso que eu tinha que fazer.

Travessia do primeiro limiar

Fiz uma malinha: peguei um chinelo azul, peguei um vestido, botei um cobertor porque sou muito friorenta, botei uns livros de que eu gostava, algumas outras coisas minhas, peguei uma bolsa (essa bolsa eu tenho até hoje) e durante o dia fiquei me organizando.

No dia seguinte, peguei todas as minhas outras roupas, todos os meus sapatos, tudo que eu tinha, até brinquedo que eu achei que nunca iria me desfazer, levei para uma favela e dei tudo.

No terceiro dia, escrevi uma carta para minha mãe, escrevi uma carta para meu tio que organizava o grupo de teatro em que eu era a atriz principal e escrevi uma carta para minha irmã, porque eu tenho uma ligação muito grande com ela.

Disse, nas cartas, que eu estava indo embora, que eu não sabia para onde, que assim que eu descobrisse eu daria notícias, mas que eles não se preocupassem, e pedia desculpa para todos. O conteúdo era mais ou menos o mesmo para todo mundo.

Coloquei as cartas no correio à tarde, fiz o que tinha que fazer, fui para casa dormir. Acordei muito cedo, fui para a escola, me despedi da professora que organizava esse grupo de teatro, me despedi dos outros professores e avisei que eu estava indo embora. Passei no dentista, falei que eu estava indo embora e que estava pegando o dinheiro que era para pagá-lo. Claro, ele não entendeu nada.

Então, fui para a rodoviária de Curitiba, que há 27 anos era bem pequenininha. E fiquei sentada lá, esperando que a voz, que Deus, me dissesse para onde é que eu tinha que ir. E alguma coisa lá falou: "Rio de Janeiro". Tomei então o ônibus para o Rio. Eu tinha 16 anos!

Na rodoviária do Rio, perguntei a uma senhora desconhecida onde poderia achar trabalho. A senhora me sugeriu que procurasse um convento em Santa Teresa.

Cheguei ao Convento de Santa Teresa e contei um monte de mentira. Disse que meu pai e minha mãe tinham morrido e que eu estava sozinha, que eu precisava trabalhar, enfim, um monte de mentira, artista pura.

A freira que me recebeu sabia que era mentira, estava vendo, mas como você vai dialogar como uma pessoa que respondia às questões dela (sobre se de fato eu não tinha mais pai nem mãe) com "Não estou só, Irmã, Deus é meu pai e a minha mãe é a natureza. Nada vai me faltar".

E aí a pobre da freira, diante daquele ser que realmente tinha resolvido colocar em prática o que São Francisco tinha falado para fazer, não podia fazer outra coisa a não ser me acolher.

E aconteceu algo muito curioso. Essa história aconteceu no ano em que o papa veio para o Brasil, no dia em que o papa chegou. Foi determinado que o convento fosse desfilar para o papa lá na avenida Rio Branco, no Rio de Janeiro.

E em casa estava todo mundo doido me procurando, sem saber para onde eu tinha ido, o que tinha acontecido comigo – e eu com uma vela na mão, toda de branco, lá na avenida Rio Branco, cantando para Jesus.

E a danada da câmera da TV vem filmando, vem filmando, e entre 300 mil pessoas me filma. Um monte de gente me vê em Curitiba rezando para o papa, e nem de papa eu gosto.

Passei um período nesse convento, mas eu não queria ser freira, eu não queria o convento. E a vozinha não estava sendo muito clara, mas eu ouvia que ali não era. E voltei para Curitiba.

Mas, quando eu voltei para lá, a minha vida estava muito desarrumada. Todas aquelas coisas que tinha iniciado, o grupo de teatro, os meus alunos, eu já não tinha mais. Até as minhas amigas eu não tinha mais; as mães não queriam que andassem comigo, uma maluca que foge de casa.

Travessia de novos limiares

Fui buscar ajuda com minha irmã, pois era uma pessoa que me entendia.

Ela tinha uma ligação com um alemão que era o tradutor no Brasil de **Sri Aurobindo**. Ele coordenava grupos ligados ao Aurobindo aqui no Brasil. Fui fazer uma aula com ele e, depois, contei a história do filme. Ele sugeriu que eu fosse para um dos dois grupos fortes que eles tinham: ou São Paulo ou Recife. Quando ele falou Recife, eu disse: "Ok, é para lá que eu vou".

Até então, eu nem sabia que Recife existia, nem que tinha mar; eu não sabia absolutamente nada, mas a palavra Recife me soava bem e era para lá que eu ia.

Fiquei trabalhando um período num escritório com minha irmã, juntei dinheiro e fui.

Em Recife, nessa época, houve um encontro de todas as comunidades brasileiras de Aurobindo. Fiquei em Recife, fiz o curso e fiquei lá sem comer, fazendo exercício, dormindo tarde, acordando cedo. Mas eu olhava aquilo e pensava: "Senhor, não é aqui, não é isso".

No último dia do encontro, conheci uma senhora de Recife, de quem gostei de cara, e ela, que não podia ter filhos, me convidou para morar com ela. Ela me disse: "A gente faz os estudos, participa dos encontros, faz parte do núcleo, venha, venha para Recife, venha morar aqui na minha casa".

E eu aceitei. Já tinha visto, inclusive, alguns lugares em Recife onde poderia trabalhar.

Voltei para Curitiba, avisei a pobre da minha mãe e fui morar em Recife. Eu tinha 17 anos.

Cheguei a Recife e em um mês conheci o Nóbrega. E nós fomos, juntos, trabalhar numa casa em Olinda com os guias mirins, crianças pobres que contam a história de Olinda para os turistas, que hoje ainda existem.

Depois de um ano, a gente se casou e começou uma outra história de vida que não era mais minha, era uma história nossa. Logo depois, mudamos para São Paulo e tivemos dois filhos.

Até eu conhecê-lo, era uma busca minha, foi um trajeto em que eu tive que ir atrás do "danado".

O Nóbrega tem um envolvimento com o trabalho muito intenso, então não tem como ficar ao lado dele e não se sentir absorvido, e eu sou a pessoa mais próxima dele. Fui a primeira a ser "abduzida" para esse trabalho e por essa relação.

Talvez eu seja orgulhosa demais, mas acho que eu nunca tive um mestre, mestre. Existem pessoas que eu respeito, admiro, gosto, que eu acho bom que elas existam, que eu admiro também pela maneira como elas encontraram a vida delas. E a primeira delas é o meu marido. Eu tenho uma admiração muito grande por ele, pelo que ele faz, pelo que consegue mover.

Ainda em Recife, o Nóbrega me levou para ver os folguedos populares, a cultura popular.

Eu achava aquilo horrível: só gente pobre, feia. E cantando, dançando... Como assim?

Isto era uma coisa impensável na minha cabeça: primeiro que homem ia dançar, depois que gente tão pobre, tão sofrida, pudesse ser feliz.

Isso era uma realidade muito diferente da minha vida em Curitiba, de classe média. Minha família e meus amigos não eram assim. As pessoas trabalham, lutam. Meu pai luta, trabalha, trabalha e luta, às vezes luta e trabalha. Isso é a vida dele.

Aprendizado

Então, quando eu via aqueles homens todos de saia, aqueles chapéus coloridos, eu não gostava, mas ao mesmo tempo tinha uma coisa que me seduzia muito.

Eram as pessoas com a qualidade humana que eu encontrava, independente daquela dança. Eu nem achava que aquilo era dança, aqueles cantos feios de que eu não gostava, aquela música que eu não entendia nada, tudo desafinado.

Mas as pessoas tinham uma generosidade, uma simpatia, um despojamento com as coisas que me seduzia.

O Nóbrega ia atrás da música, da dança, mas eu gostava de ficar conversando com eles, gostava de conversar, de ouvi-los, de vê-los se relacionar com os filhos, se relacionar uns com os outros.

Os homens se dão as mãos, se beijam. É uma outra relação humana que acontece na zona rural. Brincar, abraçar, rolar no chão, são coisas bem comuns, e era isso que me seduzia, era isso que eu achava fascinante.

E fui seguindo essa trilhazinha. E, como não sou só uma pessoa de palco, mas também dou aula, tive que aprender de onde tudo isso veio.

Procurando conhecer mais esses folguedos e de onde eles vieram, foi que fui me dar conta dessa trajetória, dessa relação do ser humano com o sensível.

Acho que a humanidade tomou dois rumos: uma grande parte foi ignorando esse lado sensível, ao passo que o povo não, o povo o mantém.

Acho que essa relação com o sensível foi preservada e evoluiu nas zonas rurais. O que noto é que aquelas pessoas não têm carro, não têm casa, não têm esgoto, não têm saneamento, têm a saúde física debilitada, mas têm uma alma e vão buscar o acalanto para essa alma.

Eu acho que é aí que acontece a relação com o mítico, com o simbólico, com a transcendência. Porque é isso que é capaz de nos tirar da realidade sórdida, cinzenta e feia.

Então, você vê essas pessoas muito ignorantes, porque não sabem ler, não sabem escrever, são muito pobres, mas que são extremamente lúcidas.

Podem não ter uma referência literária, mas têm uma sabedoria na reflexão sobre a vida, sobre vários temas, que sai da boca delas como de qualquer grande escritor.

E essa lucidez que não veio da leitura, que vem do que eu chamo de exercício do sensível, que vem dessa relação com o simbólico, com o mítico.

E com a convivência o meu olhar foi mudando! De feios, eu passei a achá-los lindos, porque se esteticamente eles eram feios, pela pele rachada de sol, pela aspereza da vida, a alma bonita faz com que seus olhos brilhem. E faz com que sonhem com um dia melhor; e isso, de alguma forma, transpira pela pele deles.

E toda vez que eu encontro com esses brincantes, com esses mestres, eu me envergonho de reclamar das coisas. Eu ainda me acho muito pequena diante deles.

Eles são o exemplo vivo de que, se você investir em algo que não seja só o *ter*, a recompensa é muito grande.

Eu acho que o grande passo da humanidade, daqui para a frente, não é se organizar politicamente para todo mundo ter igual. É para as pessoas acordarem que não precisam de tanto.

As respostas sobre o que de fato precisamos estão dentro das pessoas; e, para a gente encontrá-las, vai ter que começar como o povo faz, respondendo às necessidades básicas da alma.

É isso que vai nos fazer entrar em contato de novo com o *humano*.

Convivendo com essas pessoas, dentro dessa relação com a cultura popular, eu percebi uma coisa de relacionamento humano, de coletividade, que é mais importante que tudo, que não é a música, que não é o canto.

São caminhos, são alfabetos para dizer coisa muito maior, que dizem respeito a um novo estágio da humanidade. O ser humano tem que continuar, mas em outra qualidade.

Bliss

Eu nasci para a coisa. O palco é a minha casa. Onde eu me sinto melhor é em cima do palco. Eu gosto.

Queria ir para a praia com o palco embaixo do braço. Todo mundo diz que eu fico bonita quando estou no palco. Eu não consigo ficar muito tempo sem atuar.

Eu gosto dessa ritualização, de chegar cedo e vir aquele frio na barriga: "Quem vai entrar? O que vai entrar? O que vai ser? Quem está na plateia?"

Eu gosto do risco, do perigo, dos desafios. Isso me move, o desafio me move.

Então, eu ponho armadilhas para mim nos espetáculos.

Existem coisas que eu percebi que me colocam em perigo no palco: por exemplo, em vez de me apresentar fazendo malabares com duas facas, fazer com três, ou pegar sempre uma pessoa nova da plateia para atuar comigo.

O trabalho que dá, o risco que eu me imponho são grandes, mas também, quando eu consigo, é uma felicidade enorme. É adrenalina pura.

E uma coisa é você ter bastante gente no palco, outra é estar sozinha. É diferente; mas eu não acho que é melhor ou pior, só diferente. E a minha energia é a mesma se eu estou com trinta pessoas ou se estou sozinha.

Eu tenho que estar inteira. E quando você não está, você sabe que: "Ah, hoje não consegui". Isso é a coisa do palco. Eu imagino que televisão, cinema não devem ser assim. Você grava e fica lá o melhor de si, pronto.

Mas no palco não, é o todo dia, ave Maria... mas eu gosto!

É essa possibilidade de sair disso aqui, do mundinho, do físico. A possibilidade da transcendência, de você sair desse seu corpo e se colocar a serviço de outras coisas, de outros estágios de consciência, de outra vivência física, de outro aspecto.

Colocar o seu rosto, colocar-se a serviço de outro temperamento, transformar a realidade.

Chamado à (nova) aventura

Eu sempre acompanhei o Nóbrega e, apesar de sempre aparecer o nome dele, a gente fazia juntos todos os espetáculos, a gente sempre dividia tudo.

Nunca foi apresentado como dividido, e eu nunca me preocupei com isso. Foi sempre uma troca muito feliz entre a gente.

Eu era como uma "cobaia" disponível para as ideias dele, e ia experimentando, e aquilo ia crescendo.

Mas, em 1998, ficamos um mês na França, nos apresentando quase todo dia para cerca de 4 mil pessoas, num festival. Estávamos na mídia internacional, sucesso fora, era muito diferente do início.

Quis fazer algo novo. Eu já tinha cantando, já tinha dançando, já tinha interpretado, já tinha feito tudo ao lado do Nóbrega. Não ia ter novo desafio: eu sabia o que ele iria fazer nos espetáculos dele, eu sabia por onde caminhava a criação dele.

Então, eu tinha que inventar uma coisa só minha.

Travessia de novos limiares

E eu pensei em várias coisas. Pensei na aula que eu dou aqui no Brincante, no curso dos educadores sobre a trajetória dos folguedos. A aula acompanhava essa visão religiosa do ser humano, essa visão feminina. As pessoas sempre gostavam muito, se emocionavam, choravam. Eu pensei: "Está aí uma história bonita. Você pode contar a história da humanidade de várias maneiras: pela guerra, pela conquistas, pela medicina, e você pode contar também por essa visão feminina".

Aí a peça *A mais bela história de Adeodata* nasceu.

Mas esse projeto teve que ser adiado por uns tempos, porque fomos convidados a montar um espetáculo para a comemoração dos 500 anos do descobrimento do Brasil e, com esse espetáculo chamado *Marco do meio-dia,* fomos para a Europa e rodamos o Brasil.

Aprendizado

E aí eu me machuquei. Tive um problema nos dois pés, nos dois tendões, tive uma microrruptura nos ligamentos. Fiquei meio incapacitada; então, pude ler muito, estudar muito, porque eu tive que ficar quieta. Passado esse período, já em 2004, eu estava bem mais antenada sobre o que eu queria fazer.

Situação-limite

Eu vivo na incerteza 99%. Durante a criação da *Adeodata*, não teve um único dia em que eu dissesse: "É isto que eu quero fazer". Eu quis desistir. Mas tinha armado uma armadilha para mim. Apresentei um projeto através da Lei de Fomento à Cultura onde estavam atreladas a reforma do Teatro, oficinas com mestres populares e a minha peça. Por isso não desisti. Se eu tivesse inscrito só a *Adeodata*, provavelmente teria desistido, porque foi muito sofrido.

Uma coisa é você saber, mesmo não sendo fácil, o que quer dizer, e outra coisa é como dizer.

Briguei, estressei com Bráulio Tavares e com o Wilson Freire, que estavam me ajudando com os textos, falei que não era nada daquilo que eu queria dizer.

Eles quase desistiram de mim, coitadinhos, não me aguentavam mais.

E um dia eu tive que dizer se ia sair a peça ou não; era a data-limite, ou então eu ia ter que devolver o dinheiro. Eu não sabia o que ia fazer. Só sabia que eu queria contar aquela história, a trajetória do feminino na história da humanidade, seguindo a trilha das festas, dos rituais. Eu sou megalomaníaca.

Eu sentei em frente ao computador no dia anterior da data-limite, e de lá só sairia com uma solução: ou fazer a peça ou devolver o dinheiro.

Meus filhos tinham ido ao Rio e, quando eles chegaram, lá pelas 11 horas da noite, eu estava chorando no computador.

O Nóbrega dizia: "Filha, faça uma aula espetáculo, você faz isso tão bem, é tão boa nisso".

E eu: "Não quero fazer, eu só saio daqui quando eu souber o que é, ou eu desisto, e dane-se tudo, ar-condicionado, mestre popular, dane-se tudo. Eu devolvo o dinheiro, ou eu vou sair daqui com uma peça. Eu não levanto daqui sem saber".

Daí o Gabriel, meu filho, começou: "Mãe, tem alguma coisa que eu possa fazer para te ajudar?" "Tem, meu filho, coma e vá dormir".

Aí eles foram, e eu fiquei a noite todinha lá, me debatendo com o computador. Umas 4 horas da manhã, eu pensei: "E se fossem três personagens?" Porque eu queria falar, mas ao mesmo tempo queria dançar e queria fazer graça. E aí, sem saber direito o porquê, comecei a ouvir CDs de cantadores, e cada música que eu escutava tinha ligação com o que eu queria falar e fazia a ligação entre as três personagens.

E aí, fiquei até as 7 horas da manhã escrevendo o que as três personagens deveriam estar fazendo.

Nasceu a peça.

Eu tive que fazer o texto, tive que escrever. Eu usei poemas, letras de músicas de outras pessoas, mas o texto foi o meu desafio.

Não foi na atuação, não foi no cenário, não foi no figurino; o desafio para mim foi o texto, até porque eu não sabia, até então eu nunca tinha ligado o computador.

E esse texto nasceu daquele noite infame, de eu ficar arrancando os cabelos. E, de lá para cá, o texto foi saindo do papel e foi entrando na boca de cada personagem, com improviso, com mudança. Mesmo depois de estrear a peça, não parei mais de mexer, continuo refazendo, refazendo.

Ressignificado

E o que me seduz na arte, seja dança, cinema ou teatro, é quando existe algo de singular no que está sendo apresentado.

Ver as pessoas agindo como papagaio, repetindo coisa, repetindo fórmulas, me faz um mal enorme. Muito da arte caminhou para esse lado, para repetições, para fórmulas, e aí se tirou dela o essencial.

O essencial é o que eu preciso fazer, o que se eu não fizer ninguém vai fazer no meu lugar.

Aí sou eu, aí eu sou diferente, e ninguém é igual a ninguém.

É que a gente vive numa danada de uma sociedade que funciona muito melhor se as pessoas vestirem as mesmas roupas, comerem as mesmas comidas. Mas isso não é orgânico no ser humano; o orgânico é a diferença, o orgânico é você ser o que ninguém mais é.

Aí você acrescenta no contexto, aí você faz a diferença.

Eu tenho uma vocação, eu tenho dentro de mim uma facilidade muito grande para a entrega, para me entregar para uma causa. Se eu encontrasse uma razão de ser, eu embarcaria, eu abraçaria essa causa. E o Nóbrega me trouxe justamente isso, ele trouxe uma razão para abraçar. Durante muitos anos, uns quinze, dezesseis anos de trabalho, eu fazia as coisas não para ele, pois eu estava crescendo junto, mas exteriormente o que as pessoas poderiam achar é que era para ele; o palco era dele, e eu fazia para ele.

Mas eu sabia que não era por ele, para mim era para uma causa.

O mesmo zelo de 25 anos atrás, de quando eu conheci o Nóbrega, o mesmo cuidado que ele tinha é o mesmo que tem hoje, a mesma honestidade, a mesma entrega, a mesma devoção. Se há vinte anos éramos só eu e ele, hoje a gente tem um espetáculo com trinta pessoas.

E o relacionamento que ele tem comigo é o mesmo que ele tem com as trinta pessoas, sempre com essa visão mais feminina nas relações, na questão do dinheiro, de horário, de qualidade de trabalho.

A gente procura a relação do diálogo, do conforto, do ouvir, do acolhimento.

Faz parte dessa visão feminina, uma visão onde a intuição vem antes da razão, ou pelo menos ao lado da razão. No nosso trabalho esses valores estão o tempo todo em tudo: a razão, a força, o poder, a conquista e, junto, a ternura, o afeto, a compaixão, a solidariedade.

Como se a gente fosse pulverizando uma outra forma de se relacionar com as coisas. É tão importante o que acontece no palco no nosso trabalho quanto o que acontece fora dele.

A relação que a gente tem com o trabalho, nesse sentido, é uma relação bem religiosa, de religar, de doação, de entrega, de missão.

Dádiva para o mundo

O teatro Brincante existe porque a gente não tinha palco para se apresentar. Então, criamos o nosso espaço.

Faz 23 anos que a gente está em São Paulo, e o Brincante faz 15 anos no ano que vem. Quando mudamos para São Paulo, fazíamos os espetáculos pingando de teatro em teatro.

E quando começava a ganhar público no boca a boca, a gente tinha que sair.

Quando, em Curitiba, abriram o primeiro festival de teatro, um amigo nosso nos colocou no festival. Montamos uma peça, *O brincante*. Éramos só nós dois. Estreamos lá, e foi um sucesso muito grande, todo mundo gostou.

Voltamos para São Paulo achando que teríamos um lugar para nos apresentarmos. Devíamos para todo mundo, até para quem não gostava da gente a gente devia. Devia até para inimigo. A gente botou todo o dinheiro para fazer *O brincante*, e os meninos ainda eram pequenos, vai carregando filho, aquela luta.

Eu pensava que agora iria ser melhor, porque a gente tinha o espetáculo e, com a bilheteria, a gente sobreviveria.

Mas nenhum teatro tinha pauta para a gente, nenhum teatro. Porque é uma peça de nordestino, palhaço.

Aí eu falei: "Como assim? Então eu tenho a peça" – e, para mim, o mais difícil deveria ser ter o objeto artístico – "faço um negócio desse tamanho, o negócio fica lindo e não tem onde se apresentar? Não é possível um negócio desse, melhor fazer um teatro!"

Então, esse teatro Brincante custou muito tempo, muito desgaste nosso. E demorou muito, demorou muitos anos.

Na verdade, a gente começou a fazer coisas fora daqui. O que caminhou bem aqui foram os cursos, desde o primeiro que a gente abriu sempre teve público.

A escola cresceu porque não havia lugares que quisessem ensinar dança brasileira, porque dança brasileira na cultura oficial não existia, só se fosse samba. Essas outras danças, cavalo-marinho, caboclinho e outras, ninguém nem sabia o que eram.

Hoje as coisas mudaram, e eu sei o quanto a gente teve um papel nisso. Há vinte anos, a gente era ignorado, tinha preconceito, era "coisa de Recife, folclórico".

Conseguir uma entrevista na televisão, conseguir uma matéria no jornal, conseguir que um crítico viesse aqui, todas essas coisas foram construídas com muito trabalho, manualmente, pedrinha por pedrinha, mas sólidas. Hoje, temos CDs, DVDs, programas sobre danças brasileiras, e lancei um livro com a peça que escrevi.

A gente nunca voltou para trás, nunca fez um trabalho que denegrisse.

Sandra Sofiati

A entrevista com Sandra foi feita numa tarde muito quente, no dia 28 de setembro de 2006, e atualizada no início de maio de 2009.

A primeira conversa foi em sua casa, consultório e espaço terapêutico denominado Kuikakali, que significa "a casa do canto" e é um nome que vem do México antigo. Fica em um sobrado na Vila Madalena. Embaixo, há uma garagem com as paredes cobertas de bandeirinhas, arte popular do México. Sobe-se uma escada lateral para entrar na casa, toda pintada de azul e amarelo nos tons mexicanos. Atravessa-se um corredor, ao lado da casa, cheio de plantas, pedras e algumas esculturas. Seu espaço fica ao fundo, como uma edícula. É uma sala ampla, com um colchão, colchonetes e almofadas (provavelmente para trabalhos corporais), um piano, tambores e outros instrumentos de percussão. Duas poltronas frente a frente.

Sandra vestia, no nosso primeiro encontro, uma saia longa de jeans e uma bonita túnica bordada, parecendo mexicana. Suas falas são diretas, objetivas.

Sandra Sofiati tem 58 anos, um filho de 18 anos, é psicoterapeuta há 33 anos, foi professora do Sedes Sapientiae durante muitos anos no curso de especialização em **psicoterapia reichiana**. Além do trabalho com a psicologia, é terapeuta de voz, facilitadora de Path-Work e de constelações familiares e tem uma ligação muito forte com a cultura do México antigo. Desenvolve um trabalho ligado a essa cultura, levando os brasileiros para lá e, às vezes, trazendo os médicos indígenas para cá. Faz um pouco a ponte entre essas culturas. E tem um enorme amor pela música e pela natureza.

Mundo cotidiano

Passei muito tempo da infância lendo e escutando música. Ganhei um piano aos 9 anos de idade. Estudei piano dos 9 aos 18 anos.

Acho que essa relação com a música foi a primeira ponte para o sagrado. Era através da música que eu tocava nessas experiências de poder estar unificada com um todo maior e viver um nível de consciência que transcendia o ego.

Eu passei minha infância bastante envolta em música. Foi uma das saídas que tive para lidar com os conflitos dessa época.

Eu também lia muito. Lembro que uma das minhas primeiras leituras foram os livros do Monteiro Lobato.

Eu sempre tive uma vida muito interna, muita ligada a imaginação, fantasia.

Tive uma hepatite com 13 anos, fiquei uns quatro meses de cama, e um amigo e primo meu, ligado em filosofia e psicologia, me levou um livro de psicanálise do Erich Fromm.

Acho que aí começou toda essa busca do meu ser através da psicologia. Passei pelas dificuldades próprias da adolescência e conheci o trabalho terapêutico dentro desse contexto. De alguma maneira, isso também foi importante, pois me ajudou a definir minha profissão.

Outra coisa que me marcou foi ver o Paulo Gaudêncio na televisão. Eu assistia muito aos programas dele. Era um programa direcionado aos jovens, e eu me identificava muito com aquela situação conflituosa que o jovem tinha naquela época.

E me lembro também de começar a ler *A interpretação dos sonhos*, do Freud, e pensar: "Vou ser psicóloga, defini minha profissão".

Queria muito poder ajudar como Gaudêncio ajudava. Acho que era uma coisa de me imaginar vivendo o sofrimento das pessoas e querer ajudar essas pessoas.

Eu nasci no Brás, na zona Leste de São Paulo. O Brás ainda era um bairro italiano, ainda tinha uma coisa de rua de italiano preservada. Foi bom, mas quando eu quis entrar na faculdade só existia uma possibilidade para mim: cursar psicologia na USP. Lembro de ter tido que batalhar muito para poder entrar na Universidade de São Paulo.

E foi lá, quando eu entrei na USP, que comecei a ter consciência de classe social. Foi lá que fui fazendo conexão com a minha origem social e cultural, que era muito diferente da maioria das pessoas que lá estudavam. Entrei na USP em 1970, foi uma época muito, muito pesada, politicamente falando, e eu lembro de fazer militância em centro acadêmico.

Quanto à questão religiosa, estudei em colégio de freiras, peguei muita bronca de religião, não quis saber de Deus. Conheci nessa época de faculdade o marxismo, e a verdade é que fiquei bem materialista por um bom tempo.

Tinha também um grupo de música. A coisa da música sempre! Parei de estudar piano porque, quando vi que ia me dedicar à psicologia, pensei que deveria me dedicar a uma coisa ou outra; não ia dar para ser boa nas duas.

Decidi ser boa na psicologia e acabei seguindo essa carreira. Mas a música sempre esteve presente. Então tive muito grupo de música, sempre gostei de cantar.

Chamado à aventura

Vivi um pouco essa coisa da contracultura, acampei. Sempre tive uma ligação muito forte com a natureza. Sentia que chegava em casa cada vez que ia para a natureza, quando saía de São Paulo.

Foi uma época em que acampava muito, gostava de ir para lugares que não tinham muita urbanização. Essa ligação com as forças da natureza sempre foi muito forte.

E nessa época, 1970, junto com o movimento da revolução sexual e o movimento estudantil, minha geração descobriu as tradições espirituais dos povos antigos e, com isso, o conhecimento de que existem outros níveis de realidade dados por estados de consciência alterados.

Nesse tempo, experimentei algumas plantas sagradas que levam a estados alterados de consciência. Naquela época da universidade, essas experiências não tinham nada que ver com alienação e já traziam questionamentos, inconformidades e a busca da transcendência. Foram vias de ligação com meu mundo interno, assim como o jeito de me sentir mais conectada com a natureza.

Depois delas, a dimensão espiritual se abriu para mim de vez. Acho que, se não fosse pela ajuda de uma planta de poder, talvez eu não tivesse experimentado fortemente essa dimensão. Ou teria, não sei. Mas o fato é que na minha história isso é um determinante.

Essas experiências foram determinantes, porque vi tudo, entendi tudo e voltei completamente diferente delas.

Dei uma desestruturada porque tive que mexer com minhas concepções de mundo, com modelos de homem, de vida. Foi uma grande balançada.

Travessia do primeiro limiar

Mas continuei a ter na leitura, na filosofia, na música, uma forma de conexão com a sabedoria universal.

Comecei minha vida profissional de um jeito solitário e muito difícil. No nível pessoal, foi uma época de muitas perdas. Algumas pessoas me ajudaram; sem elas, não sei o que teria sido.

Eu me casei nessa época. Tive que fazer pesquisa de mercado por um bom tempo até ter uma clínica que pudesse me dar independência financeira. Meu casamento durou cinco anos, me separei, fiquei uns dois anos sozinha aqui em São Paulo, de 1981 a 1983.

Nessa época, eu conheci a União do Vegetal e experimentei a ayahuasca, que também foi uma experiência determinante nessa busca do sagrado. Frequentei a União por um ano e meio. Aí aconteceu a primeira experiência que ligava uma substância que alterava consciência e um ritual religioso.

Travessia de novos limiares.

Conheci também o Castañeda, e depois que comecei a ler o Carlos Castañeda não queria mais ficar dentro da instituição da União do Vegetal, porque soava como doutrinária e rígida, mas hoje reconheço a importância que a União teve na minha vida e agradeço muito por tudo que recebi lá.

Em 1982, fiz um trabalho com uma terapeuta mexicana que me impactou muito. Ela era uma pessoa que usava as plantas de poder em contexto de psicoterapia, em circunstâncias especiais, com determinados pacientes, e acabei fazendo esse trabalho com ela.

Na hora em que tive aquela experiência, pensei: "Vou seguir essa mulher, eu como paciente e ela como terapeuta, eu como discípula e ela como mestra. Vou seguir essa mulher e vou para o México".

Além de trabalhar com a Blanca, decidi experimentar plantas de poder no deserto mexicano. Eu queria entender essa história. Ir lá, ver, sentir, experimentar o que era essa "realidade à parte" que Don Juan descrevia.

Enfim, fui para o México também para buscar outras realidades, o mundo de Don Juan, Castañeda, o peiote, que é a planta sagrada da etnia huichol, que vive ao norte do México.

Pensava em desenvolver um trabalho com essas plantas um dia. Acabou ficando só como ideia.

Situação-limite

Mudei para o México. Fui para o México assim, sem conhecer o México. Foi uma ruptura, foi um pulo no abismo que dei.

Estava separada, não tinha filhos e resolvi que ia fazer essa experiência. Fechei meu consultório, fechei minha casa e pensei: "Vou ficar um, dois anos no México". Isso em 1983.

Fui morar numa cidade do México que é um lugar muito, muito especial. Chama-se Tepoztlán. É considerado um lugar sagrado. É um centro cerimonial desde a época pré-hispânica, é rota de peregrinação desde tempos antigos, é um vale cercado de montanhas altíssimas, feitas de determinado mineral que é muito forte magneticamente falando.

É mais um *pueblito*, não chega nem a ser cidade. Tem a comunidade indígena que se preserva intacta. E tem uma comunidade de artistas de todos os lugares do mundo. Muito interessante!

Foi muito legal, porque eu resolvi que iria cantar também. Eu tive coragem, fiz um repertório brasileiro e saí cantando. Foi muito legal!

Foi um momento de transcendência absoluta, de expressão da alma e de toda a minha musicalidade. E foi muito interessante, porque fiz contato com vários músicos, e músicos de muito bom nível. Havia muitos estrangeiros; se tinham dez pessoas na sala, havia dez línguas diferentes. E todo mundo fazendo alguma coisa com arte.

Chegavam músicos de Nova York, chegavam músicos de São Francisco, minha casa era ponto de encontro. Morei em uma casa feita de pedras, com um piano de cauda no meio da sala. Um luxo! Cantei em alguns bares, em alguns espaços culturais, fiz alguns recitais, foi muito legal!

Foi uma época em que pude me dedicar mais a estudar com a Blanca, que era uma coisa que profissionalmente eu queria, e me tratar como paciente dela.

Ao mesmo tempo, pude soltar toda essa minha parte musical.

Trabalhei também um pouco como massagista e terapeuta corporal dentro do meio terapêutico de lá. Eu atendi muita gente; tratava das pessoas dentro do meio dos terapeutas corporais.

Minha estada lá passou muito pela psicologia reichiana, porque na verdade essa terapeuta, Blanca Rosa Anõrve, é uma das primeiras terapeutas reichianas do mundo e foi muito importante como modelo para mim. Fez escola no México e pelo mundo. Nessa época, usava plantas de poder dentro de um determinado momento do processo psicoterapêutico. Tem permissão de trabalhar legalmente com elas na Suíça até hoje, mas não faz mais esse tipo de trabalho.

Travessia de outros limiares e situação-limite

Além desse trabalho com a Blanca, eu conheci um xamã.

No México, não existe a palavra xamã. Eles se denominam médicos tradicionais. Enfim, conheci um médico tradicional no norte do México e tive uma iniciação com ele.

Chamava-se Yermo e era uma pessoa incrível: nasceu de uma mãe índia com um branco que passou pela aldeia dela. Foi criado por essa tribo, que era matriarcal, toda fundada numa cultura que tinha o feminino como centro. Era um artista excepcional, pintor, só pintava mulheres. Acabou saindo da tribo e foi estudar arte em São Francisco e Chicago.

Ele já estava com 80 e poucos anos na época em que o conheci. Sobrevivia da venda de seus quadros em Nova York.

Ele dizia que trabalhava com outros mundos. E trabalhava mesmo, pois esse cara se transformava na minha frente, uma coisa absurda. Eu via! Ele ia me ensinando e, conforme ia falando, se transformava. Não usávamos nenhuma substância alteradora de consciência. Ia se transformando mesmo!

Falava desses mundos todos, desses mundos paralelos. Dizia que existem dez mundos e que ele só conseguia ir até o segundo, que não tinha poder para passar para o terceiro mundo.

Imagina se tivesse! Com ele fui fazendo um pouco essa conexão com outras dimensões.

Eu vivi um tempo em San Miguel de Allende, essa cidade lá no norte do México, onde ele ficava. Eu ia e voltava de Tepoztlán, ia e voltava. Ficava um mês aí, voltava para Tepoztlán, trabalhava um pouco, depois voltava para aí de novo.

O meu contato com ele não foi de muito tempo, mas foi muito intenso. Nos nossos encontros, ele foi me ensinando, foi me dando algumas dicas e me passando os exercícios. Fiz trabalhos usando peiote com ele acompanhando.

Uma vez iniciada, cheguei a ir para o deserto ao norte do México sozinha. Conheci mais e tudo era muito mágico; recebi algumas respostas de que precisava.

Minha percepção se abriu. Tudo era vivo e interconectado. Entendi um pouquinho daquilo tudo que Don Juan falava. Sentia que eu era a própria guerreira transitando entre a "realidade ordinária" e a "realidade à parte". Voltei do México transformada!

Caminho de volta

Eu tinha decidido morar de vez no México, mas retornei ao Brasil depois de um ano e meio e por aqui fiquei por razões de doença em família. Retomei meu trabalho de pouquinho em pouquinho e, quando me vi, já estava com namorado, minha clínica havia crescido bastante e já não podia mais sair do Brasil. Já tinha feito raízes aqui de novo.

Conheci o pai do meu filho. Tenho um filho de 18 anos. Foi uma experiência de muita transcendência ser mãe aos 38 anos. Eu não estava contando, não foi uma coisa planejada, mas na hora em que eu me vi grávida eu gostei, eu curti, foi uma experiência realmente muito forte. Te dá uma outra dimensão, é uma das que marca, não tem jeito!

Bliss

Eu sou uma curadora, tenho certeza de que sou uma curadora, uma pessoa que consegue fazer pontes entre níveis de consciência e ajudar as pessoas a fazê-lo também. Posso também ajudá-las em seu sofrimento emocional.

Nesse período da volta ao Brasil eu voltei para o Sedes, dei aula no Sedes durante dez anos, numa especialização em psicoterapia reichiana. Voltei a fazer conexão, a pertencer ao movimento reichiano de São Paulo. Dar aulas foi uma coisa que eu fiz com gosto, com paixão; gosto muito de ensinar.

E eu tenho essa possibilidade de transitar: de repente estar dentro da psicologia e esquecer essa dimensão mais mágica, mais xamânica; de repente trabalhar com as forças da natureza no nível do grande espírito. Cada vez mais busco essa integração.

Travessia de novos limiares

Nessa época, eu conheci o Santo Daime. Assim como na União do Vegetal, lá se faz uso da ayahuasca, que era a bebida sagrada dos incas. Poderosíssima essa bebida: professora, terapeuta, mestra, conselheira. Entrei no Daime quando voltei do México, foi em 1986, 1987.

Na verdade, fiquei sete anos para assumir um compromisso. Eu ia de vez em quando, mas chegou uma hora em que falei: "Não tem jeito, se tiver que ter religião, essa é a minha religião, meu caminho, vou seguir".

Demorei sete anos para conseguir me entregar de verdade, tinha muitas brigas internas em relação à religião e à instituição.

Depois de um tempo, acabei me afastando, mas reconheço que o Santo Daime e seu ritual são muito poderosos. São às vezes trabalhos de doze horas, com bailado e canto, e a verdade é que você movimenta a **kundalini** o tempo todo. Já pensou você fazendo isso com a sua energia durante todo esse tempo, sob efeito de uma substância que altera a consciência? É muito poderoso.

Na hora em que você se entrega para a experiência, você vai embora. É como subir em uma nave espacial rumo ao cosmos. Tudo fica sendo só energia e consciência.

O Daime tem música, tem dança, é um trabalho musical. Traz muita compreensão, clareza e também força e determinação para transformar aquilo que precisa ser transformado.

O trabalho de Daime centra, enraíza e possibilita que a parte guerreira se manifeste. Já precisa ser guerreiro ou querer ser guerreiro para encarar uma experiência assim, né? É experiência de agonia e êxtase, de morte e renascimento.

Possibilita a abertura de percepção, aumenta a resistência física, ajuda a aterrar ao mesmo tempo que propicia muitos voos. Dá chance de aprender a estar no coletivo sem perder a subjetividade, porque bailar e cantar num quadradinho de meio metro por meio metro, por doze horas seguidas, sob efeito da ayahuasca, não é fácil. Ajuda a compreender a importância do trabalho dentro do coletivo.

Enfim... me deu muitas ferramentas.

Fiquei dez anos lá. Mas nunca me adequei à religião, eu tenho um perfil bem rebelde. Interrompi meu contato com o Santo Daime porque tem coisas lá que eu não aceito. Coisas com as quais eu brigo e que têm a ver com o fato de ser doutrina e instituição, com relações de poder que eu não concordo.

Claro que, se você transcende e leva para outros níveis, a experiência acontece só com a dimensão espiritual. Você vai transcendendo e entendendo em outros planos...

Mas é difícil, para mim, muito difícil. Estou afastada do Daime faz anos.

Nesse tempo de volta a São Paulo e de trabalhos no Daime, eu me sentia bem dividida, vivendo experiências que não podiam estar sendo ligadas e vivendo em mundos e grupos que também não tinham ligação.

Eu nunca pude falar que era do Santo Daime no meu meio profissional, porque por preconceito e ignorância seria discriminada.

Nova situação-limite

Quando chegou 1996, eu vivi uma crise muito grande dentro da psicologia tradicional. Eu pensei: "Não dá mais para ficar só dentro desse jeito de pensar, de trabalhar. Ou integro a dimensão espiritual no meu trabalho ou 'morro'".

Comecei achar uma pena a psicologia convencional estar reduzida a uma psicologia do ego. Comecei a entender que a psique é muito mais que só personalidade e, dentro dessa crise, saí do Sedes.

Resolvi ouvir minha alma.

Foi quando eu conheci o trabalho do PathWork, o trabalho da Eva Pierrakos, que é ao mesmo tempo sondagem psicológica e caminho espiritual. Finalmente encontrava uma estrutura teórica e uma metodologia que integrava a espiritualidade e o trabalho psicológico.

Nessa época, tive a oportunidade de retornar ao México, depois de dez anos.

E para a minha surpresa, encontrei a Blanca dentro do PathWork. Eu não sabia disso. E aí resolvi fazer a primeira parte da minha formação lá, fiz dois anos de PathWork lá. Ao mesmo tempo, cursei a escola da Theda Basso e da Aidda Pustilnik, a Escola Dinâmica Energética do Psiquismo, aqui em São Paulo. Até então nunca tinha tido contato com a **psicologia transpessoal**.

Nesse momento me senti manipulada pela psicologia oficial: como não me disseram que existiam trabalhos tão sérios dentro dessa área?

Dádiva para o mundo

Além de trabalhar como psicoterapeuta, usando todo o arsenal de "ferramentas" de cura que fui aprendendo durante essa minha jornada, comecei a fazer um trabalho diferente. Nessas idas e vindas ao México, tive a ideia de começar a levar brasileiros para lá e desenvolvi um programa cultural e terapêutico que chamo de "México Sagrado".

E aí fui de novo fazendo essa conexão com o México que eu tinha deixado, um pouco por causa do filho, um pouco por causa de questões familiares.

Fui retomando minha família espiritual mexicana. Eu tenho uma ligação grande com a cultura do México e me interessei em transmiti-la.

Hoje eu desenvolvo um trabalho ligado a essa cultura, levando os brasileiros para lá, às vezes trazendo os médicos indígenas para cá. Faço um pouco a ponte entre essas culturas. Quero levar as pessoas para o México, ajudar na conexão com o sagrado através daquela cultura.

Ressignificado

No início da minha vida, eu me sentia bastante separada, isolada.

Mas eu acho que é da minha natureza. Tem uma parte minha que gosta de estar só.

Isso hoje não é pesado. E me dá condição de mergulhar muito profundamente na natureza, na minha natureza e na natureza humana. Na música também.

E hoje é uma escolha, porque eu posso pertencer, eu tenho trânsito em vários grupos. Eu tenho trânsito, as pessoas gostam de mim, eu gosto das pessoas, então estar só de vez em quando não é pesado. É o que é.

Às vezes passo por umas fases de recolhimento, é onde eu estou mais em paz, é onde não tem peso. Tudo mais pesa. Tudo mais tem algum tipo de esforço. Para poder chegar a algum lugar sagrado, às vezes tenho que me recolher e silenciar.

Precisei, em algum momento da minha vida, ter como via de acesso as plantas de poder para conectar o sagrado. Hoje não mais. O silêncio, a natureza e a música me reconectam. Mas reconheço que minha história é muito pautada, não pela frequência do uso, mas por profundas experiências com essas substâncias que foram me abrindo, foram me abrindo...

Não foram tantas experiências, mas tenho para mim que essas plantas ajudam as pessoas muito racionais, que são muito mentais, como eu, a fazer essa ligação com outros níveis de realidade. Para pessoas que têm dificuldades de poder fazer essa ligação com o espírito, elas ajudam, elas são portais. É experiência imediata, não tem como você negar mais o mundo espiritual.

Eu não gosto de nenhuma doutrina, eu não gosto dessa coisa de pertencer a alguma coisa, eu reluto. Eu acho que posso conhecer, praticar, mas não gosto de qualquer coisa que me mantenha presa.

Eu sou uma buscadora. E, como buscadora, acho que nunca vou conseguir dizer: "Ah, cheguei!" Eu me vejo sempre buscando.

Só o que eu posso dizer é que, quando estou na natureza e quando faço ou ouço música, eu "chego". Música e natureza são momentos em que eu "chego". É uma conexão direta: eu com a Força, eu com Deus. Não gosto de falar, por incrível que pareça, apesar do meu trabalho ser o de uma pessoa que fala. Já pensei em ir para mosteiro, já pensei! Parar de falar por um tempo. De vez em quando vêm umas ideias...

Mas não é que eu não goste de estar no mundo. Eu tenho vontade de estar no mundo e agir no mundo. Gosto de estar com meus amigos. Acho que é mais uma coisa de recolher e sair, recolher e sair...

E, nesse recolhimento, minha alma se reconhece, minha alma fica feliz. Comprei uma casa no meio da mata Atlântica, então estou indo muito para lá. Me vejo cada vez mais assim, transitando entre natureza e cidade. Meu futuro vai ser cada vez mais estar perto do fogo e das estrelas, de preferência com um amor e com amigos, fazendo música; mas se estiver só, tá tudo bem também.

Acabo de voltar do México e quero também estar mais tempo lá. Acho que todas essas realidades e esses mundos não são excludentes. Don Juan fala em "totalidade de si mesmo". Minha meta é trabalhar pela totalidade de si mesmo, tanto comigo quanto com os outros.

Mas a jornada continua...

Talvez eu ainda vá fazer um trabalho com a morte. De vez em quando coordeno workshops de finados, com o tema da morte. Eu chamo de "preparação para uma mudança de atitude ante o viver e o morrer". Uso o livro do Sogyal Rinpoche, *O livro tibetano do viver e do morrer*, de base, e também muitos dos ensinamentos de Don Juan.

Eu gosto muito da ideia da morte como companheira que vem da filosofia do México antigo. E peço sempre que ela possa mesmo ser uma professora. Ajudo as pessoas a fazerem essa conexão.

Já fiz programa de **día de muertos** no México, em finados, para trabalhar com esse tema.

Dá vontade de criar grupos de apoio ao morrer, eu tenho ideias. Eu reluto, reluto, reluto, mas tem coisa que não adianta. Pode ser que esse trabalho com a morte em algum momento se dê. Acho interessante a ideia de trabalhar com a morte em todos os níveis metafóricos.

As pessoas se abrem para a morte na medida em que encaram qualquer processo de autodesenvolvimento, mas além disso o trabalho terapêutico focado na morte pode ser muito transformador, ajudar as pessoas a lidar com a impermanência.

Tem também a vontade de garantir direitos a quem está morrendo, ajudar as pessoas a se organizarem para isso.

Também trabalho com voz, sou terapeuta de voz. Eu não estou fechada para a expressão artística. Acho que a arte é muito libertadora. Eu ajudo as pessoas a cantar.

Sou facilitadora em constelações familiares segundo Bert Hellinger. Acho importante trabalhar nesse nível da alma da família.

Mas o que mais tem me interessado neste momento é o chamado de novo para a música. A possibilidade de trabalhar com música pitagórica (portal cósmico) em contexto terapêutico. Tenho tocado harpa pitagórica, instrumento de cordas baseado em Pitágoras, invento de um amigo meu que é grande músico.

Essa retomada da música através de um instrumento tem me deixado muito feliz!

Isso para não falar da felicidade que foi voltar a me apresentar cantando no México há três semanas: "Que no peito dos desafinados também bate um coração".

Solange Buonocore

Solange foi a única que entrevistamos em 2008, no dia 7 de junho. Ela é uma mulher pequenina, mas que transmite uma enorme força. Vestida de calça e camiseta brancas, nos recebeu em sua Casa dos Orixás, em Guarulhos. Muito falante, ágil, alegre e animada, mistura fatos pessoais com mitos e teorias do candomblé, coisas que parecem estar, de fato, completamente integradas em todos os aspectos de sua vida. A entrevista durou quase quatro horas, e teríamos assunto para muito mais.

Solange Buonocore tem 56 anos, solteira, sem filhos. Desde os 16 anos sua vida foi devotada ao candomblé, sua *bliss*. Sua história mostra que seu destino, o odu, na expressão do candomblé, já estava traçado desde o nascimento, e ela o aceitou sem reservas. Dedica integralmente sua vida à religião: é uma mãe de santo, uma zeladora de orixás.

Mundo cotidiano

Nasci em uma família espírita kardecista. Meu pai era médium de efeitos físicos e mantinha um centro espírita. Minha mãe tinha uma visão mais diversificada, era **rosa-cruz** e já tinha ido a centros de umbanda.

Ela não queria mais filhos. Tinha duas meninas, com diferença de um ano entre uma e outra, e a mais nova já estava com 11 anos.

Então, um dia, numa reunião lá em casa, uma vidente disse que ela iria engravidar. Ela negou, disse que não queria mais filhos de jeito nenhum, mas a vidente disse: "Eu estou vendo um nenezinho passar aqui na sua frente, para cá e para lá".

Ela engravidou mesmo, e eu nasci.

Minha mãe contava que, com 2, 3 anos de idade, quando as pessoas tinham alguma dor — por exemplo, uma dor de cabeça —, eu falava assim: "Ela está com dor na cabeça". E punha a mão na pessoa e ela melhorava.

Desde pequena, eu tinha lembranças estranhas: me lembrava da minha mãe grávida, me lembrava do meu parto, do meu nascimento...

Então, minha mãe sempre disse que sabia que eu ia ser alguma coisa diferente.

Chamado à aventura

Quando cheguei aos 11 anos, comecei a desmaiar com frequência na rua. Minha mãe me levou ao médico, e ele disse que isso era porque estava chegando a época da primeira menstruação, mas os desmaios continuaram.

Preocupada, minha mãe resolveu fazer uma reunião espírita em casa, para ver se achavam alguma resposta espiritual.

Fizeram a prece. E eu comecei a me sentir mal e disse à minha mãe que ia desmaiar. E, para mim, eu desmaiei. Mas, na verdade, eu incorporei o meu caboclo. Pela primeira vez eu virei o meu caboclo. Ele disse que era o caboclo Iberê e que já estava comigo há muito tempo.

Disse que a casa em que ia trabalhar já existia, e que eu ia ter que trabalhar nela, e que, a partir daquele momento, ele ia começar a trabalhar comigo. Falou tudo que tinha que falar, passou, foi embora. Para mim, eu voltei do desmaio.

Quando minha mãe me contou isso tudo, meu pai já estava azedo. Imagina, para aquele povo kardecista, um caboclo era um espírito baixo. Sabe como é: preconceito. Mas minha mãe disse que teríamos que fazer mais algumas reuniões, porque esse caboclo queria vir e, se eu desse passagem a ele, meus desmaios iriam parar.

Esses desmaios já eram a incorporação, a aproximação dele.

Aquilo foi um nó na minha cabeça. Imagina, eu não entendia nada, achava que estava ficando louca. Apesar de ser criada no espiritismo, achava que em mim era impossível uma manifestação assim.

Mas comecei a fazer as reuniões para o sr. Iberê vir. Eu falava que ia desmaiar, minha mãe fazia uma prece, eu ficava lá que nem um "dois de paus", ele vinha e falava alguma coisa dele e ensinava alguma coisa para fazer.

Até que um dia, em vez de vir o sr. Iberê, veio o meu Exu. E aí o circo pegou fogo. Seu Sete (nome do Exu) veio e falou uma porção de coisas. Falou para a minha mãe que ninguém ia me segurar e que ele tinha que vir, tinha que trabalhar!

E, como sempre, eu não sabia o que tinha acontecido. Eu não sabia mesmo. Não tenho lembrança nenhuma, e não tenho até hoje. Para mim era um desmaio.

Travessia do primeiro limiar

Como eu era ainda muito menina, minha mãe é que foi atrás de ajuda, procurando pela primeira vez uma pessoa do candomblé. E essa pessoa começou a trabalhar comigo, na minha casa.

Ele até fazia um negócio direito. Ele despachava um padê (oferenda) para Exu, cantava. Vinham ele e a esposa.

Um belo dia, ele veio na minha casa com uma pessoa para fazer um trabalho para ela. E trouxe dois frangos pretos que ele ia cortar para Exu. Ele incorporou o caboclo dele. Eu estava sentada do lado do caboclo e comecei a me sentir mal. Falei que ia desmaiar. E incorporei o Exu.

E meu Exu me pegou bravo, arretado! Passou a mão nos frangos, matou no dente, tomou o sangue e comeu os miúdos. Foi uma cena de terror. E meu Exu falou que não ia fazer nada daquilo.

Isso aconteceu porque aquele era um trabalho que não podia ser feito na minha casa. Como você vai tirar uma coisa ruim de uma pessoa na casa de alguém? Tem que ter um local certo, apropriado. O Exu não deixou mesmo. Hoje eu tenho consciência plena, mas na época não sabia de nada.

Então, para nós, foi um fuá, foi um furdúncio: minha mãe ficou com os cabelos em pé. Minha irmã mais velha começou a chorar desesperada. Acostumada ao Prece de Cáritas, vendo um caboclo manso falar, e de repente vem uma cena daquela!

Depois que fez todo esse estrago, o Exu foi embora.

Quando voltei, toda suja de sangue, eu fiquei meio em choque: eu me olhava e não sabia se eu estava cortada... Foi uma sensação terrível!

Travessia de outros limiares

Desistiram de trabalhar com essa pessoa, mas sabiam que eu precisava continuar a lidar com isso. Então, novamente é minha mãe que busca ajuda, agora em um centro de umbanda. Eu tinha só 13 anos.

Era quaresma e, na quaresma, na umbanda, eles trabalhavam só com Exu. Justo o que eu tinha medo. Mas a minha mãe dizia: "Você não pode ficar parada, você tem que trabalhar".

E eu fui e virei no Exu. Meu Exu sentou e ficou quieto.

O dirigente de lá resolveu matar um frango. Cortou um frango e foi dando um pouquinho do sangue na boca para os Exus beberem: dos mais velhos para os mais novos. Eu era a última. Quando ele chegou para dar para o sr. Sete, ele disse que não tomava resto. E disse que então preferia tomar o meu sangue. Pegou uma faca e "vupt", cortou meu braço.

O feminino e o sagrado   237

E foi muito sangue! Era um corte grande, e pegou uma veiazinha, e o corte ficou aberto.

Minha mãe parecia que ia ter um "treco", todo mundo se apavorou, falando para ele ir embora. Ele dizia: "Não vou embora, não vou". Aí, minha mãe conversou com ele. Ele disse: "Não ponha nada no corte. Vai parar de sangrar, não é para por nada aí, só amarra". E sarou mesmo, mas eu tenho essa marca até hoje.

Quando eu desvirei, comecei a chorar: "Eu não quero mais saber disso, eu não quero mais saber disso".

Mas minha mãe falou: "Olha aqui, você tem que ir, você não pode ficar com essa coisa, agora tem que doutrinar. Porque isso é um baixo espírito". Aquelas coisas bem kardecistas.

E a dirigente da casa ficou de olho em mim. Ela fazia uns trabalhos particulares e me pedia para ajudar. Eu achava maravilhoso ter que ir lá, eu sempre tive esse negócio de ajudar, meio irmã Paula.

E eu chegava lá, me virava no Exu e ele falava com as pessoas, resolvia as coisas para as pessoas. E a dirigente dava umas listas enormes para o povo comprar para os trabalhos, metros e metros de linho, metros e metros de pano vermelho.

E a casa dela era a loja onde se comprava o material necessário para esses trabalhos...

Situação-limite.

Um dia, lá no centro, o Exu falou para a minha mãe: "Fala para o meu 'burro' (médium) sair daqui, pois se ela não fizer isso eu vou passar ela". "Passar" era me matar, mas a gente não entendia ainda essa linguagem. Depois de três meses que eu estava lá, comecei a ter uma dor perto do ventre.

Fomos ao médico, fizeram diversos exames e descobriram que eu estava com parasitas. Tive oito tipos de vermes e parasitas. E anemia. Eu não comia. Tive até que trancar minha matrícula na escola. Não tinha jeito, a anemia era profunda e o remédio não estava dando resultado. Eu estava correndo risco de vida, eu ia morrer.

Era coisa do Exu, mas eu não sabia disso.

A dirigente do centro disse, então, que precisava lavar minha cabeça na cachoeira para melhorar. Mas, quando falaram em lavar minha cabeça, eu me levantei: "Ninguém vai botar a mão na minha cabeça, com cachoeira ou sem cachoeira, não quero saber de vocês, não volto mais aqui".

Encontro com o mestre

Então, fomos conhecer a casa de um pai de santo, Pai Mané. Nós estávamos sentados quando ele entrou.

Ele me viu sentada com minha mãe e já foi falando: "Precisa dar uma comida para o Exu, Exu está levando essa menina, se a senhora não der uma comida para o Exu dela, Exu vai levá-la e não dou sete dias".

Minha mãe perguntou: "O que preciso trazer?" "Um frango, uma garrafa de pinga, farinha para fazer um padê. Só! E o quanto antes".

Nós fomos, eu virei meu Exu, o Exu veio, ele deu a comida para o Exu, o Exu aceitou.

Quando veio a noite, me deu um suador. Comecei a suar, suar. Me lembro de olhar o dia amanhecendo e perceber uma brisa que parece que foi me revigorando. Pedi então para minha mãe leite e bolacha maizena e recomecei a comer naquele dia. Não tive mais febre. Comecei a sarar.

Fomos novamente ao centro do Pai e ele explicou sobre Exu, diferente da explicação da umbanda.

O Pai falou que, quando Exu tinha vindo e se manifestado daquele jeito em mim, fez certo, porque eles iam fazer trabalhos na minha casa e toda aquela influência negativa ia ficar lá. Aquilo ia atrapalhar a vida de todo mundo.

E então eu falei: "Mãe, aqui é o meu lugar, é aqui que eu vou trabalhar".

Aprendizado

Entrei no dia 27 de setembro de 1967. E eu não sabia nada. Para mim, quando cantava para Ogum ou para Iemanjá era a mesma coisa. Era língua de santo e eu não entendia nada.

Mas eu estava me sentindo ótima, realizada, maravilhada, querendo saber tudo.

E fazia um mês que eu estava na casa quando o Pai ficou doente e pediu para algum dos participantes mais velhos abrir o toque (iniciar o ritual da sessão do candomblé).

E ninguém quis fazer isso. E eu, que sempre fui desmiolada, atirada, falei: "Eu abro. Se é para cantar, eu canto. É só me ensinar".

E ele pediu que fosse à sua casa aprender as cantigas. No dia seguinte, cabulei aula e fui à casa dele. E fiquei lá aprendendo. E abri o toque. E eu fiquei abrindo, enquanto ele não podia.

E eu queria fazer o santo (a iniciação no candomblé). Falei para o Pai Mané: "Pai, já que estou aqui, fiquei boa e me curei, eu quero raspar meu santo".

Eu tinha me encontrado, o santo era tudo para mim.

Comecei a cabular aula, eu não queria ir mais para a escola. Antes, eu queria fazer medicina. Mas pensei: "Ah, eu vou estudar para quê? Não quero mais fazer medicina. É aqui que eu quero ficar".

E falei para minha mãe que eu ia deixar a escola. Nossa! Minha mãe quase teve um troço. Me disse que o candomblé estava virando minha cabeça e que não ia mais me autorizar a fazer o santo.

Mas eu disse a ela que, com autorização ou sem autorização, eu ia fazer minha iniciação.

Aí meu pai entrou: "Se for para o centro da macumba, você não entra em casa". "Eu vou!", eu gritava e ia. Ia a pé e voltava a pé, pois não tinha ônibus. Andava 8 km para ir e 8 km para voltar.

E foi aquela coisa, eu enfrentando a minha mãe e enfrentando o meu pai.

E, depois de dar comida para meu caboclo, meu Pai me levou no barracão (terreiro de candomblé), chamou todo mundo e falou: "A partir de hoje, a Solange vai ser a mãe pequena da casa, porque ela é a única que está comigo na hora da necessidade, na hora do trabalho. Eu posso contar com ela. Já que eu posso, eu vou fazer dela mãe pequena da casa, mesmo ainda não feita (iniciada)".

Aquilo foi um "bum", porque no candomblé não se pode fazer isso, mas o Pai não estava "nem aí para a hora do Brasil". E eu sem entender nada também. Para mim tudo era certo!

E fiz o santo. E quando fiz o santo eu saí definitivamente da escola, porque não podia ir à escola de quelê. Quelê é quando você raspa o santo e tem que ter três meses de resguardo: por exemplo, ninguém pode pôr a mão em você, tem que andar de branco durante todo o tempo, dormir na esteira, comer com a mão, tem que ir à casa do zelador (pai de santo), tomar banho, rezar...

240 Beatriz Del Picchia e Cristina Balieiro

Bom, e aí estou eu no barracão, como mãe pequena e com "a cabeça feita". Aí começa a peleja. Peleja porque a vida no santo é uma vida de dedicação mesmo!

Bliss

Depois dos 16 anos, fiquei ao lado do meu pai de santo. Vivia, como vivo até hoje, para o candomblé.

E fui muito discriminada pela minha família, porque o preconceito contra o candomblé era uma coisa terrível. Mas eu fui com tudo.

Mas eu precisava trabalhar para me sustentar. Trabalhei numa editora, mas como tinha minhas obrigações como mãe pequena do barracão o emprego me atrapalhava e acabei sendo mandada embora.

E meu pai de santo, que tinha arrendado sua oficina de fundição, que ficava na parte de cima do barracão, queria voltar para a fundição mas não tinha dinheiro para poder comprar o material para começar a fundir. Então, com o dinheiro da indenização, resolvi ficar sócia do Pai.

Lá eu estaria livre para que, se tivesse que fazer qualquer coisa no barracão, eu podia por não estar presa em horário, emprego.

Ele tinha a renda dele, eu tinha a minha e, quando precisava de alguma coisa no barracão, obrigação ou tudo mais, eu podia descer, cuidar dos iaôs (pessoas que estão se iniciando no candomblé) e depois subir. Não tinha mais aquela coisa de horário.

Ficamos trabalhando juntos na fundição até sua morte.

E, depois da morte do Pai, eu me tornei sua sucessora, a mãe de santo da casa.

Depois disso, não tinha como eu tocar a oficina sozinha, porque eu fiquei com a casa.

Ele já tinha deitado a cuia. Deitar a cuia é dar com antecipação a casa, nomear o herdeiro, e eu tinha sido escolhida por ele.

Quando ele faleceu, nós já estávamos aqui, neste lugar que estamos hoje, porque o barracão da Vila Gustavo era pequeno.

Encontro com o novo mestre

Fiz os atos que tinha que fazer pela morte do Pai Mané e pensei em procurar outro Pai ou Mãe. Pensei em ir para a África, onde pelo menos eu iria à raiz. Comecei a me corresponder com o pessoal de Angola, mas não deu nada certo.

Um dia, meu Erê (incorporação de uma criança) disse que o meu Pai já tinha escolhido uma nova casa, um novo mestre, e que era para eu não me preocupar. E que eu ia ter uma surpresa: eu não ia para a África, a África é que viria até mim.

Passaram-se uns dois anos e eu nem pensava mais nisso. Um dia, por acaso, em uma livraria, encontrei um livro, *Um vento sagrado*, que é sobre o Mestre Agenor.

Mestre Agenor é um oluô. Oluô é a pessoa que conhece todos os odus (destinos); seria assim como o papa. É ele quem conhece todo o mistério!

Ele fez o santo em 1907, com 5 anos. Comecei a me interessar pelos conceitos que ele tinha do candomblé. Não cobrar, por exemplo. Ele fala: "Axé não é para ser comercializado, como é que eu vou botar preço numa coisa que não é minha, que é do santo?"

Ele morava no Rio de Janeiro. Liguei para ele, disse que era de São Paulo, que tinha uma casa de candomblé e que precisava conversar com ele, pedir umas instruções, umas orientações. E ele falou para eu ir até lá. Fui, é claro!

Ele era uma figura adorável, era meu Pai Mané em miniatura. E eu me senti em casa! Fomos abrir o jogo de búzios. O jogo do Pai Agenor não tem igual. Ele contou fatos que aconteceram na minha casa, ele falou coisas do meu santo e disse: "A senhora está à procura de uma casa, não é?"

E eu disse que estava pensando em ir à África, mas ele falou que lá eu não iria achar nada, pois hoje a maioria dos africanos é muçulmana ou evangélica e virou as costas para os orixás.

Falei, então, em procurar a Casa de Mãe Estela, na Bahia, mas ele me disse que ela não servia para pôr a mão no meu **ori**.

Disse para eu ter calma, que Oxóssi ia mostrar meu caminho.

E me disse que eu era uma abiaché, que é a pessoa que já nasce com o santo. Era o meu caso e o dele, tanto que nós até tivemos uma história mais ou menos parecida: ele também tinha sido feito criança por problema de doença. Ele me disse que nós dois já nascemos determinados para o santo, já fomos zeladores em outra vida.

Depois de quinze dias, ansiosa, voltei ao Rio e falei que estava disposta a aprender tudo com ele, recomeçar novamente todo meu aprendizado. Mas ele disse que não era preciso.

Na minha terceira visita, eu me sentei no chão e pedi: "O senhor não queria me adotar como filha?" Aí ele deu risada: "Ah, eu estava esperando a senhora dizer isso, porque um pai nunca escolhe um filho, é o filho que escolhe o pai. E é com muito prazer. A senhora sabe que é uma pessoa especial, e eu me sinto lisonjeado de Oxóssi ter escolhido a minha casa".

E ele foi feito (iniciado) por mãe Aninha aqui, e como oluô ele foi feito na África! Mestre Didi é sobrinho de santo dele! A importância dele no candomblé é incrível: e ele dizendo aquilo para mim?! Conto isso sem vaidade: conto com satisfação e alegria.

E Mestre Agenor falou assim para mim: "O seu pai (Pai Mané) era uma pessoa iluminada e soube lhe criar. E a senhora é daquelas que, na sua casa, bate palma... (quer dizer, dança e fala axé, e faz tudo: canta, vira, toca). A senhora nasceu pronta".

Eu falei: "Então, eu gostaria que o senhor fosse a minha casa, em São Paulo, conhecer meus fundamentos e dizer o que é que eu tenho que fazer".

Ele tinha me dito, na minha primeira visita, que não conhecia candomblé em São Paulo e nunca tinha vindo a nenhuma casa aqui. Eu estava preocupada com sua visita.

Mas o dia em que ele veio aqui, nesta casa, foi uma coisa deliciosa. O Pai Agenor era o próprio axé em pessoa. Com a simples presença dele, os orixás dos filhos e o meu se apresentaram e foi tudo muito forte.

Ele passou o dia e depois fomos levá-lo ao aeroporto para pegar o avião para o Rio. Antes de ele passar no *check in*, eu me ajoelhei na frente dele e perguntei: "Pai, se não for falta de respeito minha, o que o senhor achou da minha casa?" E ele falou: "Eu não posso mais dizer que em São Paulo não conheço candomblé. Sua casa é limpa, e o axé que tem lá é dos maiores que já vi. E a senhora tem que agradecer ao seu pai que soube lhe educar. Que soube fazer da senhora uma zeladora".

Nossa, eu vim embora com o meu ego lá em cima: tinha até que "puxar de cordinha".

E eu continuei indo sempre ao Rio para continuar o aprofundamento nos fundamentos do candomblé com esse grande mestre, até ele morrer. E esse conhecimento eu passo aos outros.

Ressignificado

Eu sou mulher pra dedéu... As experiências que eu presenciei, o que eu pude orientar e tudo que vi as pessoas vivenciarem fizeram de mim uma mulher forte, capaz. Eu não estou falando isso com vaidade, mas como entendimento, com esclarecimento e com uma visão ampla.

Ser zeladora é uma dedicação total de vida. O restante fica no plano B. A vida pessoal existe, mas ocupa um segundo plano.

Eu tenho 35 anos de cadeira, de jogar búzios para pessoas de todo tipo. Com todos os caminhos que eu trilhei, de onde eu vim, o que aconteceu; e, apesar dos medos disso, daquilo, eu sempre continuei no meu foco.

Eu nasci para ser zeladora. Nunca tive dúvida, nunca.

Sabe, quando isso está no odu – no destino –, existe uma palavra mágica: aceitação. Aceitar. Está no meu odu e eu aceito, não é sacrifício nenhum. É prazeroso, entendeu? É com amor.

Você vive aquilo naturalmente, como se fosse pular carnaval na Mangueira, quando isso está no odu, no seu destino.

Dádiva ao mundo

A luta na minha casa é justamente esta: o crescimento interior de cada um, porque assim o ori está crescendo. E quanto melhor está o ori, mais próximo do orixá a pessoa está. Pois como é que eu posso entender o que o orixá vai passar para mim se o meu ori não entende?

Todo mundo tem que enxergar, e o que te faz enxergar é, logicamente, primeiro o querer. Se a gente não quiser, não vai para lugar nenhum.

Mas é importante também a orientação, ter quem passe, quem ensine. E o candomblé é muito um fio de navalha, sabe? Ele é delicado. O seu axé e o seu conhecimento são duas coisas que estão juntas.

Quando o zelador fala, deve falar com fundamento. Mas quando falo também estou passando axé, minha força.

Então, onde mora o perigo? É quando a gente vai falar alguma coisa e não tem para quem falar, não tem eco. Falar para a pessoa errada é um desperdício. Assim, eu estarei perdendo o meu axé.

Agora, se eu só atendo se você está me pagando, se só vou atender o "povo da Globo", se estou atendendo para meu nome ir para o jornal, o que eu estou fazendo? Eu estou estragando o meu axé.

Mas se eu estiver falando para a pessoa que quer crescer, ela vai aumentar o meu axé, ela vai duplicar o axé.

É uma troca. E se ela está aumentando o meu axé, ela também está aumentando o do meu pai, do meu outro pai, de todos os meus ancestrais. Aqui eu atendo todo mundo: traficante, bandido, político, cantor, cantora, artista, tudo que é gente. Pobre, rico, instruído, não instruído.

E vou falar uma coisa: é tudo igual. A vida é igual para todo mundo. Porque nós estamos na Terra para viver esse tipo de experiência. Só que nós somos tão ignorantes, tão resistentes, que a gente não aceita. Essa é a palavra chave: aceita, aceita o que se é.

Eu fui fazer um curso para ter conhecimento sobre ervas medicinais. Quando cheguei lá, vi que aquele era um curso de bioenergia. É a pastoral quem dá. Fui aprender com as freiras. Hoje, as freiras sabem que eu sou mãe de santo. Eu dou banho para os outros de lá tomarem, e está tudo certo.

Hoje, trabalho também com o bioenergético. Faço as minhas tinturas. E tem um terapeuta que trabalha aqui uma vez por semana. Então, aqui as pessoas vão se cuidar espiritualmente, fisicamente e psiquicamente. Hoje este lugar está bem maior do que quando o Pai morreu. Naquela época, eram 250 m². Hoje, eu tenho 1.500 m² aqui.

E vou mudar. Vou para uma roça maior.

Quero um sítio com água, com tudo.

Eu moro mais aqui do que na minha casa, eu fico mais aqui do que em casa. Vou para a minha casa umas duas vezes por semana. Às vezes eu fico um mês aqui, depois vou lá um dia, pego roupa e volto.

Soninha Francine

A conversa com Soninha aconteceu num final de tarde do dia 26 de setembro de 2006, na sala particular de seu gabinete, sala 307, terceiro andar, na Câmara dos Vereadores de São Paulo.

O espaço é pequeno, com divisórias. Uma mesa, computador, quadro de avisos. Muitos personagens de histórias em quadrinhos colados no tampo da mesa, nas paredes. Livros, papéis, tudo meio atulhado. Capacete para moto, seu veículo, em cima de uma estante baixa, cheia de coisas.

Soninha é magra, morena, cabelos compridos, franja na testa, parece muito mais jovem do que é. Só se nota que tem quase 40 anos quando aparecem pequenas rugas no canto dos olhos ao sorrir. Olhos atentos, vivos, mas tristes. Veste-se de jeans, tênis, malha. É elétrica, fala bastante, se mexe o tempo todo. Extremamente simpática e acolhedora.

Sonia Francine Gaspar Marmo, a Soninha, tem 39 anos, é vereadora da cidade de São Paulo, foi uma das apresentadoras do programa *Saia Justa*, do canal GNT, é comentarista de futebol da ESPN, escreve no jornal *Folha de S.Paulo*, tem um blog, é uma estimuladora do uso de bicicleta como meio de transporte para São Paulo, trabalha como voluntária em uma ONG para jovens, está no terceiro casamento, tem três filhas, duas já adultas, é budista praticante.

Soninha trabalha nos dois ambientes (mídia e política) que talvez sejam os mais difíceis para alguém ter um comportamento pautado por valores como a compaixão. Mas ela sempre buscou um sentido para o qual viver.

Mundo cotidiano

Fui uma menina nascida numa família metade portuguesa, metade italiana, muito católica e de classe média na cidade de São Paulo. Moravam na zona Norte.

Estudei em um colégio de freiras. Gostava de lá. Todo o ensino era alicerçado em valores como solidariedade, responsabilidade, justiça. Comecei a me envolver ativamente nas atividades da igreja do bairro, virando presidente do grupo de coordenação da missa das crianças.

Já adolescente, em função de muitas dúvidas quanto a diversas questões que a religião não respondia, fui me desiludindo e acabei me desligando da Igreja católica. Mas não perdi a conexão com Deus. Sempre rezava, para pedir ou agradecer. Era um impulso muito forte.

Com 15 anos, no terceiro colegial, engravidei do meu namorado, que tinha 20 anos. Apesar de não ser planejado, queria muito ter filhos e estava apaixonada. Nós nos casamos. E a vida ficou muito difícil.

Chamado à aventura

A gente queria muito ficar junto e ter filho junto, mas vivíamos numa enorme penúria. Ele era bancário, ganhava uma merreca. Era muito pouco dinheiro para sustentar três.

E tive a primeira filha e, dois anos depois, a segunda.

Aí, eu tive depressão. No começo, eu pensava que era cansaço, que talvez estivesse com anemia. Era uma falta de energia tão brutal, uma falta de ímpeto, uma falta de vitalidade. Eu achava que tinha uma causa física, que eu estava exausta. Duas filhas, tanto trabalho, tanta frustração, tanto problema... Mas chegou uma hora em que não podia ser só aquilo...

Num processo depressivo acontecem uns processos mentais muito loucos!

Você chega à compreensão claríssima, a primeira, a básica, de que a vida não faz sentido nenhum, é completamente sem sentido. Não tem nenhuma lógica em nascer, viver e morrer. Viver para quê? Estudar para aprender, para morrer? Trabalhar para viver e para morrer, ter filhos que vão viver e vão morrer? Uma noção assim tão assombrosa da inutilidade de qualquer coisa se eu vou morrer e todo mundo vai morrer... E de que o tempo é uma convenção, é um código que a gente adota, mas que não existe, um dia, e mais outro dia, não é um dia e depois outro dia, é a mesma coisa.

Só porque você tem um deslocamento no espaço isso muda o tempo? Não, não muda, a gente está aqui dando voltas, mas o dia é uma coisa só. Não tem dia e não tem Deus. Deus é um conceito como o tempo, é uma concepção nossa que nós humanos forjamos. Então, nesse momento, foi a ruptura total com qualquer coisa que eu acreditasse até ali.

Passei meses nesse vácuo. Só não me matei porque percebia que isso seria um horror para as minhas filhas, tão pequenas. Depois de meses assim, procurei um médico e fiz tratamento.

Tomei lá os "tarjas pretas" e funcionou, mas nunca mais você é o mesmo, nunca seu "texto" deixa de ter um itálico, seu texto é sublinhado de um outro jeito.

Nunca mais é a mesma coisa. Tem um desencanto, uma melancolia que fica ali embaixo, só te segurando a onda. Tipo assim: "Olha, só não esquece que lá no fundo..."

Afastei-me completamente da religião. Estudei marxismo, fiz teatro, apresentei programas de TV, descasei, casei de novo, descasei novamente e trabalhei muito.

Eu tinha três amigos budistas. Um deles, inclusive, viria a ser depois meu atual marido. O que chamava atenção nos três é que eles tinham uma tranquilidade para lidar com problemas que era muito inspiradora, muito impressionante. Eles eram da turma, tinham banda, faziam de tudo que todos faziam, mas, numa época em que ninguém tinha qualquer crença religiosa, eles não escondiam suas crenças e faziam suas práticas, seus rituais, sem constrangimento. Isso chamava a minha atenção e despertava admiração, principalmente o que aquilo significava na vida cotidiana deles. Eles lidavam muito bem com problemas. Práticos, expeditos! Achei que não podia ser só coincidência que os três fossem budistas.

Travessia do primeiro limiar

Então, eu quis me aproximar do budismo por razões muito práticas e instrumentais. Eu disse: "Eu quero aprender esse negócio que vocês fazem, que pelo jeito faz bem para pessoas nervosinhas como eu".

E comecei a me interessar e, nas primeiras impressões, eu já gostei muito!

Algumas coisas pareciam puro bom senso e combinavam perfeitamente com as descobertas que fiz quando estava deprimida. Eram do tipo que tudo é uma construção, é tudo conceito, fabricação, tudo, tempo, nós, lugar. Você vê o mundo e considera real, sólido, mas tudo é construção, tudo é conceito.

E tinha o conceito da impermanência de tudo, que me parecia de muito bom senso.

Todo mundo passa a vida querendo mudar o outro e o ambiente, e a única coisa que a gente é capaz de mudar é a gente mesmo, e essa parte mais heterodoxa me fascinava e fazia muito sentido também.

Mestra

O primeiro mestre budista com quem tive contato foi a Lama Tsering. Algumas coisas realmente me fascinavam, concordava totalmente com elas. Com outras não, eu achava impraticáveis ou desnecessárias até.

Tem gente que viu a Lama Tsering e se apaixonou. Comigo não foi assim, foi difícil.

Delegar o papel de mestre para alguém e devotar confiança irrestrita era uma coisa que eu não tinha experimentado. Chegar à conclusão de que determinada pessoa merecia essa confiança irrestrita, por tudo que ela demonstrava no modo como vivia a própria vida, era novo para mim.

Mas ela me "tocou", pois chegou ao ponto de responder à pergunta mais absurda de todas, que é o sentido da vida.

E ela é minha mestra e professora de budismo, apesar de eu ter também outros mestres e professores.

Mas, apesar de encontrar várias respostas às minhas indagações, tinha ainda muitas dúvidas quanto a alguns aspectos da doutrina budista e "briguei" três anos entre a aceitação ou não de tornar-me budista.

Nesse ínterim, casei-me com Marcelo, um daqueles amigos budistas. Recebi então um convite profissional para ir ao Rio Grande do Sul falar com estudantes de comunicação. O convite estendia-se a um acompanhante, então convidei meu marido.

Aí ele descobriu que, na data em que estaríamos lá, iria haver um retiro de três dias no templo budista tibetano, que fica em Três Coroas, e sugeriu que a gente participasse.

Eu queria fazer turismo, não queria fazer retiro. Mas falei: "Vamos ao retiro".

Situação-limite

Fomos, e eu penei tanto, é como se tivesse entrado no exército. Fazia muito frio, chovia, era tudo enlameado, o templo ainda não estava completamente pronto, tinha acabado de construir. O piso era de cimento, frio, frio, frio, duro, desconfortável.

As sessões de meditação eram longas, longas, longas. Eu achava que ia enlouquecer. Eu pensava: "Meu Deus, eu não vou aguentar, não vou aguentar!" Mas eu aguentei, uma coisa de atleta, de maratona.

Algumas pessoas tinham feito perguntas para o Chagdud Rinponche durante o retiro. Ele explicava e eu achava a explicação tão clara, tão pertinente. Entendia!

Mas fui embora exausta, cansada, de saco muito cheio. Mas eu não sei o que aconteceu! As coisas foram sedimentando.

Saí de lá sem vontade de falar nada. Do carro até o aeroporto são duas horas e meia, eu só fui ouvindo, meio irritada ainda com algumas coisas. Mas a raiva foi abaixando já no avião.

E na hora que eu pensava nas respostas do Rinpoche tudo me parecia tão racional!

Nas quatro semanas seguintes, tinha uma série de palestras com a Lama Tsering, muito concretas, funcionais, instrumentais, dirigidas. Era, por exemplo, budismo e violência, budismo e vida cotidiana, budismo e relação com a família. E aí aquilo tudo começou a fazer muito sentido racionalmente e a me comover muito, inexplicavelmente.

Eu lembro que várias vezes a Lama Tsering terminava explicando a história da compaixão equânime por todos os seres. E eu chorava, chorava de um jeito que eu não sabia por quê. Era uma coisa de catarse. Eu não estava triste, estava comovida. Mas comovida de chorar de soluçar. Não estava acontecendo nada, eu chorava de me acabar de tanto chorar e saía de lá leve, leve, comovida, com compaixão espontânea por todos os seres.

Bliss

Um dia, a Lama Tsering disse que no dia seguinte haveria uma cerimônia de refúgio, que é a entrada formal no caminho budista. É quando você assume diante dos Budas, diante dos mestres, diante da Sangha, que são as outras pessoas todas, o compromisso de não causar mal a nenhum ser e de trazer benefício a todos os seres.

Quando ela falou isso, me deu um medinho: "Eu vou assumir esse compromisso? Ai, que barra! Não prisão exatamente, mas que comprometimento!"

Mas, ao mesmo tempo, eu pensei: "Como é que eu posso me recusar a assumir um compromisso desses? Eu não vou assumir o compromisso de tentar não causar mal a nenhum ser? E, por outra, eu não vou me prometer a procurar fazer o benefício para todos os seres indistintamente? Por que eu não vou assumir esse compromisso? Por que não? Quero sim. Vou assumir".

E aí eu decidi naquele novembro de 1998 que eu ia fazer formalmente o compromisso, que eu ia ser budista.

E foi a revelação! Eu tenho religião de novo, eu tenho dois mandamentos, que são muito mais amplos, muito mais abrangentes, complexos, que exigem muito mais participação minha do que aqueles dez, porque é mais complicado.

Foi o que deu sentido à vida para mim!

A única coisa que faz sentido é usar a vida para uma missão. Porque ela vai acabar mesmo. Então, como é que é dar sentido à vida? Em si ela não tem, mas o que dá sentido à vida é usá-la para o bem do outro.

Foi o que me salvou. Foi o que garantiu. É isso. A gente vive para fazer o bem para o outro. Que mais seria que não isso? Por que mais seria?

Caminho de volta

Então, foi um *turn point*. Foi o momento em que eu volto a ter uma religião, que não tinha desde 1986.

E uma religião diferente da outra, com menos dogmas. Ninguém vai me dizer que eu tenho que aceitar um dogma, tipo o dogma da virgindade de Maria.

Mas ao mesmo tempo é muito mais rigorosa na conduta esperada. É porque em várias situações você para e pensa: "E agora? Agora, como budista, o que eu faço? Isso é ou não é? Causa mal a um ser? E agora? E agora?"

Esse é o seu desafio. Como é que, sem raspar a careca, sem ter só sete pertences, sem viver num monastério, você vai conseguir não causar mal a nenhum ser e, mais do que isso, trazer benefício para todos os seres?

Mas também não pode perder a noção de que aquele que dá e aquele que recebe, no fundo, têm a mesma essência, não têm separação, não são coisas distintas.

São construções, no fundo da essência disso, tudo é igual, igual, igual.

Eu tinha, por ter escolhido ser budista, que reorganizar todo o sentido das coisas.

Passei a ter de novo um código, uma constituição, uma lei orgânica como há muito tempo eu não tinha e uma referência.

Porque até ali tudo que eu precisasse decidir eu podia consultar mil códigos, referências, conselheiros, mas daquele ponto em diante eu descobri que meu conselheiro, minha referência, seria o dharma e, em caso de dúvida, a Lama.

E eu descobri que tem que dar, para mim tem que dar!

Porque, se eu acredito nisso, eu tenho que praticar isso e, para praticar, não é fácil, então eu preciso treinar, então eu vou treinar. E o treino é meditação e o treino é fazer retiro de vez em quando, treino é estudar. Então, foi assim que eu descobri, e foi muito louco, descobri depois de mais de dez anos que eu queria ter religião de novo.

Nova situação-limite

Ser mãe e budista eu acho que é o exercício mais legal, mais valioso, porque precisa aprender o amor sem apego, que é um desafio para toda mãe.

Porque você cria o filho não para você, mas para ele. É não achar que, por causa do seu amor, você pode dizer como ele tem que ser, o que ele tem que fazer, com quem ele vai casar, o que ele vai estudar, qual vai ser o trabalho dele, em que tipo de casa ele vai morar.

Ter amor pelo filho sabendo que você pode "perdê-lo" de várias maneiras. Perder porque ele não vai ser o que você achava que ele devia. Porque ele vai embora cuidar da vida dele, porque em vários momentos da vida você é uma coisa chata, que enche o saco e ele quer te ver longe.

O apego é um veneno, o desejo é um veneno, mas não o amor.

E foi um enorme exercício disso quando eu soube que a minha filha mais nova estava com leucemia. "Então vai, então agora aplica o conceito do desapego. Vai lá! Quero ver como é você entregar todo o seu amor pela sua filha no tempo que for".

E é impossível saber que a sua filha pequena tem leucemia e não pensar que talvez ela morra mais cedo do que você esperava. Como você lida com isso? Você reza pela vida dela, mas totalmente ciente de que vai acabar uma hora, e pode ser agora.

O budista se prepara para lidar com a morte diariamente. É um exercício diário, meditação diária.

Quer dizer, morrer pode ser hoje, pode mesmo, sempre pode, mas a gente sempre acredita na ordem natural das coisas, primeiro vão morrer os mais velhos, depois eu, depois minhas filhas.

Aquilo te atira na cara: "Quem disse que é essa ordem? Quem disse que você vai morrer primeiro que sua filha? Que você vai ver ela crescer, casar?"

O feminino e o sagrado   253

Então, é um imenso desafio, mas, de novo, mais fácil sendo budista. Não é porque ser budista seja melhor do que ser cristão ou espírita, mas ser alguma coisa já é melhor. Ser alguma coisa é melhor!

Ressignificado

A questão sobre qual o sentido da vida e outras questões filosóficas sempre estiveram presentes em mim.

Mesmo quando eu era supercatólica, eu perguntava qual o sentido da vida. E aí eu forçava a pergunta até onde eu aguentava, e depois eu desistia.

Na depressão veio a resposta: "Para nada. Não faz sentido nenhum".

E o budismo me trouxe muitas respostas filosóficas. Eu descobri que o intelecto tem sua limitação, para certas coisas ele não funciona, ele não dá conta. Ele arrega, ele desiste, ele rompe.

E eu entendi! Se eu ficar sempre no racional, no intelectual, não vou ter resposta de por que eu vivo, pois não tem um porquê intelectual para isso, não tem resposta.

Racionalmente não faz sentido, eu posso morrer agora, posso morrer daqui a trinta anos e é sempre o acorda-dorme, acorda-dorme, acorda--dorme.

Mas de repente vem a revelação, o assombro. Foram poucos os momentos de assombro. Mas foram decisivos. A compreensão racional foi superimportante, mas foi totalmente racional até a hora da revelação, do se dar conta, do "Ah!"

A depressão era o vazio, vazio e pronto, e esse outro era o vazio e o sentido. É o que o budismo diz e que racionalmente você não consegue entender. Que é a vacuidade e a sabedoria.

Dádiva para o mundo

É um exercício ser budista, porque você tem que exercitar aquela tentativa de não mudar o outro, e isso é uma tentação.

Na política, você se descabela porque o outro age assim, age assado, você fica desesperado, inconformado porque o outro está se interpondo no seu projeto, está obstruindo, está sendo inimigo.

É louco, porque nas práticas budistas você sempre fala em inimigo, inimigo como aquele por quem você tem que ter compaixão, em nome de quem você faz oferendas! Em nome do inimigo, porque ele é tão digno da sua generosidade quanto aquele que te ajuda.

E normalmente as pessoas têm até dificuldade de pensar em quem é o inimigo.

Mas, na política, isso é arroz com feijão. É o cúmulo da dualidade.

No budismo você questiona muito essa ideia da dualidade: sim e não; eu e outro; eu certo, outro errado. A política é o império disso. Eu *versus* tudo que não é eu.

Então é um grande exercício você não se colocar na condição de vítima, você não se deixar levar pelo ódio ao inimigo, ou desgosto com o inimigo, por não achar que o seu problema é o inimigo, o problema é o outro.

Na política se chega à conclusão diariamente de que o problema é o outro. É o prefeito, é a base governista, meu colega de bancada, o problema é o outro. E aí você fica louco querendo derrotar, sobressair-se mais que o outro, o inimigo.

Então é muito difícil.

Mas o budismo torna mais fácil, porque você tem que ser completamente desprovido da ideia de vantagem pessoal.

A sua vida é bem melhor na política se você é completamente desencanado da ideia de reconhecimento e retribuição.

A política, para mim, só era possível sendo budista. Para o meu modo muito convicto de fazer as coisas, eu só poderia aguentar entrar na política com total desprendimento da realização pessoal, do prazer pessoal, da afirmação pessoal.

Só assim eu poderia entrar na política, só como prática budista mesmo, porque é isso: eu acho que você tem que ter total desprendimento.

A política é uma missão, mas não tem nada de messiânico!

Mas para que serve a vida? Para ter prazer? O prazer acaba, com prazer ou sem prazer eu vou morrer. Prazer é fugaz, é condicionado, sempre insatisfatório. Então não é o prazer que dá sentido.

Eu achei que trabalhar pelo outro era um bom uso para fazer da vida. Ela não serve para nada? Serve sim!

O livro

O mundo cotidiano

Este livro começou a ser criado em janeiro de 2006 e terminou em setembro de 2009. Foi escrito por Cristina, que é psicóloga, tem hoje 56 anos, é divorciada e mãe de uma filha, e por Beatriz, arquiteta, 54 anos, casada, mãe de dois filhos.

As duas se conheceram numa aula de dança e, sabe-se lá por quê, começaram a falar dos livros que liam na infância... Partindo de *Reinações de Narizinho*, de Monteiro Lobato, esboçaram um rastro de livros que as marcaram, até chegar onde estavam naquele momento: estudando Joseph Campbell.

Com formações profissionais e histórias de vida tão diferentes, foi surpreendente a afinidade que descobriram no mundo dos livros e da imaginação. Era como se viajassem pelos mesmos territórios. Naquela hora, que nem viram correr, elas se tornaram velhas amigas de infância, e iniciaram uma troca ininterrupta de livros.

Chamado à aventura

Um dia, Cristina emprestou para a Bia um livro muito amado: *O jardim sagrado – a dimensão espiritual da vivência feminina*. Era um tema que interessava às duas, que desenvolviam estudos nas áreas de mitologia e feminino. Em relação ao sagrado, Beatriz já peregrinou por várias vertentes religiosas, e Cristina tem um ponto de vista que tende mais para o psicológico, sob uma ótica junguiana.

Beatriz levou esse livro para as férias de final de ano. Então, de repente, apareceu um nódulo em seu braço, que teve um primeiro diagnóstico sombrio. Ela passou por uma inesperada cirurgia, e o tumor acabou se revelando benigno.

Passado o susto e a incerteza de viver algumas semanas com a espada acima da cabeça (e, talvez, também por causa disso), ela fez uma proposta ousada para a Cristina:

> Por que não tentamos fazer a mesma coisa que as autoras desse livro, aqui e agora? O que será que podemos descobrir sobre as vivências femininas do sagrado, aqui em São Paulo, mais de vinte anos depois delas?

Cristina se surpreendeu:

> Em 2003, tentei fazer um trabalho parecido (e tendo como base o livro *O jardim sagrado*, acredite) com outra pessoa. O foco seriam as executivas, as mulheres e as carreiras, mas visando às histórias de vida. A gente até se reuniu algumas vezes, mas não vingou... Em tudo, na minha vida, *tudo*, sempre fui eu que "puxei", propus, convidei... Então, você pode imaginar minha surpresa, meu prazer, minha alegria, quando você fez a proposta desse trabalho??? Para mim, ele já nasceu abençoado.

Travessia do primeiro limiar

Fizeram uma lista de livros para pesquisar e passaram a se encontrar regularmente para estudar. Começaram por tentar descobrir o que definiriam como sagrado para elas mesmas, para a filosofia e para a psicologia, e o que implicaria ser uma mulher do sagrado hoje em dia.

Assim, passaram meses afinando o projeto em conversas e leituras, chá e pão de queijo, idas e vindas, como acontece nas histórias de vida reais, e como foi o próprio desenrolar deste trabalho.

O mestre e o aprendizado

O I Ching sempre foi um mestre para Beatriz. Até de forma coerente com o tema da pesquisa, foi natural que elas pedissem seus conselhos várias vezes durante o processo. As duas jogavam as moedas alternadamente.

Na primeira consulta, de 2 de fevereiro de 2006, não por acaso dia de Iemanjá, tiraram o hexagrama "água sobre água". Em resumo, ele sugeria que fossem humildes como a água, adaptando-se aos incidentes de percurso, sendo "baixas como sábias", "sem grandes pretensões". E advertia que haveria perigos no horizonte.

Em junho, começaram as entrevistas. De acordo com Cristina:

> A pronta resposta positiva das mulheres com quem queríamos conversar me encantou de tal jeito que quis (acho que ainda quero) descobrir a "fórmula" da facilidade, do fluir. A generosidade dessas mulheres me comoveu e me trouxe esperança de que o mundo poderia/pode ser um lugar melhor para se viver.

Beatriz conta:

> Minha experiência (talvez identificação) com a xamã Mônica Jurado foi tão forte que demorei muito para ouvir a fita gravada: tinha que ir fazendo pausas, tal a mobilização psíquica. Isso, de diferentes graus e maneiras, iria se repetir com outras.

E Cristina completa:

> Ouvir as mulheres também me encantou. Nós duas sabemos do nosso interesse em biografias, nosso deslumbre pela história de vida do outro. Compartilhamos totalmente esse prazer em ouvir a narrativa delas. Eu acho que poderia ficar só assim, viver assim, ouvindo histórias de mulheres.

Elas fizeram um pequeno workshop de mediunidade e entrevistaram Cida, de jeitão inteligente e aberto. Depois veio Andrée, uma mulher sábia; Ana, que vive uma vida quase mítica; Helô, com sua risada contagiante e sua coragem de romper; Renata, para quem as coisas parecem dançar; Jerusha, de feminina e antiga delicadeza; Bettina, com seu sorriso iluminado; Regina, que com mansidão fala da força da sua fé; Soninha, leve e ao mesmo tempo tão consistente; Sandra, de forte ousadia e ligação com o México; Monika, com a densidade da Deusa que estuda; e Rosane, a atriz de vida corajosa.

E a coragem parecia ser uma qualidade comum a todas. A maioria fez grandes rupturas, deu saltos no escuro – como a própria Cristina, ao largar seu emprego numa multinacional para ir buscar outro tipo de vida. Diz ela:

> Nunca, na minha vida, me senti tanto fazendo parte de um universo feminino tão acolhedor, aconchegante, encantado. Não sei se, no fundo, eu não tenho a fantasia de pertencer a uma irmandade feminina (talvez a um imenso harém, sem sultão) onde se criem filhos, se teça, se faça arte, artesanato e se compartilhem histórias. Acho que isso vem também por causa de meus 25 anos vivendo dentro de corporações tão fortemente patriarcais...

Elas pediam sugestões de pessoas para ser entrevistadas, e geralmente uma mulher indicava a próxima. As entrevistas se sucederam rapidamente. Cada mulher se revelou uma mestra; cada história, um aprendizado.

Travessia de novos limiares

Perceberam que precisariam de alguém para transcrever as fitas. Assim entrou a Giovana Ferraz, que, além de transcrever, deixou-se tocar pelos conteúdos.

Os textos que ela mandava por e-mail iam sendo editados por uma ou pela outra. Além de trabalhar nisso, elas intensificaram as pesquisas e leituras. Desde sempre, a história pessoal foi o pivô das perguntas. Mas o que se delinearia além das simples sequências de eventos? Haveria padrões básicos, e em comum, naquelas experiências, como arquétipos?

Elas pensaram em algumas tipologias: A Sacerdotisa, a Curadora, a Erudita, a Peregrina... Parecia interessante, e detiveram-se um bocado nisso. Mas foi ficando claro, para ambas, que mais importante que a filosofia, a fé, a vocação ou o perfil de cada entrevistada era justamente a própria trajetória. Era mais o processo do que o produto, mais a viagem que a chegada.

Essa constatação surgiu com força do material coletado. Mas ainda não tinham descoberto a maneira de enfocá-la.

Situação-limite

Em meio a esse processo, desabaram temporais. As duas, num estranho espelhamento, passaram por um ciclo de morte e ruptura. Beatriz fala:

> Em junho, meu pai adoeceu, iniciando uma temporada de três meses em que passou a maior parte do tempo em hospitais, num sofrimento que não conseguimos evitar. Por outro lado, eu presenciei nele um contato com o que penso ser o outro lado da vida. Meu pai teve sonhos e intuições extraordinários, dos quais me falava na sua maneira gentil e doce, até que as drogas foram acabando com sua consciência. Faleceu no fim de setembro. E, nesse meio tempo, de repente, meu primo querido Sergio Luis Bianco teve um AVC e também foi para a UTI. Ficou em coma induzido, "sem sofrer", durante um mês, mas não havia mais esperança. Certo dia, quando uma de suas sobrinhas fez uma despedida comovente, escorreu uma lágrima dos olhos dele, como se tivesse escutado. Foi terrível. Ele morreu pouco tempo depois. Em três meses, de forma dolorosa, perdi meu pai e meu irmão de coração.

Subitamente, enquanto o pai da Bia estava no hospital, a mãe da Cristina passou mal, foi para o hospital e também faleceu. Cristina conta:

> Quando eu estava com minha mãe no hospital, levei as histórias que já tínhamos feito e ficava lendo (às vezes, ficava só olhando para as letras impressas). Era como se, fazendo isso, eu saísse desta vida cotidiana tão pobre, tão chata, tão burocrática, e entrasse numa vida mítica. Engraçado que não era a morte – que eu pressentia fortemente que iria acontecer para minha mãe – que me angustiava, mas a mediocridade da vida vivida.

Assim, tratar do sagrado, naquelas circunstancias, foi tratar do que elas estavam vivendo pessoal e fortemente; um assunto nada distante.

Bliss

Em meio a "tempestades e entrevistas", elas descobriram o caminho.

> Foi nessa altura que descobrimos que a trajetória das mulheres parecia seguir os passos da jornada do herói. Para mim, Campbell tem uma ressonância "grave e profunda", usando uma expressão dele mesmo. Ele fala do que é comum a todos e singular em cada um; do que é transcendente e ao mesmo tempo imanente; do sublime e do cotidiano... Não é só uma linguagem ou interpretação do mundo, é uma intuição de significado. Naquela hora horrível, tratar disso foi muito bom. (Beatriz)

> Meu Deus, me deu uma sensação de: "Socorro, mamãe, como se faz isso?" Como seria? Então, descobrimos que nosso foco não seria o sagrado, mas a jornada (essa foi uma grande descoberta, que me deu muito prazer; era descobrir o rumo de uma forma quase intuitiva, meio mágica). Achamos o modelo, e eu me lembro de ter ficado muito, muito feliz. Transformamos o encantamento em forma, em escrever as histórias... A história poderia ser saborosa também pela forma escrita. E comecei a fazer isso também. E com muito prazer, apesar de ser difícil algumas vezes. Eu lembro que, fazendo a história da Monika von Koss, eu quase senti a energia dela, era como

se ela *estivesse* na história. Foi uma sensação meio mágica — e, sempre que sensações meio mágicas ocorriam, elas me nutriam, e nosso projeto parecia uma entidade viva para mim. (Cristina)

Quando saímos da entrevista com a Neiva, cujo calor humano aquece quem se aproxima, fomos tomar cerveja num bar perto do consultório. Eu me lembro que, para nós duas, veio um sentimento de gratidão pela oportunidade de estarmos fazendo esse trabalho. E de descobrirmos o mito se desenrolando, como um filme, na frente de nossos olhos, na vida, de verdade. (Beatriz)

Travessia de novo limiar

Elas resolveram interromper as entrevistas até terem terminado de trabalhar nas anteriores. Cada uma se encarregou de editar determinadas entrevistas, que mandavam uma para a outra pela internet.

E, no fabuloso (de fábula, mesmo) espelhamento que estavam tendo, a filha da Beatriz foi morar fora ao mesmo tempo que a filha da Cristina decidiu se casar. Cristina resolveu ir para um apartamento menor, e também Beatriz ia se mudar. As duas trocaram telefones de corretores e procuraram imóveis juntas. Diz Cristina:

Ainda precisamos entender o que é essa jornada de nos espelharmos em parceria...

Mas, assim como ficaram desconfortáveis na própria casa, ficaram desconfortáveis com o trabalho, que estacionou por algum tempo.

Depois, veio um hiato... Talvez um dia a gente entenda o porquê. Ou talvez não. Mas aconteceram tantas coisas na minha vida... Em um ano astrológico, agosto de 2006 a agosto de 2007, perdi minha mãe, comecei uma nova profissão, vendi uma casa, comprei outra, minha filha começou a namorar um rapaz, casou-se com ele, ajudei-a a comprar sua casa e ela se foi... Pela primeira vez na vida, passei a morar sozinha, só com meus dois gatos... Foi muita coisa! Tudo, literalmente, mudou na minha vida. Ainda não consigo dar conta completa do tanto de mudança que aconteceu. Com a Bia, não foi muito diferente. E, no meio disso

O feminino e o sagrado   261

tudo, tem este trabalho, que para nós tem tanta importância e que, pelo visto, não obedece às nossas "ordens", parece que tem ideias próprias. Não sei, mas talvez ele tenha se tornado uma entidade, de certa forma, com vontade e tempo próprios... Talvez ele não esteja sendo tecido com o nosso intelecto, mas com a nossa alma. E, como a alma, tenha sua própria sabedoria... (Cristina)

Não sei se é meu olhar de arquiteta, mas para mim esse trabalho parece ser um lugar: uma entidade-lugar, que tem zonas sombreadas, luminosas, desérticas. Acho que nós criamos um espaço, quase independente de nós duas, que precisa de nossa energia e que nos fornece energia. E, nesta hora, estávamos atravessando um deserto... (Beatriz)

Isso tudo as levava a reconfirmar a sincronicidade e a unidade da vida interna e externa, tão clara na vida das entrevistadas, na delas mesmas, no próprio trabalho que faziam. Ana Figueiredo, ouvindo tudo isso, perguntou:

Mas vocês começaram a fazer essa jornada e acharam que tudo ia ficar como antes?

Estavam nesse deserto quando Beatriz, que por intermédio de Léon Bonaventure conhecera a obra da junguiana Marie-Louise von Franz, releu a história de Mônica Jurado e viu-a como um conto de fadas, uma forma resumida de mito. Escreveu esse conto e enviou-o para Cristina.

Cristina gostou e desenhou a menina do conto de fadas da Beatriz. E, então, subitamente, todo o trabalho ganhou vida – era a mágica, de novo. Tanto que, por incrível que pareça, só nessa hora Cristina se lembrou do sonho que tivera alguns anos antes, o sonho das deusas nos nichos, relatado na Introdução. Ela havia trabalhado esse sonho num workshop, tão forte lhe parecera, mas só nessa hora fez a ligação entre ele e a pesquisa.

Isso tudo trouxe um novo recomeço, um retorno ao impulso inicial. E elas retomaram as reuniões, geralmente finalizadas com pizza e vinho, discutindo minuciosamente cada uma das etapas, tanto a parte conceitual quanto a vida das entrevistadas.

Desse ímpeto criativo rebrotaram as questões do início, sob um ponto de vista muito depurado. As principais descobertas e conclusões que emanavam do que coletaram surgiram no segundo semestre de 2007 e no primeiro de 2008. Todo o material foi reordenado, algumas etapas aprofundadas, as histórias sintetizadas. Os textos de ambas também foram se encaixando em espelho, parceiros sem dificuldades, aceitando intervenções e modificações recíprocas.

O caminho de volta

O retorno começou com a última entrevista, de Solange, a zeladora de candomblé. Uma pessoa energética, viva, que tinha avisado ser comum computadores quebrarem ou não funcionarem direito com ela. Bom, os computadores quebraram e travaram um monte de vezes até que conseguissem editar sua entrevista até o fim.

Isso pareceu uma metáfora dessa fase, que ao mesmo tempo também foi, no sentido literal do termo, um caminho de volta: elas tiveram de procurar cada entrevistada novamente, levando os depoimentos para elas lerem, aprovando ou alterando o texto, e assinarem o consentimento para a publicação.

Foi interessante descobrir o que tinha acontecido com elas, dois anos depois, e ver como recebiam o trabalho feito em cima do depoimento. Entrevistaram dezessete mulheres, mas por diferentes motivos apenas quinze acabaram por fazer parte do livro.

> Todas se surpreenderam, e nós nos surpreendemos com as reações delas. Algumas se emocionaram bastante, e nós também. Os desenhos de Cristina fizeram grande sucesso. Elas aprovaram o texto que fizemos sem problemas. (Beatriz)

O ressignificado

As conclusões ou pistas que o ressignificado do livro levanta já foram ditas lá atrás. Mas, de verdade, seu ressignificado é pessoal e único, é aquele dado por quem lê.

Quanto a Cristina e Beatriz, com certeza não são as mesmas de quando começaram essa jornada. Mas ainda é cedo para saber quem se tornaram. O ressignificado emergirá em um ritmo próprio.

> Há um acesso ao fluxo subterrâneo do caminho, o mamilo da Grande Mãe. Os recursos deverão ser permanentemente utilizados. Deixe o poço descoberto para todos. A transformação está acontecendo, embora o poço não saia do lugar. (I Ching, hexagrama 48, "O poço", sexta linha, agosto de 2008)

Dádiva para o mundo

A emoção de muitas das entrevistadas com a leitura de seus relatos nos mostrou que estamos completamente entrelaçadas neste livro, nós e elas. Ele é como uma tapeçaria feita por muitas mãos femininas. (Cristina)

O Jardim de Hera

Numa estrela distante, existia um jardim circular, rodeado por um muro coberto de hera, onde se incrustavam pequenas grutas. Em cada uma delas ficava uma mulher cercada de símbolos sagrados, como cálices, tridentes, incensos, velas, flores, tambores, conchas... Algumas pessoas diziam que no centro havia uma fonte; outras afirmavam que era um minarete.

Certa noite, uma menina loira descobriu o jardim e ficou tão impressionada que foi de gruta em gruta, perguntando:

Quem é você? Como chegou aqui? Me conta sua história?

Quando voltou à Terra, a garota, sem perceber, trouxe consigo um gênio feminino – ou seja, uma gênia. Essa gênia tinha a missão de modernizar e divulgar o Jardim de Hera, que andava meio esquecido. Ela deve ter pensado que aquela menina loira, exagerada e expansiva como era, poderia ajudá-la.

Uma amiga da loira, uma menina morena que costumava ficar distraída do que chamam de mundo real, conseguiu ver a gênia:

Olhe, tem uma coisa esvoaçando perto de você! Epa, sumiu! Mas deixou um objeto em cima da mesa, veja!

Era uma caixinha de música.

Na tampa, uma linda pintura colorida mostrava o Jardim de Hera. Dentro da caixa forrada de veludo, havia apenas hastes vazias, que giravam toda vez que a tampa era erguida e a música executada, acompanhando uma voz que repetia:

Procurem as bailarinas! Coloquem uma bailarina em cada haste vazia!

Que beleza! O mundo é cheio de mágica, mesmo!, exclamaram as meninas, felizes.

Elas ainda não sabiam que, quando aceitaram a caixinha, a missão da gênia passou a ser a missão delas também. E simplesmente foram atrás das bailarinas.

Até puseram um anuncio no jornal: "Procuram-se bailarinas de caixa de musica". Mas logo descobriram que a própria caixa as ajudaria. Conforme caminhavam por aí com a tampa levantada, a música variava, ficando mais alta quando se aproximavam de alguma moita onde dormia uma bailarina ou de um rio onde outra se banhava.

As meninas começaram a preencher as hastes com elas, e a vida das duas foi ficando tão colorida e bonita quanto o próprio desenho da tampa.

Mas todo aquele barulho despertou um elemental adormecido no fundo da caixa, que ficou bravo e resmungou:

Que barulheira! Essas meninas estão querendo confusão? Então eu vou ajudar!

E resolveu virar pesadelo-de-bailarina, assoprando más sugestões e provocando encrencas.

Assim, certa manhã, a Bailarina Verde acordou de mau humor e cochichou para a Bailarina Bege:

Essas meninas estão achando que o mundo mágico é feito só de prazer e divertimento.
É mesmo!, concordou a outra.
E, além de brincar de mágica, elas brincam com aquelas bonecas que andam e falam!
Eu bem que gostaria de ter uma boneca dessas para mim...
Eu também!

Então, a Bailarina Verde roubou a boneca da morena, e a Bailarina Bege roubou a boneca da loira.

Na tarde seguinte, a Bailarina Dourada reclamou:

Aqui está ficando muito apertado.
Vai dizer que você quer uma caixa só para você?!, perguntou a Bailarina Prateada.
Só queria habitar uma caixa espaçosa e confortável, caramba. Por acaso as meninas não vivem em casas grandes?
É verdade...

Por fim, a Bailarina Dourada ocupou a casa da loira, a Bailarina Prateada ocupou a da morena, e as meninas tiveram de inventar outro lugar para morar.

Algum tempo depois, a Bailarina Branca resmungou:

Quando se cansam de procurar bailarinas, as meninas podem descansar porque têm mãe e pai que cuidam delas.

Eu também gostaria de ter uma família em vez de ficar aqui, dançando o tempo todo!, exclamou a Bailarina Preta.

E por que não? Vamos arrumar uma família e cair fora!, sugeriu a Bailarina Branca.

Mas como?

Fácil: vamos pegar a mãe da loira e o pai da morena, e eles vão cuidar de nós.

Dito e feito: as duas fugiram com os parentes das garotas, deixando um bilhetinho explicando que iriam para a Montanha Azulada.

As meninas ficaram desoladas com essa grande perda, sem saber se deveriam acreditar no bilhete. Afinal, muitos diziam que a tal montanha era apenas uma lenda.

E a elas só restou continuar procurando as bailarinas que faltavam. A música e a pintura da tampa da caixinha mostrando o Jardim de Hera foram estímulos que as levaram cada vez mais longe. Apenas no dia em que colocaram a última bailarina na última haste é que perceberam como estavam distantes da sua aldeia. Tão distantes que, no fim do horizonte, viram uma forma triangular e azulada, diferente das outras.

Tem que ser a tal montanha! Então existe mesmo e fica aqui!, disse uma.

Mas onde é aqui? Onde é que estamos?, perguntou a outra.

Olharam em volta. Estavam na encosta de um morro, onde o caminho se interrompia. O único jeito de seguir em frente era passar por uma frágil ponte, feita de cordas, que se estendia sobre um assustador abismo.

Elas pensaram em voltar para a aldeia, mas, sem que tivessem aberto a tampa, a caixa de música começou a tocar sua melodia mais alto do que nunca, com um rufar de tambores que ecoava por todo o vale.

Bom, então esta é uma situação de "ou a gente vai ou a gente vai", exclamou a loira. *Temos que continuar!*

E começaram a caminhar sobre a ponte. Estavam bem no meio quando ouviram: *nheeeec*.

A corda que estava amarrada na pedra do outro lado arrebentou. A ponte balançou e ficou presa por um fio. As meninas ficaram paralisadas no meio da ponte, que corria o risco de despencar.

Vamos nos livrar de todo o peso!, exclamou a morena.

Jogaram as mochilas e os livros no abismo. Jogaram fora tudo, menos a preciosa caixinha de música, que não queriam perder também. Conseguiram dar mais alguns passos, mas a ponte oscilou de novo, perigosamente. Perto, perto demais, estava a Montanha Azulada...

Foi então que a gênia do jardim interferiu outra vez. Ela passou, *vruuuum*, disfarçada de vento, arrancou a caixinha das mãos das meninas e a lançou no abismo.

Como se estivesse esperando por isso, de repente a ponte estabilizou e elas chegaram à outra margem. Suspiraram aliviadas, felizes por terem sobrevivido.

Mas, e a caixinha?

Olharam para o abismo, para procurá-la – e cadê o abismo? Tinha desaparecido porque, quando a caixa bateu no chão, a pintura de sua tampa se desprendeu, criou vida e cresceu até ocupar toda a paisagem!

Então, não mais na estrela distante, mas bem ali, acessível a todos, estava o lindo Jardim de Hera. E nas grutas, rodeadas pelos símbolos sagrados, todas as bailarinas se mostravam agora em seu verdadeiro tamanho, grandes mulheres que eram.

As duas amigas olharam para si mesmas. Também haviam crescido.

Depois olharam para o centro.

Nele surgiu uma menininha ruiva, que começou a percorrer as grutas uma a uma, perguntando a cada mulher:

Quem é você? Como chegou aqui? Me conta sua história?

Glossário

Alice Bailey: Nascida na Inglaterra do final do século XIX e falecida em Nova York em 1949, Alice Bailey escreveu 24 livros, dentre eles *Os doze trabalhos de Hércules,* sobre astrologia esotérica. Sua escrita foi realizada, segundo ela, com a colaboração de um instrutor espiritual chamado Djwhal Khul, O Tibetano.

Arquétipo do curador ferido: Arquétipo baseado no centauro Quíron, da mitologia grega. Ele era mestre de alguns heróis e um curador que possuía uma ferida eternamente aberta, que não tinha cura. Esse ferimento próprio é que lhe garantia a possibilidade de curar o próximo, pois experimentava em si as feridas.

Axé: Energia, força vital que é fonte de poder e eficácia, de acordo com a visão religiosa afro-brasileira.

Ayahuasca: nome quíchua, de origem inca, que se refere a uma bebida sacramental produzida pela decocção de duas plantas nativas da floresta amazônica: o cipó *Banisteriopsis caapi* (mariri, caapi ou douradinho) e folhas do arbusto *Psychotria viridis* (chacrona). Segundo os relatos dos usuários, a ayahuasca produz uma ampliação da percepção que permite ver nitidamente a imaginação e acessar níveis psíquicos subconscientes e outras percepções da realidade, estando sempre consciente do que acontece – as chamadas "mirações". Seu uso está se expandindo pela América do Sul e por outras partes do mundo com o crescimento de movimentos religiosos organizados, sendo os mais significativos o Santo Daime, a Barquinha e a União do Vegetal, que o consagram como sacramento de seus rituais.

Bodhisattva: Compromisso assumido pelos iniciados no budismo de procurar sempre fazer o bem e buscar o benefício de todos os seres vivos.

Carlos Castañeda: Nascido em 1925 e falecido em 1998, foi um escritor e antropólogo formado pela Universidade da Califórnia. Tornou-se célebre após a publicação, em 1968, de sua dissertação de mestrado intitulada *The teachings of Don Juan – a Yaqui way of knowledge,* lançado no Brasil com o título *A erva do diabo*. Sua obra consiste em onze livros autobiográficos nos quais relata as supostas experiências e o aprendizado decorrentes de sua associação com o *brujo* conhecido por Don Juan Matus, que se tornou seu mestre, índio da tribo Yaqui do deserto de Sonora, no México.

Comunidade de Findhorn: comunidade alternativa localizada nas proximidades do Mar do Norte, Escócia, conhecida desde a década de 1960. Hoje é uma fundação, denominada Findhorn Foundation. Ali, numa espécie de vilarejo, vivem pessoas de todos os continentes, reunidas em uma experiência de convivência e de interesse comum pelo estabelecimento de valores mais humanos na vida pessoal e coletiva. Foi uma das primeiras ecovilas a serem formadas e hoje é uma das mais importantes, sendo um exemplo em áreas como sustentabilidade, economia local e educação holística. Tornou-se também conhecida por seu trabalho com as plantas e a comunicação com a natureza, constituindo, atualmente, um centro de educação espiritual e holística que conta com cerca de quatrocentos membros permanentes. Recebe, anualmente, a visita de cerca de 14 mil pessoas, oriundas de mais de setenta países, para participar de seminários e retiros espirituais.

Comunidade de Nazaré: Comunidade espiritual fundada por Trigueirinho, próxima da cidade de Nazaré Paulista, interior de São Paulo, no início dos anos 1980. Hoje é uma universidade livre, chamada Nazaré Uniluz.

Constelações familiares: Método psicoterapêutico de abordagem sistêmica e fenomenológica desenvolvido pelo filósofo e psicoterapeuta alemão Bert Hellinger.

Dança dos cinco ritmos: Dança criada pela norte-americana Gabriele Roth, que trabalhava com Fritz Pearls, da Gestalt-terapia, em Esalen, Califórnia. Os cinco ritmos são: fluir, estacato, caos, lírico e quietude. Por meio de movimentos nesses ritmos, busca-se expressar aquilo que o corpo quer e sente. Essa "verdade do corpo" é levada para o dia a dia e para as interações.

Danças circulares sagradas: Movimento criado pelo bailarino e coreógrafo alemão Bernhard Wosien, que na década de 1950 se propôs a pesquisar e vivenciar antigas danças de roda da Europa Oriental. Encontrou ali raízes antigas da arte de religar o ser humano, a meditação por meio da dança como um caminho para dentro do silêncio. Em meados da década de 1970, ele foi convidado pela então jovem comunidade escocesa de Findhorn para compartilhar as danças de roda que vivenciou e as que coreografou. Dali, as danças circulares sagradas foram difundidas pelo mundo.

De santo: Povo do santo, povo de santo, ou simplesmente de santo, é como se definem as pessoas devotadas ao culto dos orixás, voduns e inquices, as entidades africanas que no Brasil são do culto religioso do candomblé.

Dharma: Dharma ou darma, em sânscrito, significa "lei natural", ou "realidade". Com respeito ao seu significado espiritual, pode ser considerado o "caminho para a verdade superior".

É a base das filosofias, crenças e práticas que se originaram na Índia. Também se refere aos ensinamentos e doutrinas de diversos fundadores de tradições, como Siddhartha Gautama no budismo e Mahavira no jainismo.

Día de muertos: tradição mexicana, de origem pré-hispânica, que celebra os mortos e coincide com a data do católico dia de finados, 2 de novembro.

Dzogchen: O dzogchen, em tibetano "grande perfeição", é um ensinamento cuja prática permite ao indivíduo descobrir sua própria condição, livre dos autoenganos e falsificações criados pela mente. Suas origens remontam a tempos que precedem a introdução do budismo no Tibete.

Esalen: O Instituto Esalen é um centro dedicado à educação alternativa na Califórnia, Estados Unidos. Oferece mais de quinhentos workshops por ano, além de conferências, programas de estudo e pesquisas e trabalhos exploratórios ligados ao chamado movimento do potencial humano. Foi fundado em 1962 e tornou-se mundialmente conhecido por sua fusão das filosofias oriental e ocidental, seus workshops vivenciais e a grande afluência de filósofos, psicólogos, artistas e pensadores religiosos.

Exu: Orixá africano, guardião das aldeias, das cidades, das casas e do axé (energia), das coisas que são feitas e do comportamento humano. Exu é o orixá do movimento e da comunicação. Ele é quem deve receber as oferendas em primeiro lugar, a fim de assegurar que tudo corra bem e de garantir que sua função de mensageiro entre o orun (céu) e o aiye (Terra), o mundo espiritual e o mundo material, seja plenamente realizada. É considerado o mais humano dos orixás, pois o seu caráter lembra o do ser humano, que é de modo geral muito mutante em suas ações e atitudes. Na época das colonizações, foi sincretizado erroneamente com o diabo cristão pelos colonizadores, devido ao seu estilo irreverente e brincalhão e à forma como é representado no culto africano, um falo humano ereto, simbolizando a fertilidade.

Florais de Bach: Essências florais (um preparado natural elaborado com flores, plantas ou arbustos) criadas pelo dr. Edward Bach, médico inglês, na década de 1930. Essas essências florais são a base de um sistema de cura elaborado por ele para tratar do estado de ânimo e do temperamento da pessoa, em vez de tratar as doenças físicas.

Fotografia kirlian: Método descoberto pelo padre Landell de Moura em 1904. Em 1939, a técnica viria a ser conhecida, na Rússia, sob a denominação "efeito Kirlian", em homenagem a Semyon Davidovich Kirlian, que a redescobriu. O método consiste em fotografar um objeto com uma chapa fotográfica submetida a campos elétricos de alta-voltagem e alta-frequência, porém baixa intensidade de corrente. O resultado é o aparecimento de uma aura, ou melhor, um "halo luminoso" em torno dos objetos.

I Ching: O I Ching, ou Livro das Mutações, é um texto clássico chinês. Pode ser compreendido e estudado tanto como um oráculo quanto como um livro de sabedoria. Na própria China, é alvo de estudo diferenciado de religiosos, eruditos e praticantes da filosofia taoista.

Ioga dos sonhos: Prática do budismo tibetano que busca a lucidez no sonho (a consciência de que o sonho é apenas um sonho).

Krishna e Radha: Deuses consortes do hinduísmo.

Kundalini: Segundo a filosofia iogue, kundalini é a energia cósmica que jaz adormecida no chacra muladhara, centro de força situado próximo à base da coluna e aos órgãos genitais. Deriva de uma palavra em sânscrito que significa, literalmente, "enrolada como uma cobra" ou "aquela que tem a forma de uma serpente".

Nyingma: Uma das quatro linhagens do budismo tibetano.

Ori: Ori, na linguagem ioruba, significa "cabeça". Na cultura afro, o que controla o destino de todo ser é o ori. É também a sede principal do axé do orixá de cada um.

Osho: Chandra Mohan Jain, nascido na Índia em 1931 e falecido em 1990, foi o fundador de um movimento filosófico-religioso que se difundiu a princípio na sua terra natal e mais tarde nos Estados Unidos. Durante a década de 1970, foi conhecido pelo nome de Bhagwan Shree Rajneesh e, mais tarde, por Osho.

Pachamama: A "Mãe Terra", deidade máxima dos Andes peruanos e bolivianos, do noroeste argentino e do extremo norte do Chile.

PathWork: Metodologia de autoconhecimento sistematizada por Eva Pierrakos em 258 palestras sobre a natureza da realidade psicológica e espiritual no processo de desenvolvimento pessoal.

Perséfone: Deusa da mitologia grega, filha de Deméter e que foi raptada por Hades (deus do mundo subterrâneo e dos mortos). Passou a viver seis meses no mundo de subterrâneo e seis meses no mundo da luz.

Phowa: Método budista por meio do qual a consciência de uma pessoa é intencionalmente transferida para um reino puro no momento da morte.

Processo Hoffman: Processo terapêutico criado por Bob Hoffman em 1967. Segue um modelo chamado "quadrinidade" para compreender o próprio ser e seu comportamento, que inclui os quatro aspectos do "eu": corpo, emoções, intelecto e espírito.

Psicografia: Segundo a doutrina espírita, a psicografia é uma das múltiplas possibilidades de expressão mediúnica existentes. Consiste na comunicação por escrito de uma entidade sobrenatural, ou espírito, por intermédio de um homem ou mulher médium.

Psicologia transpessoal: Abordagem da psicologia que abarca conteúdos de muitas escolas psicológicas, como as teorias de Carl G. Jung, Maslow, Viktor Frankl, Fritjof Capra, Ken Wilber e Stanislav Grof. Surgiu em 1967 nos Estados Unidos. Ela abrange o ego, como as demais escolas de psicologia, e os estados além do ego (transpessoal). Tem entre seus objetos de trabalho e pesquisa os estados não ordinários de consciência.

Psicossíntese: Escola de psicologia focada no crescimento da pessoa, desenvolvida pelo psiquiatra italiano Roberto Assagioli (1888-1974).

Psicoterapia reichiana: Tem suas raízes nos trabalhos desenvolvidos pelo médico austríaco Wilhelm Reich (1897-1957), que após anos de pesquisa decidiu abandonar a técnica da psicanálise e se dedicar ao estudo do corpo, da mente e da energia. Reich descobriu que o corpo contém a história de cada indivíduo, e é por meio dele que devemos buscar e resgatar as emoções mais profundas.

Radiestesia: Radiestesia significa "sensibilidade às radiações". Seus defensores afirmam que as pessoas que possuem essa habilidade podem captar radiações e energias emitidas por quaisquer objetos, geralmente com o auxílio de bastões, pêndulos e outros instrumentos.

Rosa-cruz: A ordem rosa-cruz foi publicamente conhecida no século XVII e se insere na tradição esotérica ocidental. Pode ser compreendida, de um ponto de vista mais amplo, como parte da corrente de pensamento hermético-cristã. Tradicionalmente, os rosa-cruzes se dizem herdeiros de tradições antigas que remontam à alquimia medieval, ao gnosticismo, ao ocultismo, ao hermetismo no antigo Egito, à cabala e ao neoplatonismo.

Sadhanas: Textos litúrgicos budistas usados para a prática de meditação.

Sangha: Nome dado à comunidade budista, formada por monges, monjas, noviços e, na maior parte das tradições, também pelos praticantes leigos.

Sete raios: São os sete mestres ascencionados, da Grande Fraternidade Branca, que correspondem aos Sete Raios de Luz, segundo o teosófico Charles Leadbeater.

Sincronicidade: Conceito desenvolvido por Carl G. Jung para definir acontecimentos que se relacionam não por relação causal, mas por relação de significado.

Sri Aurobindo: Nascido na Índia, foi para a Inglaterra, onde aprendeu diversos idiomas. Anos depois, retornou à Índia em uma busca pela "sabedoria e verdade do Oriente". Em 1906, foi para Bengala assumir abertamente o comando do movimento revolucionário para a independência da Índia. Foi preso pelo governo britânico entre 1908 e 1909. Durante esse período, passou por uma série de experiências espirituais. Solto, respondendo a um chamado interior, retirou-se do campo político e foi para o sul da Índia, para devotar-se totalmente à sua missão espiritual. Morreu em 1950, aos 78 anos, deixando o trabalho espiritual conhecido como "Ioga de Sri Aurobindo".

Stupa: Stupa, ou estupa, é um tipo de mausoléu, construído em forma de torre, circundado por uma abóbada e um ou vários chanttras (toldos de lona). Originalmente, era um monumento funerário de pedra, semiesférico, com cúpula, mirante e balaustrada. Com o advento do budismo, evoluiu para uma representação arquitetônica do cosmo.

Tai chi chuan: Arte marcial chinesa, reconhecida também como uma forma de meditação em movimento. Seus princípios filosóficos remetem ao taoismo e à alquimia chinesa.

Taoismo: Escola de pensamento filosófico chinês que se baseia nos textos do Tao Te Ching, atribuído a Lao Zi.

Teosofia: Corpo doutrinário que sintetiza filosofia, religião e ciência e está presente em maior ou menor grau em diversos sistemas de crenças ao longo da história. Foi exposto modernamente por Helena Blavatsky, no final do século XIX.

Tradição bon: Religião original do Tibete. Trata-se de uma doutrina tipicamente xamânica, provavelmente originária de um antigo domínio oriental persa, depois absorvido pelos primitivos povos nômades tibetanos.

Upanishads: Escrituras sagradas do hinduísmo.

Xamanismo matricial: O xamanismo matricial (termo cunhado por Riane Eisler no livro *O cálice e a espada*) propõe uma comunhão do paradigma vigente do patriarcado com os valores da Grande Deusa. Manifesta-se pela concórdia obtida entre o casamento dos opostos, matriarcado *versus* patriarcado, até a união interna e externa do feminino com o masculino.

Yin-yang: Representação do princípio da dualidade na filosofia chinesa. Segundo esse princípio, duas forças complementares compõem tudo que existe, e do equilíbrio dinâmico entre elas surge todo movimento e mutação. O yin é o princípio passivo, feminino, noturno, escuro e frio. O yang é o princípio ativo, masculino, diurno, luminoso e quente.

Bibliografia

ANDERSON, Sherry Ruth; HOPKINS, Patricia. *O jardim sagrado – A dimensão espiritual da vivência feminina*. São Paulo: Saraiva, 1993.

ARMSTRONG, Karen. *A escada espiral – Memórias*. São Paulo: Companhia das Letras, 2005.

BENATOVICH, Beth (org.). *A sabedoria das mulheres*. Rio de Janeiro: Objetiva, 1995.

BOLEN, Jean Shinoda. *O caminho de Avalon – Os mistérios femininos e a busca do Santo Graal*. Rio de Janeiro: Rosa dos Tempos, 1994.

BONAVENTURE, Jette. *O que conta o conto?* São Paulo: Paulus, 1992.

_____. *Variações sobre o tema mulher*. São Paulo: Paulus, 2000.

BORYSENKO, Joan. *Uma jornada para Deus – A busca espiritual das mulheres de diferentes culturas*. Rio de Janeiro: Nova Era, 2003.

BURKI-FILLENZ, Ago. *Não sou mais a mulher com quem você se casou*. São Paulo: Paulus, 1997.

CAMPBELL, Joseph. *A jornada do herói – Joseph Campbell, vida e obra*. São Paulo: Ágora, 2003a. (Organização de Phil Cousineau).

_____. *As máscaras de Deus – Mitologia primitiva*. São Paulo: Palas Athena, 2003b.

_____. *Mito e transformação*. São Paulo: Ágora, 2008.

_____. *O herói de mil faces*. São Paulo: Pensamento, 2007.

_____. *O vôo dos pássaros selvagens – Ensaios sobre a universalidade dos mitos*. Rio de Janeiro: Rosa dos Tempos, 1997.

_____. *Reflexões sobre a arte de viver*. São Paulo: Gaia, 2003c. (Organização de Diane K. Osbon).

CAMPBELL, Joseph; BOA, Fraser. *E por falar em mitos...* Campinas: Verus, 2004.

CAMPBELL, Joseph; MOYERS, Bill. *O poder do mito*. São Paulo: Palas Athena, 1990.

CHINEN, Allan B. *A mulher heroica*. São Paulo: Summus, 2001.

COUSINEAU, Phil. *A arte da peregrinação*. São Paulo: Ágora, 1999.

DOWNING, Christine (org.). *Espelhos do self*. São Paulo: Cultrix, 1994.

FRANZ, Marie-Louise von. *A individuação nos contos de fada*. São Paulo: Paulus, 2003.

_____. *A interpretação dos contos de fadas*. São Paulo: Paulus, 2003.

_____. *A sombra e o mal nos contos de fada*. São Paulo: Paulus, 2002.

HILLMAN, James. *O código do ser*. Rio de Janeiro: Objetiva, 2001.

HUANG, Alfred. *I Ching – Edição completa*. São Paulo: Martins Fontes, 2007.

JUNG, Carl Gustav. *Memórias, sonhos, reflexões*. Rio de Janeiro: Nova Fronteira, 1976. (Organização de Aniela Jaffe).

KARCHER, Stephen. *I Ching total – Mitos para a mutação*. Rio de Janeiro: Nova Era, 2006.

KEEN, Sam; VALLEY-FOX, Anne. *A jornada mítica de cada um*. São Paulo: Cultrix, 1991.

KUBLER-ROSS, Elisabeth. *A roda da vida*. Rio de Janeiro: Sextante, 1998.

LARA, Odete. *Meus passos em busca de paz*. Rio de Janeiro: Rosa dos Tempos, 1997.

LEMOS, Regina. *Quarenta – A idade da loba*. São Paulo: Globo, 1995.

MICHAELIS – *Moderno dicionário inglês-português*. São Paulo: Melhoramentos, 2009. Disponível em: <http://biblioteca.uol.com.br>. Acesso em: 18 jan. 2010.

MILLER, Sukie. *Depois da vida*. São Paulo: Summus, 2008.

PEARSON, Carol S. *O despertar do herói interior*. São Paulo: Pensamento, 1995.

REMEN, Rachel Naomi. *As bênçãos do meu avô*. Rio de Janeiro: Sextante, 2001.

_____. *Histórias que curam – Conversas sábias ao pé do fogão*. São Paulo: Ágora, 1998.

ROGERS, Natalie. *A mulher emergente – Uma experiência de vida*. São Paulo: Martins Fontes, 1993.

SHEEHY, Gail. *Novas passagens – Um roteiro para a vida inteira*. Rio de Janeiro: Rocco, 1997.

_____. *Passagens – Crises previsíveis da vida adulta*. Rio de Janeiro: Francisco Alves, 1976.

_____. *Vencer os obstáculos da vida*. Rio de Janeiro: Record, 1981.

WILHELM, Richard. *I Ching – O livro das mutações*. São Paulo: Pensamento, 1996.

Contatos das entrevistadas

Ana Figueiredo
anavanfig@yahoo.com.br

Andrée Samuel
Centro de Psicossíntese de São Paulo:
Rua Paracuê, 149, São Paulo, SP
Tel: (11) 3082-7665
www.psicossintese.org.br
info@psicossintese.org.br

Beatriz Del Picchia
biapicchia@yahoo.com.br

Bettina Jespersen
Findhorn Foundation – The Park
Findhorn Forrest, IV36 3TZ
Escócia, Grã-Bretanha
www.findhorn.org
bettina.jespersen@findhorn.org

Cristina Balieiro
crisbalieiro5@yahoo.com.br

Heloisa Helena Paternostro
www.heloisapaternostro.com

Jerusha Chang

Associação Tai Chi Pai Lin – Espaço Luz
Rua Fradique Coutinho, 1434, Vila Madalena, São Paulo, SP
Tel: (11) 3031-1324
Fax: (11) 3034-4344
www.taichipailin.com.br
info@psicossintese.org.br
jerusha@uol.com.br

Maria Aparecida Martins

Clínica: Rua Conde Vicente de Azevedo, 70, Ipiranga, São Paulo, SP
Tel: (11) 2215-1010
www.mediunidade.com
oficinauniversal@uol.com.br

Mônica Jurado

www.casajoiadolotus.blogspot.com
casajoiadolotus@gmail.com

Monika von Koss

www.monikavonkoss.com.br
caldeirao@monikavonkoss.com.br

Neiva Bohnenberger

Consultório: Rua da Consolação, 3367 (mezanino), São Paulo, SP
Tel: (11) 3081-8800
neivaluci@terra.com.br

Regina Figueiredo

www.reginafiqueiredo.com.br
www.grupofraternus.blogspot.com
grupofraternus@gmail.com

Renata C. Lima Ramos

Triom Centro de Estudos Marina e Martin Harvey
Rua Araçari, 218, Itaim, São Paulo, SP

Tel: (11) 3168-8380
www.triom.com.br
renata.ramos@triom.com.br

Rosane Almeida
Teatro Brincante
Rua Purpurina, 428, Vila Madalena, São Paulo, SP
www.institutobrincante.org.br

Sandra Sofiati
Kuikakali – Espaço Terapêutico
Rua Delfina, 74, Vila Madalena, São Paulo, SP
Tel: (11) 3815-2639
www.mexicosagrado.com.br
www.kuikakali.com.br

Solange Buonocore
Tel: (11) 2458-7859
langecore@yahoo.com.br

Soninha Francine
www.soninha.com.br
http://gabinetesoninha.blogspot.com
rp@soninha.com.br

IMPRESSO NA
sumago gráfica editorial ltda
rua itauna, 789 vila maria
02111-031 são paulo sp
tel e fax 11 **2955 5636**
sumago@sumago.com.br